高等职业教育通识课系列教材

大学生创新创业教程

主 编 赵 君 谢 妮 陈 键
副主编 殷莹莹 邓祖禄 马灵秀 章 玲
参 编 刘 鑫 钟银花 刘 丹 王洪娟
佘颖玲 刘艳明

北京理工大学出版社
BEIJING INSTITUTE OF TECHNOLOGY PRESS

内 容 提 要

　　本书从高职高专院校实际情况出发，有针对性地阐述了大学生创新创业的可能性与重要性，并且就大学生创新创业的利弊情况进行了细致的分析与总结。全书共分为十章，主要包括认识创新与创业、创新思维与创新能力、创业准备、创业的流程与创业计划书、创业项目选择、组建创业团队、市场调查、产品设计与商业模式开发、创业资源与融资、新企业的创办与管理等内容。

　　本书可作为高职高专院校各类专业的教学用书，也可作为大学生进行创业的参考用书。

图书在版编目（CIP）数据

　　大学生创新创业教程 / 赵君，谢妮，陈键主编.--
北京：北京理工大学出版社，2021.8（2023.8重印）
　　ISBN 978-7-5763-0155-7

　　Ⅰ.①大…　Ⅱ.①赵…②谢…③陈…　Ⅲ.①大学生
－创业－高等学校－教材　Ⅳ.①G647.38

　　中国版本图书馆CIP数据核字（2021）第163254号

出版发行 / 北京理工大学出版社有限责任公司
社　　址 / 北京市丰台区四合庄路6号院
邮　　编 / 100070
电　　话 / （010）68914775（总编室）
　　　　　 （010）82562903（教材售后服务热线）
　　　　　 （010）68944723（其他图书服务热线）
网　　址 / http://www.bitpress.com.cn
经　　销 / 全国各地新华书店
印　　刷 / 河北鑫彩博图印刷有限公司
开　　本 / 787毫米 ×1092毫米　1/16
印　　张 / 13.5　　　　　　　　　　　　　　　　　责任编辑 / 李慧智
字　　数 / 286千字　　　　　　　　　　　　　　　文案编辑 / 李慧智
版　　次 / 2021年8月第1版　2023年8月第2次印刷　责任校对 / 周瑞红
定　　价 / 39.00元　　　　　　　　　　　　　　　责任印制 / 边心超

Preface
前言

　　随着社会的发展，社会对人的发展也提出了新的要求，党的二十大报告指出："我们要坚持教育优先发展、科技自立自强、人才引领驱动，加快建设教育强国、科技强国、人才强国，坚持为党育人、为国育才，全面提高人才自主培养质量，着力造就拔尖创新人才，聚天下英才而用之"，自主创新能力成了当代大学生的一个重要特征。在当今经济高速发展、科技再攀高峰的社会背景之下，自主创新能力成为衡量人才的一个重要标准。2015年5月，国务院发布《关于深化高等学校创新创业教育改革的实施意见》，正式吹响了高校"双创"教育改革的号角。《意见》要求将"创新创业"课程纳入高校必修课。

　　创新教育就是以培养人们创新精神和创新能力为基本价值取向的教育，它是有别于传统教育的一种新型教育模式。而创业教育是一个动态的过程，它的核心价值观就是事业心与开拓技能的培养，就是一个人开创性形成的教育。

　　培养大学生创新创业能力，实践是关键。只有把课堂教学所学到的文化知识应用于形式多样的课外活动，尤其是广泛的社会实践活动中，才能使学生的创新创业能力真正得以提高。创新教育模式确保创新创业教育的有效实施。创业品质有着丰富的内涵，它包括敢于竞争、敢于冒险的精神，脚踏实地、勤奋求实的态度，锲而不舍、坚定执着的顽强意志，不畏艰难、艰苦创业的心理素质以及良好的心态及自控能力、团队精神与协作意识等。

　　本书着力于培养大学生良好的创业素质，培育大学生的实践精神、探索精神、冒险精神和创业能力，进而促使大学生提高自身基本素质，提高就业竞争力。同时大学毕业生通过自主创业，可以把自己的兴趣与

Preface

职业紧密结合，做自己最感兴趣、认为最值得做的事情，有利于大学生自我价值的实现。

本书共分为十章，主要包括认识创新与创业、创新思维与创新能力、创业准备、创业的流程与创业计划书、创业项目选择、组建创业团队、市场调查、产品设计与商业模式开发、创业资源与融资、新企业的创办与管理等内容。

本书在编写过程中参阅了大量文献和参考资料，在此向原作者致以衷心的感谢！由于编写时间仓促，编者的经验和水平有限，书中难免有不妥和错误之处，恳请读者和专家批评指正。

编　者

Contents

目录

第一章

认识创新与创业

学习目标

通过本章的学习，了解创新、创业的含义与基本类型，创新与创业的关系，创业教育的内涵与意义；熟悉创新创业形势与环境。

能力目标

能对创新与创业有基础的认识。

第一节　创新的内涵和类型

一、创新的内涵

（一）创新的概念

创新一词古已有之。《广雅》有云，"创，始也"；新，与旧相对。创是始的意思，所以创造不是后造，而是始造，创新就是造出了一个前所未有的事物。《魏书》有"革弊创新"，《周书》中有"创新改旧"。说的是用新的、好的代替和改造旧的、坏的。现代汉语"创新"一词来源于英语 innovation（创新）的翻译，其起源于拉丁语，原意有三层含义：第一，更新，就是对原有的东西进行替换；第二，创造新的东西，就是创造出原来没有的东西；第三，改变，就是对原有的东西进行发展和改造。

现代社会人们对创新有了明确的定义，指人类为了满足自身需要，不断拓展对客观世界及其自身的认知与行为的过程和结果的活动。具体来讲，创新是指人为了一定的目的，遵循事物发展的规律，对事物的整体或其中的某些部分进行变革，从而使其得以更新与发展的活动。

这个概念包含了如下 4 种含义：

一是创新是一种有目的的活动，是为解决实际问题而发生的。

二是创新存在于经济、社会、文化、生活的方方面面；创新的主体包括国家、企业、大学、科研院所、团体、个人。

三是创新的结果是以取得实效为评价尺度的，必须有成效才能称之为创新。

四是创新具有时间和空间上的相对性。

（二）创新的核心是创新思维

创新是基于人类自身认知的提高对客观世界的一种更新或改造，创新的无限性在于物质世界的无限性。人类能够创新的事物和法则原本客观存在，但思维和认知的局限常常会蒙住了人们的眼睛。人脑的正常思维在固定的运作秩序内活动，原有的概念、想象、记忆和经验等使人们不可避免地形成带有反刍、惯性、定向等特点的思维定式。打破这种思维定式，不断突破和超越原有观念，是取得创新成功的核心因素。

（三）创新的关键是理念创新

理念创新是指革除旧有的既定看法和思维模式，以新的视角、新的方法和新的思维模式，形成新的结论或思想观点，进而用于指导新的实践的过程。理念创新植根于客观实际，是在实践中不断总结经验教训，不断将感性认识上升为理性认识，进行理性的认知和概括，一方面指导实践，另一方面促进认识不断深化，它是实现创新的关键所在。

人们在一个有限的范围内，接触了一定的类似的概念后，往往会形成一种思维的定式，即这是什么，并且在一定的范围内似乎也是非常合理的。可是如果跳出了这个范围会怎样？虽然人的思维有经验定式，但现实世界其实有无限种可能，所以，人们在思考问题时，应该养成大胆突破、破旧立新的思维习惯。

》》案例

测测你是否已经被自己所掌握的知识束缚住了。

题目：请挪动其中一个数字（0、1 或者 2），使"101-102=1"这个等式成立。

注意：只是挪动其中一个数字，只能挪一次，而且不是数字对调。

如果以前没有看到过这道题，相信你是很难"思考"出答案的，因为我们思考问题的方式本身就是受限的——思想是已知的"知识"的产物。

本题答案为将 102 中的 2 上移，变成 10 的平方，则等式就变成"$101-10^2=1$"。

创新就是要打破思维上的定向、从众、机械、经验等定式，不断在实践中形成新的视角、新的方法、新的理念，并进一步指导实践，从而使人类的认识行为获得更为丰富更为完善的结果。人类认识和改造自然促进社会不断向前发展的过程，都可以看作不断创新的过程。创新是人类特有的认识和实践能力，是人类主观能动性的高级表现形式，是推动民族进步和社会发展的不竭动力。

▶▶案例

在中学和小学阶段，学校每周一早晨，都会举行全校师生参加的升国旗仪式。在进行升旗仪式时，常常出现国歌还没奏完或唱完旗已到顶，或者旗还没到顶国歌已经奏完或唱完的现象。这个难题可以通过设计专用的电动控制设备的办法来解决，但这种方式费时费力费钱，对多数学校来说不现实。四川省成都市第24中学的一位14岁学生，想出了一个既能解决问题，又省事省钱的好办法。他认为可以在旗杆的绳子上按照国歌的旋律和节奏定出一些间隔，再在各个间隔上填入相应的歌词，升旗时一边拉绳，一边看旗绳上的歌词，这样便能做到升旗与奏唱国歌同步。他找来一些塑料小珠子，在每个塑料珠子上都写上相应的歌词，然后按一定的间隔将珠子依次串在旗绳上。他经过若干次调整塑料珠子的间隔，反复试验，最后制成一种"与国歌乐曲同步升旗绳"。目前它已被厂家采用，并生产出了标准产品。

二、创新的类型

从不同角度划分，创新的类型主要有以下3种：

（一）理论创新

理论创新是指人们在社会实践活动中，对出现的新情况、新问题，做新的理性分析和理性解答，对认识对象或实践对象的本质、规律和发展变化的趋势做新的揭示和预见，对人类历史经验和现实经验做新的理性升华。理论创新是创新活动的核心和精华。

（二）科技创新

科技创新是原创性科学研究和技术创新的总称，是指创造和应用新知识、新技术、新工艺，采用新的生产方式和经营管理模式，开发新产品，提高产品质量，提供新服务的过程。知识社会环境下的科技创新包括知识创新、技术创新和现代科技引领的管理创新。

（1）知识创新的核心是科学研究，是新的思想观念和公理体系的产生，其直接结果是新的概念范畴和理论学说的产生，为人类认识世界和改造世界提供新的世界观和方法论。

（2）技术创新的核心内容是科学技术的发明和创造的价值实现，其直接结果是推动科学技术进步与应用创新的良性互动，提高社会生产力的发展水平，进而促进社会经济的增长。

（3）管理创新既包括宏观管理层面上的创新——社会政治、经济和管理等方面的制度创新，也包括微观管理层面上的创新，其核心内容是科技引领的管理变革，其直接结果是激发人们的创造性和积极性，促使所有社会资源的合理配置，最终推动社会的进步。

（三）文化创新

文化在交流的过程中传播，在继承的基础上发展，其中都包含着文化创新的意义。文化发展的实质在于文化创新。文化创新是社会实践发展的必然要求，是文化自身发展的内在动力。

三、大学生激发创新意识的途径

大学生要想增强创新意识的信心和勇气，激发创新意识，克服消极思维定式的影响，有以下 7 个途径：

1. 敢于质疑

质疑是人类思维的精髓，"学源于思，思源于疑"，大胆质疑是培养大学生创新意识的重要途径。提出问题是取得知识的先导，只有提出问题，才能解决问题，人的认识才能前进。爱因斯坦说过："提出问题比解决问题更重要。"

敢于质疑就是主动自觉地去发现问题、解决问题，用怀疑和批判的眼光看待一切事物，既敢于肯定，更敢于否定。对每一种事物都能提出疑问，是许多新事物、新观念产生的开端。创新思维是以发现问题为起点的。"非典"开始时，中国许多医学权威都认为"非典"病毒是衣原体病毒，但钟南山院士另有发现，他大胆质疑，屡次坚持自己的观点，认为是冠状病毒，为当时快速确诊、救治病人立下了大功劳。

2. 善于发现

发现是一种富有创造力的行为，一个善于发现的人有着良好的观察力与思考力，成功的秘诀就是善于发现。300 多年前，牛顿坐在果园里看着苹果从树上掉到地上，并思考它发生的原因时，历史已经注定，他的理论将影响整个人类世界的未来。鲁班发现小草的叶齿会划破手指，于是锯子诞生了；诸葛亮发现天气将要变化，于是巧借东风，火烧赤壁。

一切似乎都发生在刹那间，所有的灵感就在这一刹那涌出来，然而，真的是这样吗？如果鲁班不是长期积累了丰富的经验，他能从小草联想到锯子吗？如果诸葛亮不是从小就学习观察气候，他能有把握认定天气会变吗？当有人嘲笑爱迪生做灯丝实验失败了 1 000 次时，爱迪生说："至少我已发现 1 000 种材料不适合做灯丝。"一个善于发现的人，必须具备这种坚持不懈的精神，必须善于观察、善于思考。

3. 处处留心

"欲要看究竟，处处细留心。"这句话的意思是想要把事情搞清楚、弄明白，就要注意仔细用心观察。它说明了平时养成注意观察的良好习惯的重要性。处处留心就是要做有心人，要善于观察身边的人和事，从中学到知识和悟出学问。要善于思考，学问既是学出来的，更是悟出来的，学了、问了不思考、不悟也不会有学问，思考就是悟。常言说得好："人生感悟就是一本书。"感悟越深、越多，说明思考越多，学问也就越多。

大学生要做有心人，要关注社会，关注生活，关注民生，善于观察，勤于思考，乐于总结，这样才能成为一个有智慧的人。

4. 博学广闻

学而创，创而学，是创新的根本途径。博学广闻就是学识广博，见闻丰富，它是实现大学生创新的知识源泉。实现创新要建立在知识积累的基础之上，知识本身蕴含丰富的创造力，没有知识的深厚积淀，创新就失去了物质基础。这就需要大学生具备勤奋求知精神，博览群书，广泛涉猎各种知识，踏踏实实学习，保持独立思考的能力，不断地学习新知识和提升创新的能力，真正做到终身学习知识，内心尊重知识，才能在自主创新中发挥生力军作用。

5. 精通专业

精通专业就是努力学习、全面掌握专业知识和专业技能。创新意识要求学生拥有扎实的理论基础，构建合理的知识框架，具备较强的获取知识和运用知识的能力、信息加工能力、科学研究能力以及动手操作能力。因此，要认真学好专业知识，积极参加社会实践活动，努力运用现代化科学知识和科学手段研究并解决社会发展和社会实践中的各种实际问题，提升创新能力。

6. "异想天开"

创新就是"异想天开"。"异想"是创新的前提和过程，"天开"是创新的效果，只有"异想"，才会"天开"。

"异想天开"就是从不同角度思考问题，不循规蹈矩，不满足于现成的思想、观点、方法，从实际出发，想人所未想、不敢想、不愿想，用不同于常人的方式或思路去想问题。要经常思考如何在原有基础上换个角度或采取更简捷有效的方法和途径进行创新发明、推陈出新。

7. 勤于实践

"实践是检验真理的唯一标准"，只有实践，才能使自己所学的知识得到升华，得到巩固。泰戈尔说："学习必须与实干相结合。"书本上的知识是别人实践经验的总结，学生们要在学习其精华的同时，在实践中进行检验和取舍，让科学知识在自己的头脑中得到巩固，使自己的操作技能得到增强。只有不断地"学习—实践—再学习—再实践"，才会拥有广博的知识，高超的技能，才会在工作岗位上做出出色的成绩。因此，应加强大学生的社会实践环节，通过社会活动，使大学生得到锻炼，增长才干，实现知识和行动的有机统一。

第二节 创业的内涵和意义

一、创业的含义

《现代汉语词典》对创业的解释是创办事业。其中"事业"是指人们所从事的，具有一定目标、规模和系统并对社会发展有影响的经济活动。《辞海》解释"创业"就是创立基业。其中"基业"是指事业的基础，由此可见，创办事业是创业的本质。

创业的含义有广义和狭义之分。广义的创业是指创业者对自己拥有的资源或通过努力能够拥有的资源进行优化整合，从而创造出更大经济或社会价值的活动。这种活动可以是营利性的，也可以是非营利性的；可以是经济领域的，也可以是文化、教育、科学、政治等领域的。

狭义的创业是指个人或团队自主创办企业，是个人或者团队在市场环境下发现了一个商机并用实际行动转化为具体的社会形态，获得利益，实现价值的过程。它是以利润为导向的有目的性的行为。

创业包括以下4层含义：

（1）创业是一个创造的过程，创业者要付出努力和代价。

（2）创业的本质是对创业机会的商业价值进行发掘与利用，即要创造或认识到事物的商业用途。

（3）创业的潜在价值需要通过市场来体现，即市场是实现财富的渠道。

（4）创业以追求回报为目的，包括个人价值的满足与实现、知识与财富的积累等。

二、创业的基本类型

不同的创业类型有着不同的创业活动。常见的创业类型有以下4种：

1. 从创业主体的性质来划分

从创业主体的性质划分，可以将创业活动分为自主型创业、公司附属创业、公司内部创业、衍生创业等。其中，自主型创业是指创业者个人或几个创业者共同组成创业团队，白手起家完全独立地创建企业的活动；公司附属创业是指由一家已经相对成熟的公司创建一家新的附属企业的活动；公司内部创业是指进入成熟期的企业为了获得持续增长和长久的竞争优势，为了倡导创新并使其研发成果商品化，通过授权和资源保障等方式支持的企业内创业；衍生创业是指在现有组织中工作的个体或团队，脱离所服务的组织，凭借在过去工作中积累的经验和资源，独立开展创业活动的创业行为。

2. 从创业的动机来划分

从创业动机的角度，可以将创业分为机会型创业和就业型创业两种。机会型创业的出发点并非谋生，而是为了抓住、利用市场机遇。它以新市场、大市场为目标，因此能创造出新的需要，或满足潜在的需求。机会型创业会带动新的产业发展，而不是加剧市场竞争。就业型创业的目的是谋生，为了谋生而自觉地或被迫地走上创业之路。这类创业大多属于尾随型和模仿型，规模较小，项目多集中在服务业，并没有创造新需求，而是在现有的市场上寻找创业机会。由于创业动机仅仅是为了谋生，往往小富即安，极难做大做强。

3．从创业项目的性质来划分

从创业项目的性质来看，可以将创业分为传统技能型创业、高新技术型创业、知识服务型创业等。传统技能型创业是指使用传统技术、工艺的创业项目；高新技术型创业是指知识密集度高，带有前沿性、研究开发性质的新产品项目；知识服务型创业是指为人们提供知识、信息的创业项目。

4．按创业资源来划分

从创业资源需求角度的不同，可将创业分为资合型创业、人合型创业和技术型创业3类。

（1）资合型创业的基础是资产。创建的企业一般具有劳动生产率高、物资消耗省、单位产品成本低、竞争能力强等特点。资合型创业不仅要求有大量的资金、复杂的技术装备，还要有能掌握现代技术的各类人才和相应的配套服务设施，否则难以发挥其应有的经济效果。该类创业通常出现在钢铁、重型机器制造、汽车制造、石油化工等行业领域内。

（2）人合型创业的基础主要表现为创业者之间的相互信任和创业者拥有平等的决策权。创建的企业由于受人际关系、信用程度和个人财力的限制，融资能力较差，规模比较小。该类创业适用于产品生产技术简单、品种多、批量小、用工比重大的企业和产品，或主要依靠传统的手工艺，难以实行机械化、自动化生产的企业和产品。

（3）技术型创业的基础是先进、现代化的科学技术。创建的企业一般具有以下特点：需要综合运用多门学科的最新科学研究成果，技术装备比较先进复杂，研发费用较多，中高级科技人员比重大，操作人员也要求有较高的科学知识和技术能力，使用劳动力和消耗原材料较少，对环境污染较小等。该类创业通常出现在需要花费较多的科研时间和产品开发费用，能生产高精尖产品的行业，如电子计算机工业、原子能工业等。此外，有人把创建电子计算机软件设计、技术和管理的咨询服务企业也归入技术型创业。

三、创业阶段的划分

创业活动包含许多要素和步骤，不同阶段有不同的工作要完成。具体来说，创业活动可以分为以下4个阶段：

1．自我认识阶段

（1）清楚认识自己。创办企业是许多大学生的梦想，但是在创办企业之前，大学生必须要了解创办企业所必需的条件，必须认真审视自己，判断自己是否适合创办企业。因为任何一个企业的成功都与创办者的性格、能力、经济状况等密不可分。

我能创业吗？我能成功吗？这是创业者经常问到的问题，这些问题没有标准答案。创业的成败取决于创业者自身，创业者在决定创业之前，应该客观分析一下自己，看看自己是否具备创业的素质、技能和物质条件。成功的创业者之所以成功，不是因为运气好，而是因为他们敢于挑战，工作努力，并且具有经营企业的素质和能力。

（2）清楚认识创业带来的挑战。

1）创业对创业者自身的挑战。创业需要资金，创业者可能需要寻求家人、朋友的帮助，或者向银行贷款等。创业需要花费大量的时间，创业者可能需要不分昼夜、没有节假日的工作。缺乏社会经验是大学生普遍存在的问题，创业者要不断地学习，自我突破，要协调各种社会关系。

2）创业者还面临着外部压力和风险。创业有可能会失败，创业者要做好应对失败风险的准备和承担相应的责任。市场竞争是难免的，有时还需要和竞争对手合作，创业者要不断地学习、尊重对方，赢得市场份额。创业过程中还会出现意外情况，要提前做好防范措施，避免企业遭受损失。

2. 创业准备阶段

（1）产生创业想法，确定创业项目。一家成功的企业始于正确的理念和出色的想法。在经过第一阶段的评估后，创业者对自己能否创办企业已经有了明确的认识，如果创办企业是自己想做的事情，而且自己也适合创办企业，那么就需要进一步考虑要创办什么样的企业，也就是要为自己寻找出色的创业想法，识别创业机会，确定创业项目。有了合适的创业想法后，要对它进行检验，确定该项目是否可行，是否经得起推敲。

（2）制订营销计划。明确了创业项目后，就需要学习市场营销的知识，评估创业项目有没有市场。市场营销计划为企业指明发展的方向，是创业的规划。通过制订市场营销计划，明确谁是企业的顾客、他们需要什么产品或服务以及怎样满足他们的需求并从中获取利润。

（3）组成创业团队。完成了市场营销计划后，创业者已经对企业将来的运行情况有了预测，知道了要生产什么产品或提供什么服务以及生产多少产品或怎样提供服务等。那么，产品或者服务都必须依靠人来生产或提供，此时需要为企业组建团队，并合理地安排人员，优质、高效地完成生产或服务工作。

（4）选择企业法律形态。企业是一个组织，需要有一种法律形态。不同的企业法律形态，企业的法律地位和创业者、投资者的风险责任不同。创业者需要根据已经确定的创业项目研究比较每一种法律形态的特点，为企业选择合适的法律形态。

3. 创业启动阶段

（1）登记注册。所有企业都要按照国家的法律规定开办和经营，并承担相关法律责任。我国法律规定新办企业必须经工商行政管理部门核准登记。只有登记注册，才能受到国家法律的保护。当然，在企业开办和经营过程中，还必须要遵守国家法律法规。

（2）准备资金。企业登记注册后，接下来要做的就是准备开办企业。创业者需要明确开办企业必需的物资和必要的开支，需要预测所需资金是多少。如果资金不够，则需要考虑怎样获取更多的资金。另外，还要关注企业能不能盈利，要制订合理的销售计划，预测利润空间。

（3）制订创业计划。创办企业，前期需要做大量的准备，需要收集、整理大量的信息。在选择项目、组建团队、确定法律形态、登记注册等基础上，还需要制订出详细的创业计划，进一步明确是否已经做好了开办企业的准备。

4. 经营新企业阶段

企业一旦开办，创业者既要做好内部管理工作，包括人员管理、财务管理等，也要积极应对新企业成长过程中遇到的各种风险和挑战，还要协调工作和休闲等问题。这就要求创业者不断学习和提升自身能力，带领企业不断发展和壮大。

四、创业的意义

大学毕业生选择自主创业对我国解决就业问题具有重要的战略意义。

第一，以创业带动就业，不仅从根本上解决大学生就业难的问题，缓解国家就业压力，而且创业的活力会形成带动就业的倍增规模效应。创业能力是一个人在创业实践活动中的自我生存、自我发展的能力。一个创业能力很强的大学毕业生不但不会增加社会的就业压力，相反还能通过自主创业活动培养出许许多多的就业增长点，从而为社会增加就业岗位。

第二，以创业带动就业，有利于大学生把自我价值与社会价值统一起来，为社会做出更多的贡献。一方面，大学生要想创业成功，必须充分考虑社会的需要，根据社会需要选择创业方向和领域。另一方面，大学毕业生自主创业，总是选择那些适合发挥自己的兴趣与专长的行业和领域，做自己最感兴趣、最愿意做和自己认为最值得做的事情，这样既可以最大限度地发挥自己的才能，又有利于为社会创造价值。

第三，以创业带动就业，有利于培养大学生的创新精神。创新是一个民族的灵魂，是一个国家兴旺发达的不竭动力。青年大学生作为中国最具活力的群体，如果失去了创造的冲动和欲望，那么将削弱中华民族持续发展的动力。大学生的创业活动，有利于培养勇于开拓创新的精神，把就业压力转化为创业动力，培养出越来越多的各行各业的创业者。

当前，大学生的就业观念正在悄然地发生改变，一个鼓励创业、保护创业、崇拜创业的大环境正在逐步形成。

五、创新与创业的关系

瑞典管理学家伊·米克斯认为："创业不是创新，创新也不是创业。创业可能涉及创新，或者也并不涉及；创新可能涉及创业，或者也并不涉及。"从现实的角度来看，他的主张是客观的。

创新是创业的基础。创新是指理论、方法或技术等某一方面的发现、发明、改进或新组合，它强调开拓性与原创性；创业是一种思考、推理和行动的方法，目的是把握机会，创造性地整合资源，创办新的企业或开辟新的事业，它强调的是通过实际行动获取利益的行为。将创新的思想或成果用于产业或事业当中，开创新的领域或新的局面，就是创业。因此，创业是在创新的基础上将创新的思想或成果转化为现实生产力的一种实践活动，即创业是具有创业精神的个体与有价值的商业机会的结合，是开创新事业，其本质是把握机会，创造性地整合资源、创新和超前行动。

创业是创新的载体和表现形式，是创新的体现和延伸。创业的成败依赖创新教育根基的扎实程度；创新的成效，只有通过未来的创业实践来检验。因此，创新与创业内容结构相互融合，相辅相成。将两者有机地结合在一起称为创新创业。创新创业既不同于单纯的创新，也不同于单纯的创业。创新创业是指基于技术创新、产品创新、品牌创新、服务创新、商业模式创新、管理创新、组织创新、市场创新、渠道创新等方面的某一点或几点创新而进行的创业活动。因此，创新创业与传统创业的根本区别在于创业活动中是否有创新因素。创新是创新创业的特质，创业是创新创业的目标。

创新与创业内容的相似，并不说明二者可以相互替代。创业者只具备创新精神是不够的，它只是为创业成功提供了可能性和必要的准备，如果脱离创业实践，缺乏一定的创业能力，创新精神也就成了无源之水、无本之木。创新精神只有作用于创业实践活动才能有所体现，最终才有可能获得创业的成功。

第三节　创新创业形势与环境

从20世纪70年代起，新兴的创业一代逐渐改变了整个世界的经济结构和社会结构。人类社会开始真正走上创业之路，并广泛影响着人们的生活、工作和学习方式。

一、创新创业的时代背景

（一）知识经济时代

经济和人类社会的发展密不可分，经济基础决定上层建筑，经济在整个社会发展中的地位是重要而独特的。知识经济是以知识（智力）资源的占有、配置、生产和使用（消费）为重要因素的经济。知识经济时代就是以知识运营为经济增长方式、以知识产业为龙头产业、以知识经济成为新的经济形态的时代。

（二）互联网与知识经济

知识经济时代离不开互联网、物联网、大数据、云计算技术的支撑，互联网是所有信息技术的基础。2014年11月，李克强总理出席首届世界互联网大会时指出，互联网是"大众创业、万众创新"的新工具。2015年3月5日上午十二届全国人大三次会议上，李克强总理在政府工作报告中首次提出"互联网+"行动计划。

"互联网+"就是"互联网+各个传统行业"，但这并不是简单的两者相加，而是利用信息通信技术以及互联网平台，让互联网与传统行业进行深度融合，创造新的发展生态。"互联网＋"孕育了技术、产品和商业模式自主创新的基因，广泛培育了创业者和小微企业主的企业家精神，开创了"大众创业、万众创新"的局面。

二、法律、政策、社会环境

（1）《中华人民共和国宪法》明确规定："在法律规定范围内的个体经济、私营经济等非公有制经济，是社会主义市场经济的重要组成部分。国家保护个体经济、私营经济等非公有制经济的合法的权利和利益。国家鼓励、支持和引导非公有制经济的发展，并对非公有制经济依法实行监督和管理。"这就为私营经济的存在和发展从法律层面给予了保障。与此同时，其他有关非公有制经济发展的法律也逐步制定、完善并实施，私营经济发展的法律环境逐步具备。

（2）创业门槛不断降低。首先，对私营经济在市场进入方面的限制大多将逐步取消，更多的行业领域将允许民营企业进入；其次，一些经营手续办理程序得到简化，企业自主经营范围变得更为宽泛和自由。

（3）资本市场日趋健全和活跃。在融资方面，银行贷款、金融支持、融资担保、风险投资、产权交易等更多的业务不断推陈出新。为解决创业过程中融资难的问题，有关机构还启动了为创业者提供贷款担保和贴息的业务。

（4）创业载体和创业服务机构发展加快。创业载体，如各类企业孵化器、园区建设、社区建设、企业服务中心、指导机构等不断新增。风险投资机构、担保服务机构、信用评级机构、顾问咨询机构等服务机构得到发展，更有利于创业的启动与发展。

三、大学生创业环境

2016 年 12 月 28 日，中国人民大学首次发布了《2016 中国大学生创业报告》。报告认为，我国高校"双创"教育的产生与发展历程，大致经历了四个阶段，即：创新创业教育的引入试点阶段（1998—2002 年）；创业教育与职业发展的对接阶段（2002—2008 年）；支持国家"双创"战略、"双创"教育的全面实践阶段（2008—2012 年）；扎实推进"双创"教育深度发展的实践阶段（2012 年至今）。

在国家鼓励"双创"的大背景下，国内各大高校积极深化创新创业教育改革，并已经取得了显著的成效：基于"平台型创业学院"整合相关资源成为实施"双创"教育的新探索；"双创"教育与科技产业园孵化联动模式给大学生提供了更接近真实创业实践的体验；一些专业学科优势明显的高校还开发出了"专业纵深化、产教协同性"的创业实训模式等。总体来看，高校创新创业教育实践已经为我国创业教育的总体生态系统贡献了巨大活力。

　　为引导大学生多渠道就业，尤其是鼓励自主创业和灵活就业，政府出台了《关于进一步做好普通高等学校毕业生就业工作的实施意见》（以下简称《意见》）。《意见》规定，对于自主创业的毕业生，可以在注册登记、贷款融资、税费减免、创业服务等方面获得扶持。大学生创业可以放宽一定的行业限制，例如，申办个体工商户、个人独资企业、合伙企业时，除法律法规另有规定外，将不受最低出资金额限制。

第四节　创业教育

一、创业教育的内涵

　　创业教育是对传统教育观念的一种挑战，是适应新时代的一种新的教育理念。21世纪是我国国民经济快速发展的时期。经济的腾飞、科技的创新为青年学生自谋职业和出路、走开拓创业之路提供了可能。学生在选择职业和就业创业方面存在很大的盲目性。教师在教学过程中不仅仅是向学生传授知识，更重要的是激发学生的创新思维，培养学生的创业精神和能力，鼓励学生敢于张扬个性、勤于探索、勇于创新、善于与人合作等，这些通常是创业成功者所具备的素质。

　　开展创业教育，教会学生创业，使高职院校成为创业型人才成长的摇篮，是符合我国经济体制改革要求和国情的，是职业教育改革的一个重要方面。

　　创业教育（enterprise education），是培养人的创业意识、创业思维、创业技能等各种创业综合素质，并最终使被教育者具有一定的创业能力的教育。它是以培养大学生创业基本素质为目标，培养的是具有开拓性精神的个人，这种人具有首创、竞争意识、冒险精神、创新能力、独立工作能力以及技术、沟通和管理技能。创业教育的实质就在于要让受教育者成长为创业者，使他们"愿创""敢创""会创"，通过树立创业意识、培养创业精神、积累创业知识、增长创业技能，从而形成创业能力。在实施教育的过程中，必须结合专业知识及技能的学习，渗透创业意识，使学生掌握选择、建立管理企业的知识体系，了解企业运作的规律，使毕业生在市场经济大潮中闯出一条属于自己的路。发展中小企业是当今世界的一大趋势，也因此而成为各国职业指导工作的主要环节。

　　创业教育是创新教育的一个更高层次的分化，广义上是培养具有开创性的个人，比一般的创新教育有更高的要求。被联合国教科文组织赋予了与学术教育、职业教育同等重要的地位。联合国教科文组织于20世纪80年代末，在面向21世纪国际教育发展趋势研讨会上，提出了"创业教育"这一新的教育概念，并要求高等学校将学生创业技能和创业精神的培养作为高等教育的基本目标之一，同时要求将它提高到与高校学术研究和职业教育同等重要的地位。从本质上说，创业教育是一种新的教育理念，旨在培养学生的创业意识、创业能力和创业人格。1999年联合国教科文组织在韩国汉城（今为首尔）举行的第二届国际职业技术教育大会上特别强调：要培养学生的创业能力，创业能力是一种核心能力，这种能力对一个人在各种工作领域激发个体的创新能力至关重要。通过创业教育，培养大学生的财富意识和创业意识，强化创业动机，倡导冒险和探索精神，传授创业知识，训练创业基本能力，通过创业教育使学生具备创业所需要的意识、知识、能力和心理品质的储备，使其走上创业之路。

二、创业教育的意义

（一）大学生创业教育现状

第一，大学生对创业的知识缺乏必要的了解。

调查显示，有 94% 的同学认为在经济管理类学生中进行创业教育是有必要的；31% 的学生认为他们没有创业是因为没有掌握创业知识；90% 的学生没有经商的知识和技能；74% 的学生不能独立拟写一份企业计划书；82% 的学生不知道企业登记的有关程序；62% 的学生不了解当前我国的一些经济热点问题；98% 的同学不了解公司上市的有关知识。据不完全统计，大学生创业的成功率只有 2% ～ 3%。由此可以看出创业教育对高职生是必要的。

第二，大学生对创业具有一定的热情。

88% 的学生尝试过推销一种产品或发现一种挣钱的方法；73% 的学生带着有创业目的的思想去打工；71% 的学生了解自己的专业与市场的联系；92% 的学生拥有获得财富的梦想与激情。由以上数据可以看出，绝大多数的学生能够积极地为创业做准备，并对获得财富的梦想充满了激情与渴望。

第三，大学生的实践能力将制约创业能力。

65% 的学生不懂如何搜集、处理信息；65% 的学生不懂如何处理一些棘手问题；86% 的学生不会用自己的专业知识设计一个有市场前景的产品或制定一个能产生经济效益的方案；45% 的学生不了解一些用简洁实用、新颖巧妙的方法解决问题的实例；63% 的学生不具备较强的动手能力或积极参加各类实践活动的能力。由以上数据可以看出，绝大多数学生缺乏实际动手能力和较强的经营管理能力，这将大大影响他们的创业能力，降低创业的成功率。

第四，大学生期望系统化、实用性、操作性强的知识。

我们在调查中发现，96% 的学生认为学校有进行创业教育的必要；98% 的学生希望所学的知识更具体一些，操作性更强一些。从上述统计数据可以看出，学生对系统地开设创业指导课程和实用性的就业指导有着较强烈的需求。所以，对大学生来说开展创业教育是必要的。

在国家鼓励大学生自主创业，创业促就业已成为一种趋势的背景下，创业教育有着重要的意义。

（二）创业教育的意义

1. 开展创业教育是经济发展对高等教育提出的新要求

创业是发展之基、振兴之道、富民之本。在技术创新中，中小企业日趋活跃。据统计显示，美国有 50% 的技术创新来自中小企业。此外，不少大型企业本身就是由中小企业发展而来的，美国的微软公司就是成长的典范。在众多中小企业中真正能发展成大型企业的只是极少数。然而，正是这些具有强烈创新冲动的中小企业生生不息，不断地诞生、发展、兼并才使得整个经济社会充满生机与活力，推动着国家经济的不断繁荣。

创业教育是我国大学校园创业热潮的呼唤以及顺应国际潮流的必然选择。近年来，我国中小企业尤其是民营企业有了长足的发展，但与西方发达国家相比，无论在数量、质量、规模、运作方式、知识含量还是在对经济的贡献上都存在着巨大的差距。其中一个重要原因，就是没有注重对创业型人才的开发，没有重视对企业家的培养。因此，改革我国的人才培养模式，大力培养创业型人才，可以促进知识成果向生产力转换，推动社会财富的增加，提高企业家队伍的素质。为社会发展、经济繁荣源源不断地提供人才和智力支持是时代对我国高等教育提出的新要求。

2. 广泛开展创业教育是为迎接严峻的就业形势对高等教育提出的新挑战

现今大学生就业形势严峻，就业工作任务艰巨。大学生就业压力又促使高校不断创新人才培养模式、手段和方法。

就业是民生之本，做好高校毕业生就业工作，是"加快推进以改善民生为重点的社会建设"的具体体现，是构建社会主义和谐社会的重要内容，是建设人力资源强国和建设创新型国家的必然要求。由于就业竞争日益激烈，高校毕业生就业面临严峻挑战，创业是积极就业的一种，不失为缓解目前就业压力的一条解决途径。

从我国劳动力市场需求看，国家行政事业单位正在进行机构改革，转变职能，很难大批量接受大学毕业生；国有大中型企业正面临改革和调整的阵痛，难以提供充分的就业岗位。金融危机的影响还在影响大学生的就业，用人单位对应用型、技术型人才的高要求使没有工作经验的大学生就业更为困难，出现了"用工难"遭遇"就业难"的两难局面。

目前，不少大学毕业生及家长求稳怕险。大学生就业结构性矛盾突出地体现为区域不均衡，大量毕业生过分集中在东部地区和城市，竞争数量有限的就业岗位。毕业生都把目光盯在城市、党政机关、国有企业等，而对于非公有制企业尤其是农牧区基层，却鲜有兴趣。中西部地区、广大的基层面临着人才匮乏又难以吸引毕业生的窘境，从而存在着"无业可就"和"有业不就"的矛盾。鼓励大学生创业，既可以增加经济总量，也可以以创业促进就业。

3. 开展创业教育是大学生自我发展的需要

大学生是知识的拥有者，是社会的精英阶层，在他们学习专业知识，培养创新能力的同时，开展创业教育，可以使他们的综合素质得到进一步的提高，具备更强的适应能力、生存能力、竞争能力，使他们既可以就业，也可以在条件和机遇降临时，开创一番成功的事业，成就机会型创业。用创造性的劳动获取自己合法的财富，使这些青年不仅能解决自己的就业问题，而且为社会创造财富，为他人创造更多的就业机会，成为充满进取精神和开拓能力的社会精英群体。因此，开展创业教育有助于挖掘知识经济时代大学生的创业潜力，也是学生自我发展实现自身价值的需要。

本章小结

　　创业是在创新的基础上将创新的思想或成果转化为现实生产力的一种实践活动。本章对创新与创业的内涵、类型、意义等进行了介绍，并概述了当前创新创业的形势与环境，从而使大学生对创新与创业有一个初步的认识。

课后练习

　　1. 什么是创新？
　　2. 创新有哪些类型？
　　3. 什么是创业？
　　4. 创业有哪些基本类型？
　　5. 创新与创业的关系是什么？

创新思维与创新能力

通过本章的学习，了解创新思维的概念；熟悉创新思维的类型与常见思维障碍；掌握培养创新能力的方法。

能力目标

能有意识地培养自己的创新思维与创新能力，积极参加创新创业相关竞赛，为创业打下良好基础。

第一节　创新思维概述

习近平总书记指出："创新是民族进步的灵魂，是一个国家兴旺发达的不竭动力，也是中华民族最深沉的民族禀赋，在激烈的国际竞争中，唯创新者进、唯创新者强、唯创新者胜。"综观世界，新一轮科技革命和产业变革正在孕育兴起，在信息技术和"互联网＋"的推动下，我国正形成新一波"大众创业、万众创新"的新浪潮。大学生应该积极响应时代的召唤，培养创新意识、创新精神，努力成长为创新人才，投入创新创业的时代洪流中。

一、创新思维的定义

创新思维是指以新颖独创的方法解决问题的思维过程，通过这种思维能突破常规思维的界限，以超常规甚至反常规的方法、视角去思考问题，提出与众不同的解决方案，从而产生新颖的、独到的、有社会意义的思维成果。

创新思维的本质是将创新意识的感性愿望提升到理性探索上，实现创新活动由感性认识到理性思考的飞跃。

创新思维是创新的核心和基础，对创新成功有着非同寻常的意义。大量试验表明，进行专门性、创造性的思维训练，可以使人们的创造性思维水平提高 10% ～ 40%。了解创新思维，掌握创新思维训练方法，对提高人们的创造能力具有重要的意义。

二、创新思维的特征

（1）独创性或新颖性。创新思维贵在创新，或者在思路的选择上，或者在思考的技巧上，或者在思维的结论上，具有"前无古人"的独到之处，具有一定范围内的首创性、开拓性。

（2）灵活性。创新思维没有现成的思维方法和程序可循，所以，它的方式、方法、程序、途径等都没有固定的框架。进行创新思维活动的人在考虑问题时可以迅速地从一个思路转向另一个思路，从一种意境进入另一种意境，多方位地探索解决问题的办法。这样，创新思维活动就表现出不同的结果或不同的方法、技巧。

（3）艺术性。创新思维活动是一种开放的、灵活多变的思维活动，它的发生伴随有"想象""直觉""灵感"之类的非逻辑、非规范的思维活动，具有极高的艺术性，他人不可能完全模仿、模拟。

（4）对象的潜在性。创新思维活动从现实的活动和客体出发，但它的指向不是现存的客体，而是一个潜在的、尚未被认识和实践的对象。

三、创新思维的类型

创新思维的类型主要包括以下 4 种：

（一）发散思维

1. 发散思维的概念

发散思维又称"辐射思维""放射思维""多向思维""扩散思维"或"求异思维"，是指从一个目标出发，沿着各种不同的途径去思考，探求多种答案的思维。不少心理学家认为，发散思维是创造性思维最主要的特点，是测定创造力的主要标志之一。

发散思维是大脑在思维时呈现的一种扩散状态的常见思维模式，它表现为思维视野广阔，思维呈现出多维发散状。可通过从不同角度思考同一问题，如"一题多解""一事多写""一物多用"等方式，培养发散思维能力。

2. 发散思维的类型

（1）立体思维。思考问题时跳出点、线、面的限制，立体式进行思维。

1）立体绿化：屋顶花园增加绿化面积、减少占地、改善环境、净化空气。

2）立体农业、间作：如玉米地种绿豆、高粱地里种花生等。

3）立体森林：高大乔木下种灌木、灌木下种草，草下种食用菌。

4）立体渔业：网箱养鱼充分利用水面、水体。

5）立体开发资源：煤、石头、开发产品。

（2）平面思维。平面思维是指人的各种思维线条在平面上聚散交错，也就是哲学意义上的普遍联系，这种思维更具有跳跃性和广阔性，联系和想象是它的本质。人们通常所说的形象思维就属于平面思维的范畴。

我国古代著名人物诸葛亮，擅于用"兵"是众所周知的，一般人可能认为只有"人"才可以当"兵"用，但在诸葛亮的思维中，水、火是"兵"，草、木皆"兵"，更可以借东风以作"兵"用，他可以想到比"人"更多的事物当"兵"来用，这就是平面思维的效果。

阿基米德浮力定律的产生正是阿基米德联想到了用"水"的方法来解决皇冠之谜。

用一支笔一张纸一笔可以画出圆心和圆周就是一种平面思维。将纸的一角折起，在靠近折起来的纸的边缘画一点作圆心，然后笔往折起来的纸上面画，画到原纸上时，将折起来的纸打开，在原纸上画一个以之前所画点为圆心的圆即可，如图2-1所示。

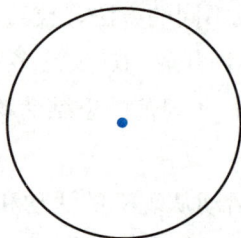

图2-1　一笔画圆心和圆周

（3）逆向思维。悖逆通常的思考方法，即从相反方向思考问题的方法，也叫作反向思维。因为客观世界许多事物之间甲能产生乙，乙也能产生甲，如化学能能产生电能，电能也能产生化学能。据此，意大利科学家伏特于1800年发明了伏特电池；相反，电能也能产生化学能，通过电解，英国化学家戴维于1807年发现了钾、钠、钙、镁、锶、钡、硼7种元素。

如说话声音的高低能引起金属片相应的振动，相反金属片的振动也可以引起声音高低的变化。爱迪生在对电话的改进中，发明制造了世界上第一台留声机。

（4）侧向思维（旁通思维）。从与问题相距很远的事物中受到启示，从而解决问题的思维方式。19世纪末，法国园艺学家莫尼哀从植物的盘根错节想到水泥加固的例子。当一个人为某一问题苦苦思索时，在大脑里会形成一种优势灶，一旦受到其他事物的启发，就很容易与这个优势灶产生联系，从而解决问题。

（5）横向思维。横向思维是相对于纵向思维而言的一种思维形式。纵向思维是按逻辑推理的方法直上直下的收敛性思维；而横向思维是当纵向思维受挫时，从横向寻找问题答案。正像时间是一维的，空间是多维的一样，横向思维与纵向思维代表了一维与多维的互补。最早提出横向思维概念的是英国学者德博诺，目的是针对纵向思维的缺陷，提出与之互补的、对立的思维方法。

例如，游客有时会从帕台农神庙的古老立柱上砍下一些碎片，这引起了雅典政府的注意，虽然明知这种行为是违法的，但是游客仍旧把碎片作为纪念品带走。如何才能阻止这一行为呢？

于是，政府从原来维修帕台农神庙时所用的矿石场里收集了一些大理石碎片，每天把这些碎片散放在帕台农神庙的周围。游客以为他们捡起来的碎片是从古老的立柱上掉下来的，便很满意地带走了。

（6）多路思维。多路思维是指对一个有多种答案的问题，朝着各种可能解决的方向，去扩散性思考该问题各种正确答案的思维。从不同角度、不同逻辑起点、不同思维程序考察客观事物，形成多方面、多层次、多因素、多变量的整体认识。

解决问题时不是一条路走到黑，而是从多角度、多方面思考，这是发散思维最一般的形式（逆向、侧向、横向思维是其中的特殊形式）。

例如，以"电线"为蓝本，设想它的各种用途，学生们自然地将它和"电、信号"等联系起来，作为导体；也可以将它当作绳用来捆东西、扎口袋等。但如果将电线分成铜质、质量、体积、长度、韧性、直线、轻度等要素再去思考，就会发现电线的用途无穷无尽。如可加工成织针，弯曲做鱼钩，可以做成弹簧，缠绕加工制成电磁铁，铜丝熔化后以铸铜字、铜像，变形加工可以做外文字拼图，做运算符号进行运算等。

（7）组合思维。从某一事物出发，以此为发散点，尽可能多地与另一（一些）事物联结成具有新价值（附加价值）的新事物的思维方式。

第一次大组合是牛顿组合了开普勒天体运行三定律和伽利略的物体垂直运动与水平运动规律，从而创造了经典力学，引起了以蒸汽机为标志的技术革命；第二次大组合是麦克斯韦组合了法拉第的电磁感应理论和拉格朗日、汉密尔顿的数学方法，创造了更加完备的电磁理论，因此，引发了以发电机、电动机为标志的技术革命；第三次大组合是狄拉克组合了爱因斯坦的相对论和薛定谔方程，创造了相对量子力学，引起了以原子能技术和电子计算机技术为标志的新技术革命。所以爱因斯坦说过："……组合作用似乎是创造性思维的本质特征。"

在科学界、商业和其他行业都有大量的组合创造的实例。当然组合不是随心所欲地拼凑，必须遵循一定的科学规律。

3. 发散思维的方法

（1）一般方法。

1）材料发散法——以某个物品尽可能多的"材料"，以其为发散点，设想它的多种用途。

2）功能发散法——从某事物的功能出发，构想出获得该功能的各种可能性。

3）结构发散法——以某事物的结构为发散点，设想出利用该结构的各种可能性。

4）形态发散法——以事物的形态为发散点，设想出利用某种形态的各种可能性。

5）组合发散法——以某事物为发散点，尽可能多地将它与别的事物进行组合形成新事物。

6）方法发散法——以某种方法为发散点，设想出利用方法的各种可能性。

7）因果发散法——以某个事物发展的结果为发散点，推测出造成该结果的各种原因，或者由原因推测出可能产生的各种结果。

（2）假设推测法。假设的问题无论是任意选取的，还是有所限定的，所涉及的都应当是与事实相反的情况，是暂时不可能的或是现实不存在的事物对象和状态。

由假设推测法得出的观念可能大多是不切实际的、荒谬的、不可行的，这并不重要，重要的是有些观念在经过转换后，可以成为合理的、有用的思想。

（3）集体发散思维。发散思维不仅需要用上自己的全部大脑，有时候还需要用上身边的无限资源，集思广益。集体发散思维可以采取不同的形式，如头脑风暴法。

（二）收敛思维

1. 收敛思维的概念

收敛思维也叫作"聚合思维""求同思维""辐集思维""集中思维"，是指在解决问题的过程中，尽可能利用已有的知识和经验，把众多的信息和解题的可能性逐步引导到条理化的逻辑序列中，最终得出一个合乎逻辑规范的结论。

收敛思维也是创新思维的一种形式，与发散思维不同，发散思维是为了解决某个问题，从这一问题出发，想的办法、途径越多越好，总是追求还有没有更多的办法。而收敛思维则是为了解决某一问题，在众多的现象、线索、信息中，向着问题的一个方向思考，根据已有的经验、知识或发散思维中针对问题的最好办法去得出最好的结论和最好的解决办法。

2. 收敛思维的方法

（1）辏合显同法。就是把所有感知到的对象依据一定的标准"聚合"起来，显示它们的共性和本质。例如，我国明朝时期，江苏北部曾经出现了可怕的蝗虫，飞蝗一到，整片整片的庄稼被吃掉，人们颗粒无收……徐光启看到百姓的疾苦，想到国家的危亡，毅然决定去研究治蝗之策。他搜集了自战国以来两千多年有关蝗灾情况的资料，提出许多正确有效的治蝗办法，有些办法则一直用到中华人民共和国成立初期。

（2）求异思维法。如果一种现象在第一场合出现，第二场合不出现，而这两个场合中只有一个条件不同，这一条件就是现象的原因。寻找这一条件，就是求异思维法。

（3）层层剥笋法（分析综合法）。在思考问题时，最初认识的仅仅是问题的表层（表面），因此，也是很肤浅的东西；然后层层分析，向问题的核心一步一步地逼近，抛弃那些非本质的、繁杂的特征，以便揭示出隐蔽在事物表面现象内的深层本质。

（4）目标确定法。平时接触到的大量问题比较明确，很容易找到问题的关键，只需要采用适当的方法，问题便能迎刃而解。但有时候，一个问题并不是非常明确，很容易产生似是而非的感觉，将人们引入歧途。

这个方法要求我们首先要正确地确定搜寻的目标，进行认真的观察并做出判断，找出其中关键的目标，围绕目标进行收敛思维。

目标的确定越具体越有效，不要确定那些各方面条件尚不具备的目标，这就要求人们对主客观条件有一个全面、正确、清醒的估计和认识。目标也可以分为近期的、远期的、大的、小的。开始运用时，可以先选小的、近期的，熟练后再逐渐扩大选择远期的、大的。

（5）聚焦法。聚焦法就是人们常说的沉思、再思、三思，是指在思考问题时，有意识、有目的地将思维过程停顿下来，并将前后思维领域浓缩和聚拢起来，以便帮助我们更有效地审视和判断某一事件、某一问题、某一片段信息。由于聚焦法带有强制性指令色彩，所以可以产生以下两种作用：其一，可通过反复训练，培养我们的定向、定点思维的习惯，形成思维的纵向深度和强大穿透力，犹如用放大镜把太阳光持续地聚焦在某一点上，就可以形成高热；其二，由于经常对某一片段信息，某一件事、某一问题进行有意识的聚焦思维，自然会积淀起对这些信息、事件、问题的强大透视力、溶解力，以便最后顺利解决问题。

（三）联想思维

1. 联想思维的概念

联想思维是指在人脑内记忆表象系统中由于某种诱因使不同表象发生联系的一种思维活动。联想思维和想象思维可以说是一对孪生姐妹，在人的思维活动中都起着基础性的作用。

联想思维是在创新过程中运用概念的语义、属性的衍生、意义的相似性来激发创新思维的方法，它是打开沉睡在头脑深处记忆的最简便和最适宜的钥匙。

2. 联想思维的类型

（1）接近联想。时间或空间上的接近都可以引起不同事物之间的联想。诗歌中有关时空接近联想的佳句很多，如"春江潮水连海平，海上明月共潮升。滟滟随波千万里，何处春江无月明"。作者将春江、潮水、大海与明月（既相远又相近）联系在一起。

（2）相似联想。从外形或性质上的、意义上的相似引起的联想，都是相似联想。如"春蚕到死丝方尽，蜡炬成灰泪始干""床前明月光，疑是地上霜"等。

（3）对比联想。由事物之间完全对立或存在某种差异而引起的联想，就是对比联想（相反特征的事物或相互对立的事物间所形成的联想）。文学艺术的反衬手法，就是对比联想的具体运用。例如，描写岳飞和秦桧的诗句"青山有幸埋忠骨，白铁无辜铸佞臣"。

（4）因果联想。由于两个事物存在因果关系而引起的联想，就是因果联想。这种联想往往是双向的，可以由因想到果，也可以由果想到因。

（5）类比联想。类比联想就是通过对一种事物与另一种（类）事物对比，而进行创新的方法。其特点是以大量联想为基础，以不同事物间的相同、类比为纽带。根据不同的类比形式可分为多种类比法，下面大致介绍几种：

1）直接类比法：如鱼骨—针，酒瓶—潜艇。

2）间接类比法：如水冲击法—电冲击法—负氧离子发生器。

3）幻想类比法：如第一台电子计算机的诞生。

4）因果类比法：如发泡剂使合成树脂布满无数小孔—气泡混凝土。

5）仿生类比法：如青蛙—电子蛙眼、蜻蜓翅痣—机翼振动。

3. 联想思维的训练

联想思维可以在日常生活中培养和自我训练，也可以在教师的指导下进行强化训练。这里说明一下强化训练的注意事项。

在读完题目后，要立即进入题目的情境，设身处地地进行联想。虚拟的情境越逼真，效果就越好。

开始联想后，每联想到一件事物，就填写在题目后的表格中，直到不能再想为止，但不要急于求成。

一般可用2～3分钟完成一道题目，时间一到，马上转入下个题目。

练一练 联想思维的训练

1. 在两个没有关联的信息间，寻找各种联想，将它们联结起来。

例如，粉笔—原子弹　粉笔—教师—科学知识—科学家—原子弹

A. 足球—讲台　　　　　　　　　B. 黑板—聂卫平

C. 汽车—绘图仪　　　　　　　　D. 油泵—台灯

2. 分别在下面每组的字上加同一个字使其组成不同的词。

A. 自、察、味、触、幻、感　　　B. 阔、大、博、东、告、意

C. 具、教、理、士、边、家

（答案：觉、广、道）

（四）灵感思维

灵感思维也称作顿悟，是人们借助直觉启示所猝然迸发的一种领悟或理解的思维形式。其是指经过长时间的思索，问题没有得到解决，但是突然受到某一事物的启发，问题就被一下子解决的思维方法。诗人、文学家的"神来之笔"，军事指挥家的"出奇制胜"，思想战略家的"豁然贯通"，科学家、发明家的"茅塞顿开"等，都是灵感的体现。灵感来自信息的诱导、经验的积累、联想的升华、事业心的催化。

灵感思维具有以下特点：

（1）突发性。灵感往往是在出其不意的刹那间出现，使长期苦思冥想的问题突然得到解决。在时间上，它不期而至，突如其来；在效果上，突然领悟，意想不到。这是灵感思维最突出的特征。

（2）偶然性。灵感在什么时间可以出现，在什么地点可以出现，或在哪种条件下可以

出现，都带有很大的偶然性而使人难以预测，往往给人以"有心栽花花不开，无意插柳柳成荫"之感。

（3）模糊性。灵感的产生往往是闪现式的，而且稍纵即逝，它所产生的新线索、新结果或新结论使人感到模糊不清。

四、常见思维障碍

在现实生活中，为什么越是简单的问题越容易让人掉以轻心，并因此出错？因为急于求成的人总是容易首先从自己的经验定式和主观愿望出发，习惯按常规思维办事，掉入思维障碍的陷阱。在现实中，人们常见的思维障碍包括以下 4 项：

1. 从众性思维

从众心理是指放弃独立思考的能力，盲目相信大众，一切跟在别人后面，不出头，不冒尖的心理。例如，学习从众，报考高考的热门专业；消费从众，购买大家都喜欢买的热门商品。殊不知，只有拥有与众不同的想法，才能抓住与众不同的机会，从而得到与众不同的收获。

每个人都是独立的个体，也是社会中的一员。作为社会的成员，面对外在的世界，应该通达和顺应，顺应规则、遵从法度，这一切都是可以称作外化的东西。但是一个人之所以成为他自己，更应该是坚持自己的秉性而不要随波逐流，有他独特的价值观，有他独特的风格，有一个人内心的秉持。在现实生活中，人们总有一些从众心理，似乎有了不同的想法就成了不合群的人，我们怕听到反对的声音而放弃自己独特的想法，与此同时也放弃了改变生活的大好时机。只有那些敢于表达他们与众不同想法的人，才能变得与众不同。而创新思维更需要我们打破从众性思维，才能破旧创新。

2. 习惯性思维

习惯性思维，即定式思维，是指人们在面对新事物、新问题时习惯用之前的思维方式，对新事物、新问题不加分析、不加思考地麻木重复。其主要特征是对问题的思考总是按照第一次的方向和次序进行。习惯性思维对人们解决问题，既有积极作用，也有消极作用。从积极的一面看，习惯性思维可以极大地节约时间和精力，提高人们解决问题的效率；从消极的一面看，习惯性思维容易使人们走进思维的死角，钻牛角尖，不利于问题的解决。对于一个立志于创新的人来说，我们应打破习惯性思维障碍对我们的束缚，进一步优化自己做事的方式和方法，充分发挥主观能动性以寻求更新更好的思维方法。

3. 刻板型思维

所谓刻板，是指呆板、机械、缺乏变化。刻板型思维即指思考的过程中不懂变通，思路单一。人们在解决简单问题时，刻板思维通常能解决问题。但当问题稍显复杂时，刻板思维不但无济于事，还会导致错误的发生。刻舟求剑的故事深刻阐述了这个道理。在思维活动中，常常会发生一些新情况，面对新情况应打破刻板，随机应变，迅速做出反应，从而摆脱困境，顺利达到理想目的。

4. 权威型思维

权威常常是在某领域内有影响力、有威望、有地位的人，权威之所以成为权威，是因为他们在某领域很有建树，他们的意见和建议能使我们事半功倍，人们常常对学识、能力比自己强的人产生尊敬和崇拜，不敢去质疑他们的观点。这种不敢质疑，过分相信权威将极大地阻碍人们的创新思维，因为他们思考的领域，只能是在权威限定的框架里。爱因斯坦说，"因为我对权威的轻蔑，所以命运惩罚我，使我自己竟也成了权威"，这句话也许很好地阐释了人们应该如何面对权威。

有这样一道测试题：一位公安局局长在茶馆里与一位老人下棋。正下到难分难解之时，跑来了一位小孩，小孩着急地对公安局局长说："你爸爸和我爸爸吵起来了。"老头问："这孩子是你的什么人？"公安局局长答道："是我的儿子。"

请问：是谁和谁吵起来了？

案例分析：

据说有人曾将这道题对 100 个人进行了测验，结果只有两个人答对了。后来对一个三口之家问这个问题，父母没答对，孩子却很快答了出来："局长是个女的，吵架的一个是局长的丈夫，即孩子的爸爸；另一个是局长的爸爸，即孩子的外公。"

为什么许多成年人对如此简单的问题的解答反而不如孩子呢？这就是思维定式效应：按照成人的经验，公安局局长应该是男的，从男局长这个心理定式去推想，自然找不到正确答案；而小孩子没有这方面的经验，也就没有心理定式的限制，因而一下子就找到了正确答案。

测一测　创新思维能力测试

下面有 10 个题目，如果符合自身情况，则回答"是"，不符合则回答"否"，拿不准则回答"不确定"，按照顺序选择分数。

1. 你认为那些使用古怪和生僻词语的作家，纯粹是为了炫耀。（是得 1 分；否得 0 分；不确定得 2 分）

2. 无论什么问题，要让你产生兴趣，总比让别人产生兴趣要困难得多。（是得 0 分；否得 1 分；不确定得 4 分）

3. 对那些经常做没把握事情的人，你不看好他们。（是得 0 分；否得 1 分；不确定得 2 分）

4. 你常常凭直觉来判断问题的正确与错误。（是得 4 分；否得 0 分；不确定得 2 分）

5. 你善于分析问题，但不擅长对分析结果进行综合、提炼。（是得 1 分；否得 0 分；不确定得 2 分）

6. 你审美能力较强。（是得 3 分；否得 0 分；不确定得 1 分）

7. 你的兴趣在于不断提出新的建议，而不在于说服别人去接受这些建议。（是得 2 分；

否得 1 分；不确定得 0 分）

8. 你喜欢那些一门心思埋头苦干的人。（是得 0 分；否得 1 分；不确定得 2 分）

9. 你不喜欢提那些显得无知的问题。（是得 0 分；否得 1 分；不确定得 3 分）

10. 你做事总是有的放矢，不盲目行事。（是得 0 分；否得 1 分；不确定得 2 分）

评价

得分 22 分以上，则说明被测试者有较高的创造思维能力，适合从事环境较为自由，没有太多约束，对创新性有较高要求的职位，如美编、装潢设计、工程设计、软件编程人员等。

得分 11～21 分，则说明被测试者善于在创造性与习惯做法之间找出均衡，具有一定的创新意识，适合从事管理工作，也适合从事与人打交道的工作，如市场营销。

得分 10 分以下，则说明被测试者缺乏创新思维能力，属于循规蹈矩的人，做人总是有板有眼，一丝不苟，适合从事对纪律性要求较高的职位，如会计、质量监督员等职位。

第二节　创新能力的培养

一、创新能力的含义

创新能力是技术和各种实践活动领域中不断提供具有经济价值、社会价值、生态价值的新思想、新理论、新方法和新发明的能力，是经济竞争的核心。

二、创新能力的内容

1. 发现问题的能力

爱因斯坦说："我没有什么特别的才能，不过喜欢寻根刨底地追究问题罢了，提出一个问题，往往比解决一个问题更重要，因为解决问题也许仅是一个数学上或试验上的技能而已，而提出新的问题，新的可能性，从新的角度去看旧的问题却需要有创造性的想象力，而且标志着科学的真正进步。"要促进创新思维的发展，就要具备发现问题的能力，这样，在提出问题和解决问题时，思维才能活动起来，思维能力才可能在解决问题的过程中发展起来。

2. 流畅的思维能力

创新能力以思维流畅作为基础。流畅的思维能力使人们遇到问题时思维活动畅通无阻，灵敏迅速，在短时间能对某事物的用途、状态等做出准确的判断，提出多种解决的方法。

3. 变通的能力

变通的能力使人们思路开阔，能善于根据时间、地点、条件等的变化，迅速灵活地从一个思路跳到另一个思路，从一种意境进入另一种意境，从多角度、多方位探索并解决问题。

4. 独立创新的能力

爱因斯坦说过，应当把发展独立思考和独立判断的一般能力放在首位。提高创新思维能力必须在思维实践中不迷信前人，不盲从已有的经验，不依赖已有的成果，能够独立地发现问题，独立地思考问题，在独辟蹊径中找到解决问题的有效方法。

5. 制定方案的能力

制定创新方案是创新的核心。创新首先要明确一个方向和目标，只有明确方向，才能制定创新方案，围绕方案努力下去，才可能有创新结果。

6. 评价的能力

创新是个复杂的过程，在方案的实施中会遇到多种方案，如何选择最优方案，就需要对其进行评价，并做出决策，这就要求创新者具备评价的能力。

三、创新方法

1. 缺点列举法

所谓缺点列举法，就是通过对已有的、熟悉的事物进行深入的分析，在对其缺点一一列举的基础上，找出相应的解决方案，从而完成创新的方法。

缺点列举法可以帮助我们突破"问题感知障碍"，启发我们发现问题，找出事物的缺点和不足，从而有针对性地进行创新和发明。而对于企业来说，如果能站在消费者的立场上，切实解决产品的缺点，就能进一步满足消费者的需求，赢得市场的认可，从而为企业带来可观的经济效益。

≫ 案例

日本×××有限公司原是生产体育用品的一家小厂，为了产品能够畅销全球，厂里的开发人员到市场上去调查。在调查中发现，初学网球者在打球时不是打不到球，就是打一个"触框球"，把球碰偏了。很多人都想，要是球拍大一点，兴许不会出现上述毛病。国际网联规定，球拍面积必须在710平方厘米之下。×××有限公司就专门做了一批比标准大30%的初学者球拍。这种球拍一上市果然畅销极了。后来他们又了解到初学者打网球时，手腕容易发生皮炎，这种病被人们称之为"网球腕"，发生的原因是因为腕力弱的人，在打球时发生强烈腕震而受伤。于是，该公司又发明了减震球拍。他们用发泡聚氨酯为材料，但是经过试验，发现球拍打起球来软塌塌的，很容易疲劳。公司又重新进行了试验，终于制成了著名的"减震球拍"，产品打进了欧美各国。

2. 头脑风暴法

头脑风暴法又称"智力激励法"，就是让一组人员通过开会的方式，相互启发，相互激励，相互补充，在短时间内极大地调动个人的创造力，引发连锁反应和共振效应，产生尽可能多的创造性设想。

头脑风暴法应遵循以下 4 项基本原则：

（1）庭外判决原则（延迟评判原则）。对各种意见、方案的评判必须放到最后阶段，此前不能对别人的意见提出批评和评价。认真对待任何一种设想，而无论其是否适当和可行。

（2）自由畅想原则。欢迎各抒己见，自由鸣放，创造一种自由、活跃的气氛，激发参加者提出各种荒诞的想法，使与会者思想放松，这是智力激励法的关键。

（3）以量求质原则。追求数量，意见越多，产生好意见的可能性越大，这是获得高质量创造性设想的条件。

（4）综合改善原则。探索取长补短和改进办法。除提出自己的意见外，鼓励参加者对他人已经提出的设想进行补充、改进和综合，强调相互启发、相互补充和相互完善，这是智力激励法能否成功的标准。

3. 综摄法

综摄法是以已知的东西为媒介，将毫无关联、不同的知识要素结合起来，以打开未知世界之门，从而激起人们的创造欲，使潜在的创造力发挥出来，产生众多的创造性设想的方法。综摄法有以下两个基本的原则：

（1）变陌生为熟悉（异中求同即异质同化），即在头脑中把给定的陌生事物与以前熟悉了解的事物进行比较，借此将陌生的事物转化成熟悉的事物。

（2）变熟悉为陌生（同中求异即同质异化），即对已有的各种事物，选用新知识或从新的角度来观察、分析和处理，以摆脱陈旧固定的看法的桎梏，产生出新的创造构想，即将熟悉的事物转化成陌生的事物看待。

4. 形态分析法

形态分析法是根据形态学来分析事物的方法。其特点是将研究对象或问题，分成一些基本组成部分，然后对某一个基本组成部分单独进行处理，分别提供各种解决问题的办法或方案，最后形成解决整个问题的总方案。这时，通过不同的组合关系会得到不同的总方案。每个总方案是否可行，必须采用形态学方法进行分析。

形态分析法可分为以下 5 个步骤：

（1）明确地提出问题并加以解释。

（2）将问题分解成若干个基本组成部分，每个部分都有明确的定义，并且有其特性。

（3）建立一个包含所有基本组成部分的多维矩阵（形态模型），在这个矩阵中应包含所有可能的总的解决方案。

（4）检查这个矩阵中所有的总方案是否可行，并加以分析和评价。

（5）对各个可行的总方案进行比较，从中选出一个最佳的总方案。

形态分析法最大的优点是对一项"未来技术"（即形态模型中的一个总方案）进行可行性分析，不足的是当组合个数过多时，即总方案的个数太多时，可行性研究就比较困难。

5. 信息交合法

信息交合法，又称为要素标的发明法、信息反应场法。信息交合法是一种在信息交合中进行创新的思维技巧，即将物体的总体信息分解成若干个要素，然后将这种物体与人类各种实践活动相关的用途进行要素分解，把两种信息要素用坐标法连成信息标 X 轴与 Y 轴，两轴垂直相交，构成"信息反应场"，每个轴上各点的信息可以依次与另一轴上的信息交合，从而产生新的信息。

信息交合法不但能使人们的思维更富有发散性，应用范围也广泛得多，而且，这种方法有助于人们在发明创造活动中，不断地强化逻辑思维能力的培养，同时在创造思维、创造教育中，作为教学、培养、培训方法，显得更有系统性、深刻性和实用性。

6. "5W2H"法

"5W2H"法，又叫七问分析法。发明者用 5 个以 W 开头的英语单词和两个以 H 开头的英语单词进行设问，发现解决问题的线索，寻找发明思路，进行设计构思，从而做出新的发明项目。"5W2H"的内容如下：

（1）What：是什么？目的是什么？做什么工作？

（2）Why：为什么？为什么要这么做？理由何在？原因是什么？造成这样的结果为什么？

（3）When：何时？什么时间完成？什么时机最适宜？

（4）Where：何处？在哪里做？从哪里入手？

（5）Who：谁？由谁来承担？谁来完成？谁来负责？

（6）How：怎么做？如何提高效率？如何实施？方法怎样？

（7）How much：多少？做到什么程度？数量如何？质量水平如何？费用产出如何？

"5W2H"法有助于思路的条理化，杜绝盲目性；有助于全面思考问题，从而避免在流程设计中遗漏项目。

7. 奥斯本检核表法

奥斯本检核表法是指在考虑某一个问题时，先制成一览表，对每项检核方向逐一进行检查，引导主体在创造过程中对照 9 个方面的问题进行思考，以便启迪思路，开拓思维想象的空间，促进人们产生新设想、新方案的方法。主要面对的 9 大问题为：有无其他用途、能否借用、能否改变、能否扩大、能否缩小、能否代用、能否重新调整、能否颠倒、能否组合。

奥斯本检核表法是一种产生创意的方法。在众多的创造技法中，这种方法是一种效果比较理想的技法。人们运用这种方法，产生了很多杰出的创意，以及大量的发明创造。

8. TRIZ

TRIZ 是俄文"发明问题解决理论"的词头缩写，是一种系统化的发明问题解决理论，用来帮助发明家通过有系统、有规则的方法来解决发明过程中所可能碰到的各种问题。

1946 年，以苏联海军专利部阿利赫舒列尔为首的专家开始对数以百万计的专利文献加以研究，经过 50 多年的收集整理、归纳提炼，发现技术系统的开发创新是有规律可循的，并在此基础上建立了一套系统化的、实用的解决发明创造问题的方法，即 TRIZ。到目前为止，该理论被认为是最全面、系统地论述解决发明问题、实现技术创新的理论。

TRIZ 解决创新性问题的思路在于它采用科学的问题求解方法，具体办法就是将特殊的问题归结为 TRIZ 的一般性问题，然后运用 TRIZ 带有普遍性的创新理论和工具寻求标准解法，在此基础上演绎形成初始问题的具体解法。这种从特殊到一般的方法，充分体现了科学的解决问题的思想，具有可操作性。

9. 六顶思考帽法

六顶思考帽法是英国学者爱德华·德·博诺博士开发的一种思维训练模式，是一个全面思考问题的模型。六顶思考帽法是平行思维工具，是创新思维工具，也是人际沟通的操作框架，更是提高团队智商的有效方法。

六顶思考帽法是用 6 种不同颜色的帽子代表 6 种不同的思维模式。

（1）白色思考帽：象征着客观和中立，它收集的是已知的和需要知道的资料和信息。它是寻求纯粹事实和数据的一种简便方法。这些事实和数据以中立而客观的方式提出来，不要加任何解释，只要事实。

（2）黄色思考帽：象征着积极和乐观，它可以帮助人们采用积极、乐观的思维方式。它从正面考虑问题，表达乐观的、满怀希望的、建设性的观点。黄帽思维强调价值与肯定。

（3）黑色思考帽：象征冷静、反思或谨慎。黑帽思维强调逻辑与批判，它以探索事物的真实性、适应性、合法性为焦点，运用负面的分析，帮助人们控制风险。从反面探索，人们可以运用否定、怀疑、质疑的看法，合乎逻辑地进行批判，尽情发表负面的意见，找出逻辑上的错误。

（4）红色思考帽：象征着感觉、预感和直觉。红帽思维强调直觉与感情，可以说是白帽思维的对立面。它是情绪、感觉和思维的非理性方面，不需要解释，不需要给予任何的理由或是依据。人们可以表现自己的情绪，还可以表达直觉、感受、预感等方面的看法。

（5）绿色思考帽：象征创新和改变。绿帽思维强调创新与冒险，它寻找更多的可选方案和可能性，从而获得具有创造力的构想，是一种创新思维。它具有创新思考、头脑风暴、求异思维等功能。

（6）蓝色思考帽：思维中的思维，是用来管理思维过程的，对思维过程进行控制，负责控制各种思考帽的使用顺序，它规划和管理整个思考过程，并负责做出结论。蓝帽思维强调系统与控制。

以下是六顶思考帽法的应用步骤：

（1）陈述问题（白帽）。

（2）提出解决问题的方案（绿帽）。

（3）评估该方案的优点（黄帽）。

（4）列举该方案的缺点（黑帽）。

（5）对该方案进行直觉判断（红帽）。

（6）总结陈述，做出决策（蓝帽）。

六顶思考帽法是革命性的，因为它把人们从思辨中解放出来，使人们可以理清思考的不同方面，帮助人们把所有的观点并排列出，然后寻求解决之道。

四、大学生创新能力的培养

当今社会的竞争，与其说是人才的竞争，不如说是人的创造力的竞争。培养创新能力，争当创新人才能为即将到来的职业生涯做好准备。

对大学生创新能力的培养，应从以下 3 个方面入手：

（一）树立自觉创新意识

创新意识是人们对创新与创新的价值、重要性的一种认识水平、认识程度以及由此形成的对待创新的态度，并以这种态度来规范和调整自己活动方向的一种稳定的精神态势。

创新意识是创新的前提和条件，只有在自觉自愿的创新意识的强力催动下，才可能有创新实践活动的产生。在知识经济时代，创新包括了技术创新、制度创新、管理创新、文化创新等，涉及社会生活的方方面面。就大学生个人而言，创新既是前进的动力，又是发展的必经之途，所以，在就业和创业过程中，必须牢固树立创新意识。

（1）激发自身的创造动力。寻找真正感兴趣的学习或工作，或者在现在从事的学习、工作中找到兴趣点；寻找学习、工作中的自我满足点；接受更具挑战性的任务；设立自己的目标，并努力达到目标。通过以上一系列措施，激发自身创造活力。

（2）保持高涨的创造兴趣能促进创造活动的成功。对所学习或研究的事物要有好奇心，好奇心能使人们产生强烈兴趣。牛顿少年时期就有很强烈的好奇心，他常常在夜晚仰望天上的星星和月亮。星星和月亮为什么挂在天上？星星和月亮都在天空运转着，它们为什么不相撞呢？这些疑问激发着他的探索欲望。后来，经过专心研究，终于发现了万有引力定律。

能提出问题，说明在思考问题。在学习过程中，自己如果提不出问题，那才是最大的问题。正像爱因斯坦说的那样："我没有特别的天赋，只有强烈的好奇心。"

（3）具有正确的创造情感。创造情感是引起、推进乃至完成创造的心理因素，只有具有正确的创造情感才能使创新成功。

（4）培养创造意志。创造意志是在创造中克服困难，冲破阻碍的心理因素，创造意志具有目的性、顽强性和自制性。爱迪生在 1 600 多次试验的失败后，仍能坚持不懈，在竹丝灯泡能够使用以后，还能继续研发，改进为钨丝灯泡。在日常学习生活中，大学生应培养严谨求实、坚持不懈、一丝不苟的优良品格才能取得创新的成功。

（二）提高创新思维能力

创新思维能力是可以通过有意识地培养和训练提高的。大学生在学习生活中要注重突破思维障碍，自觉提高创新思维能力，应从以下 6 个方面入手：

（1）对所学习或研究的事物要有怀疑态度。不要认为被人验证过的都是真理，要用发展的眼光看问题。许多科学家对旧知识的扬弃，对谬误的否定，无不是从怀疑开始的。伽利略正是从对亚里士多德"物体依本身的轻重而下落有快有慢"的结论开始怀疑，发现了自由落体规律。因此，怀疑是发自内在的创造潜能，它激发人们去钻研，去探索。

（2）对所学习或研究的事物要有追求创新的欲望。如果没有强烈的追求创新的欲望，那么无论怎样谦虚和好学，最终都是模仿或抄袭，只能在前人划定的圈子里周旋。要创新，我们就要坚持不懈地努力，勇敢跳出前人划定的圈子，勇敢面对困难，同时要有克服困难的决心，不要怕失败，要相信，失败乃成功之母。

（3）对所学习或研究的事物要有求异的观念，不要"人云亦云"。创新不是简单的模仿，要有创新精神和创新成果，必须有求异的观念。求异实质上就是换个角度思考，从多个角度思考，并将结果进行比较。求异者往往要比常人看问题更深刻、更全面。

（4）对所学习或研究的事物要有冒险精神。创造实质上是一种冒险，因为否定人们习惯了的旧思想可能会招致公众的反对。这种冒险不是那些危及生命和肢体安全的冒险，而是一种合理性冒险。大多数人都不会成为伟人，但我们至少要最大限度地挖掘自己的创造潜能。

（5）对所学习或研究的事物要做到永不自满。一个有很多创造性思想的人如果就此停止，害怕去发现另一种可能比这种思想更好的思想，或已习惯了一种成功的思想而不能产生新思想，那么这个人就会变得自满，停止创造。

（6）努力学习科学知识，构建合理的知识结构。一颗苹果砸到牛顿头上，他发现了万有引力；伽利略看到小孩玩玩具发明了温度计；门捷列夫玩纸牌发现了元素周期表。真理永恒不变，我们要用发展的眼光看问题，跳出思维定式和已有知识的束缚，永远行走在寻找真理的路上，从纷繁复杂的表象里，找到真理存在的一角，则为创新。但是，创新思维不是某天的突发奇想，牛顿、伽利略、门捷列夫哪一个不是知识渊博，对所研究事物殚精竭虑不懈探索的人？所以，大学生应该努力学习，广泛涉猎，以丰富的知识和广博的学科视野撑起创新思维的翅膀，以不断提高的创新思维能力助推创新能力的起飞。

（三）积极开展创新实践

实践对认识具有决定作用。实践是认识的来源，是认识发展的动力，是认识的最终目的和检验认识正确与否的唯一标准。大学生只有积极投身创新实践，才能培养创新能力，提高创新水平。

（1）在日常学习生活中开展创新实践。创新是一个不断发现问题、解决问题的复杂过程。大学生在日常学习生活中，可在教师引导下，或学生自觉有意识地，本着不唯书、不唯上的科学探索精神，不断发现问题、分析问题、解决问题，在实践中提高创新能力。

（2）注重参加创新创业实践平台练兵活动。目前各级高等院校大力开展创新创业教育活动，他们积极搭建大学生创新创业平台，在夯实基础教育的同时，潜心培育、建设大学生创新实践基地，设立特色鲜明的学科竞赛项目，引导大学生开展创新创业实践。大学生可以在学校积极参加活动，在实践中练兵，培育和提高创新能力。

（3）顺应时代潮流，走向社会开展创新创业实践。知识经济时代，信息技术的发展深刻改变了人们的学习、生活和社会环境。2015年3月2日，国务院办公厅印发《关于发展众创空间推进大众创新创业的指导意见》，指出推进大众创新创业要坚持市场导向、加强政策集成、强化开放共享、创新服务模式。在用户创新、大众创新、开放创新、协同创新的创新2.0新形势下，我国涌现出一大批各具特色的众创空间。比如，上海的新车间、深圳的柴火创客空间、杭州的洋葱胶囊、南京的创客空间等。知识经济时代良好的政策环境和各种便利的创新要素的支持，为大学生创新实践提供了良好的生态环境。大学生要勇于把握时代脉搏，积极投身到"大众创业、万众创新"的时代洪流中开展创新实践活动。

》》案例　邮票齿孔的故事

1840年，英国首次正式发行邮票。最早的邮票跟现在的邮票不一样。每枚邮票的四周没有齿孔，许多枚邮票连在一起，使用时用小刀裁开。

1848年的一天，英国发明家阿切尔到伦敦一家小酒馆喝酒。在他身旁，一位先生左手拿着一大张邮票，右手在身上翻着什么。看样子，他是在找裁邮票的小刀。那位先生摸遍身上所有的衣袋，也没有找到小刀，只好向阿切尔求助："先生，您带小刀了吗？"阿切尔摇摇头，说："对不起，我也没带。"

那个人想了想，从西服领带上取下了一枚别针，用别针在每枚邮票的连接处都刺上小孔，邮票便很容易地被撕开了，而且撕得很整齐。

阿切尔被那个人的举动吸引住了。他想：要是有一台机器能给邮票打孔，不是很好吗？于是阿切尔开始了研究工作。很快，邮票打孔机造出来了。用它打过孔的整张邮票，很容易一枚枚地撕开，使用时非常方便。邮政部门立即采用了这种机器。直到现在，世界各地仍然在使用邮票打孔机。

阿切尔很注意对生活当中一些微小事件进行观察、思考和钻研，从中找到解决问题的方法和思路，成就了其创新产品的成功。这告诉人们一个道理，留意生活中许多不起眼的小事，勤于思考，会增长许多智慧，获得创新发明的灵感。

》》案例　创造力测试：威廉斯测试法

这是一份帮助你了解自己创造力的练习。

在下列的句子中，如果发现某些句子所描述的情形很适合你，则请你在答案纸（请自备）上"完全符合"的圆圈内打"√"；

若有些句子仅是在部分时候适合你，则在"部分符合"的圆圈内打"√"；

如果有些句子对你来说，根本是不可能的，则在"完全不符合"的圆圈内打"√"。

注意：每一题都要做，不要花太多的时间去想。所有的题目都没有"正确答案"，凭你读每一句子后的第一印象作答。虽然没有时间限制，但应尽可能地争取以较快的速度完成，越快越好。切记，凭你自己的真实感觉作答，在最符合自己的情形上打"√"。每一题只能打一个"√"。

（1）在学校里，我喜欢试着对事情或问题做猜测，即使不一定都猜对也无所谓。

（2）我喜欢仔细观察我没有看过的东西，以了解详细的情形。

（3）我喜欢听变化多端和富有想象力的故事。

（4）画图时我喜欢临摹别人的作品。

（5）我喜欢利用旧报纸、旧日历以及旧罐头盒等废物来做成各种好玩的东西。

（6）我喜欢幻想一些我想知道或想做的事。

（7）如果事情不能一次完成，我会继续尝试，直到成功为止。

（8）做功课时我喜欢参考各种不同的资料，以便得到多方面的了解。

（9）我喜欢用相同的方法做事情，不喜欢去找其他新的方法。

（10）我喜欢探究事情的真假。

（11）我不喜欢做许多新鲜的事。

（12）我不喜欢交新朋友。

（13）我喜欢一些不会在我身上发生的事情。

（14）我喜欢想象有一天能成为艺术家、音乐家或诗人。

（15）我会因为一些令人兴奋的念头而忘记了其他的事。

（16）我宁愿生活在太空站，也不喜欢生活在地球上。

（17）我认为所有的问题都有固定的答案。

（18）我喜欢与众不同的事情。

（19）我常想知道别人正在做什么。

（20）我喜欢故事或电视节目所描写的事。

（21）我喜欢和朋友一起，和他们分享我的想法。

（22）如果一本故事书的最后一页被撕掉了，我就自己编造一个故事把结局补上去。

（23）我长大后，想做一些别人长大从来没想过的事情。

（24）尝试新的游戏和活动，是一件有趣的事。

（25）我不喜欢太多的规则限制。

（26）我喜欢解决问题，即使没有正确的答案也没关系。

（27）有许多事情我都很想亲自去尝试。

（28）我喜欢没有人知道的新歌。

（29）我喜欢在班上同学面前发表意见。

（30）当我读小说或看电视时，我喜欢把自己想象成故事里的人物。

（31）我喜欢幻想200年前人类生活的情形。

（32）我常想自己编一首新歌。

（33）我喜欢翻箱倒柜，看看有些什么东西在里面。

（34）画图时，我很喜欢改变各种东西的颜色和形状。

（35）我不敢确定我对事情的看法都是对的。

（36）对于一件事情先猜猜看，然后再看是不是猜对了，这种方法很有趣。

（37）玩猜谜之类的游戏很有趣，因为我想知道结果如何。

（38）我对机器有兴趣，也很想知道它里面是什么样子，以及它是怎样运转的。

（39）我喜欢可以拆开的玩具。

（40）我喜欢想一些点子，即使用不着也无所谓。

（41）一篇好的文章应该包含许多不同的意见和观点。

（42）为将来可能发生的问题找答案，是一件令人兴奋的事。

（43）我喜欢尝试新的事情，目的只是想知道会有什么结果。

（44）玩游戏时，通常是有兴趣参加，而不在乎输赢。

（45）我常常喜欢想一些别人谈过的事情。

（46）当我看到一张陌生人的照片时，我喜欢去猜测他是怎样一个人。

（47）我喜欢翻阅书籍及杂志，但只是知道它的内容是什么。

（48）我不喜欢探询事情发生的各种原因。

（49）我喜欢问一些别人没有想到的问题。

（50）无论在家里或在学校，我总是喜欢做许多有趣的事。

威廉斯创造力倾向测量表评分方法：

威廉斯创造力倾向测验共有50题，包括冒险性、好奇性、想象力、挑战性四项；测试后可得四种分数，加上总分，可得五项分数。分数越高，创造力水平越高。

冒险性：包括（1）、（5）、（21）、（24）、（25）、（28）、（29）、（35）、（36）、（43）、（44）11题。其中（29）、（35）为反向题目。记分方法分别为：正向题目，完全符合3分，部分符合2分，完全不符合1分；反向题目：完全符合1分，部分符合2分，完全不符合3分。

好奇性：包括（2）、（8）、（11）、（12）、（19）、（27）、（33）、（34）、（37）、（38）、（39）、（47）、（48）、（49）14题。其中（12）、（48）为反向题目，记分方法如同冒险性部分。

想象力：包括（6）、（13）、（14）、（16）、（20）、（22）、（23）、（30）、（31）、（32）、（40）、（45）、（46）13题。其中45题为反向题目。记分方法同前。

挑战性：包括（3）、（4）、（7）、（9）、（10）、（15）、（17）、（18）、（26）、（41）、（42）、（50）12道题。其中，（4）、（9）、（17）题为反向题目，记分方法同前。

第三节　创新创业训练项目简介

一、"挑战杯"全国大学生系列科技学术竞赛

"挑战杯"全国大学生系列科技学术竞赛（以下简称"'挑战杯'竞赛"）是由共青团中央、中国科协、教育部、全国学联和地方政府共同主办的一项全国性的大学生课外学术实践竞赛，也是国内最早的国家级创业大赛，被誉为当代大学生科技创新的"奥林匹克"盛会。"挑战杯"竞赛共有三个并列项目，一个是"挑战杯"全国大学生课外学术科技作品竞赛（简称"大挑"），另一个是"挑战杯"中国大学生创业计划竞赛（简称"小挑"），这两个项目的全国竞赛交叉轮流开展，每个项目每两年举办一届；第三个是"挑战杯—彩虹人生"全国职业学校创新创效创业大赛（简称"职挑"），每两年举办一届。

（一）"挑战杯"全国大学生课外学术科技作品竞赛

"挑战杯"全国大学生课外学术科技作品竞赛是由共青团中央、中国科协、教育部、全国学联主办的大学生课外科技活动中一项具有导向性、示范性和群众性的全国竞赛活动。自 1989 年首届竞赛举办以来，"挑战杯"竞赛始终坚持"崇尚科学、追求真知、勤奋学习、锐意创新、迎接挑战"的宗旨，在促进青年创新人才成长、深化高校素质教育、推动经济社会发展等方面发挥了积极作用，在广大高校乃至社会上产生了广泛而良好的影响。竞赛的发展得到党和国家领导同志的亲切关怀，江泽民同志为"挑战杯"竞赛题写了杯名，李鹏、李岚清等党和国家领导同志题词勉励。"挑战杯"竞赛具有以下性质：

（1）吸引广大高校学生共同参与的科技盛会。从最初的 19 所高校发起，发展到 1 000 多所高校参与；从 300 多人的小擂台发展到 200 多万大学生的竞技场，"挑战杯"竞赛在广大青年学生中的影响力和号召力显著增强。

（2）促进优秀青年人才脱颖而出的创新摇篮。竞赛获奖者中已经产生了两位长江学者，6 位国家重点实验室负责人，20 多位教授和博士生导师。他们中的代表人物有：第二届"挑战杯"竞赛获奖者、国家科技进步一等奖获得者、中国十大杰出青年、北京中星微电子有限公司董事长邓中翰，第五届"挑战杯"竞赛获奖者、"中国杰出青年科技创新奖"获得者、安徽中科大讯飞信息科技有限公司总裁刘庆峰，第八届、第九届"挑战杯"竞赛获奖者、"中国青年五四奖章"标兵、南京航空航天大学 2007 级博士研究生胡铃心等。

（3）引导高校学生推动现代化建设的重要渠道。成果展示、技术转让、科技创业，让"挑战杯"竞赛从象牙塔走向社会，推动了高校科技成果向现实生产力的转化，为经济社会发展做出了积极贡献。

（4）深化高校素质教育的实践课堂。"挑战杯"竞赛已经形成了国家、省、高校三级赛制，广大高校以"挑战杯"竞赛为龙头，不断丰富活动内容，拓展工作载体，把创新教

育纳入教育规划，使"挑战杯"竞赛成为大学生参与科技创新活动的重要平台。

（5）展示全体中华学子创新风采的亮丽舞台。中国香港、中国澳门、中国台湾众多高校积极参与竞赛，派出代表团参加观摩和展示。竞赛成为广大青年学子展示创新风采的舞台，增进彼此了解、加深相互情感的重要途径。

（二）"挑战杯"中国大学生创业计划竞赛

创业计划竞赛起源于美国，又称商业计划竞赛，是风靡全球高校的重要赛事。它借用风险投资的运作模式，要求参赛者组成优势互补的竞赛小组，提出一项具有市场前景的技术、产品或者服务，并围绕这一技术、产品或服务，以获得风险投资为目的，完成一份完整、具体、深入的创业计划。大力实施"科教兴国"战略，努力培养广大青年的创新、创业意识，造就一代符合未来挑战要求的高素质人才，已经成为实现中华民族伟大复兴的时代要求。作为学生科技活动的新载体，创业计划竞赛在培养复合型、创新型人才，促进高校产学研结合，推动国内风险投资体系建立方面发挥出越来越积极的作用。

（三）"挑战杯——彩虹人生"全国职业学校创新创效创业大赛

2014年，共青团中央、教育部、中国科协和全国学联决定，在原有大学生"挑战杯"系列竞赛基础上，结合职业学校学生特点，开展"挑战杯——彩虹人生"全国职业学校创新创效创业大赛，每两年举办一次，首届于2014年7月在浙江杭州举行。大赛主体赛事分省级预赛、全国复赛、决赛三个阶段进行。

"挑战杯—彩虹人生"全国职业学校创新创效创业大赛以"同圆中国梦想，共创多彩人生"为主题，以提升、增强职业学校学生创新理念、创效意识和就业创业能力为重点，以促进形成"崇尚一技之长、不唯学历凭能力"的社会氛围为导向，是增强职业院校学生社会责任感、创新精神、实践能力和促进学校、企业、社会进行人才培养、项目孵化、资源整合的综合平台，逐步构建职业学校开展学生就业创业教育的有效载体和特色阵地。"彩虹人生"挑战杯面向高职、中职在校生，竞赛板块也体贴地设计了"生产工艺革新与工作流程优化""科技发明制作"等竞赛项目。"挑战杯—彩虹人生"大赛是"挑战杯"竞赛在职业学校中的拓展，在促进职业学校青年创新人才成长、深化素质教育、推动经济社会发展等方面发挥更为积极的作用，体现出鲜明的创新、创效、创业的时代内涵和现代职业教育特色，形成了职业院校学生积极参与、社会各界广泛关注的良好局面。

二、"互联网＋"大学生创新创业大赛

为贯彻落实《国务院办公厅关于深化高等学校创新创业教育改革的实施意见》（国办发〔2015〕36号），进一步激发高校学生创新创业热情，展示高校创新创业教育成果，2015年，教育部联合中央网络安全和信息化领导小组办公室、国家发展和改革委员会、工业和信息化部、人力资源和社会保障部等和吉林省人民政府共同主办，由吉林大学承办举办了首届中国"互联网＋"大学生创新创业大赛。

首届大赛以"'互联网+'成就梦想，创新创业开辟未来"为主题，旨在深化高等教育综合改革，激发大学生的创造力，培养造就"大众创业、万众创新"的生力军；推动赛事成果转化，促进"互联网+"新业态形成，服务经济提质增效升级；以创新引领创业、创业带动就业，推动高校毕业生更高质量创业就业。重在把大赛作为深化创新创业教育改革的重要抓手，引导各地各高校主动服务创新驱动发展战略，创新人才培养机制，切实提高高校学生的创新精神、创业意识和创新创业能力。

大赛设立组委会，负责大赛的组织实施。大赛设立专家委员会，由大赛组委会邀请行业企业、创投风投机构、大学科技园、高校和科研院所专家组成，负责参赛项目的评审工作，指导大学生创新创业。各省（区、市）可根据实际情况成立相应的机构，负责本地初赛和复赛的组织实施、项目评审和推荐等工作。

"互联网+"大学生创新创业大赛参赛项目要求能够将移动互联网、云计算、大数据、物联网等新一代信息技术与行业产业紧密结合，培育产生基于互联网的新产品、新服务、新业态、新模式，以及推动互联网与教育、医疗、社区等深度融合的公共服务创新。

三、全国职业院校技能大赛

全国职业院校技能大赛是由中华人民共和国教育部发起，联合国务院有关部门、行业组织和地方共同举办的一项全国性职业院校学生技能竞赛活动。大赛旨在充分展示职业教育改革发展的丰硕成果，集中展现职业院校师生的风采，努力营造全社会关心、支持职业教育发展的良好氛围，强化"崇尚一技之长、不唯学历凭能力"的现代职业教育理念，促进职业院校与行业企业的产教结合，更好地为中国经济建设和社会发展服务。全国职业院校技职大赛是专业覆盖面最广、参赛选手最多、社会影响最大、联合主办部门最全的国家级职业院校技能赛事。

全国职业院校技能大赛作为我国职业教育工作的一项重大制度设计与创新，是培养、选拔高素质劳动者和高水平技能型人才的重要途径，也是培养高素质劳动者和技能型人才的要求。大赛深化了职业教育教学改革，推动了产教融合、校企合作，促进了人才培养和产业发展的结合，扩大了职业教育的国际交流，增强了职业教育的影响力和吸引力。大赛已成为广大师生展示风采、追梦圆梦的广阔舞台，成为促进我国职业教育改革发展的重要抓手，对职业院校办出特色、办出水平有十分重要的引领作用。

大赛组委会是全国职业院校技能大赛的最高领导决策机构，组委会主任由教育部部长担任，委员由联办单位相关负责人组成。组委会的主要职责包括：确定大赛定位、办赛原则及组织形式；审定设赛范围及实施方案；审定年度赛区安排；顶层设计制度安排，审定赛事规划；指导开展全国职业院校学生技能竞赛；审定发布大赛最终成绩等。大赛组委会设秘书处负责大赛组委会日常事务。大赛组委会秘书处设在教育部职业教育与成人教育司，秘书长由教育部职业教育与成人教育司司长担任。大赛组委会主任、秘书处秘书长的人选足以证明该项赛事在全国职业教育领域举足轻重的地位。

全国职业院校技能大赛是中国职业教育学生切磋技能、展示成果的舞台，也是总览中国职业教育发展水平的窗口，被誉为中国职业教育的"奥林匹克"。

本章小结

创新思维是创新的核心和基础，对创新成功有着非同寻常的意义。本章重点介绍了创新思维的定义、特征、类型，以及训练创新思维的方法。通过本章的学习，学生应在日常学习、生活中有意识地锻炼自己的创新思维，提升自己的创新能力，从而为创新创业打下良好基础。

课后练习

1. 什么是创新思维？
2. 创新思维有哪些特征？
3. 灵感思维具有哪些特点？
4. 创新能力包括哪些内容？
5. 什么是"5W2H"法？

第三章

创业准备

学习目标

通过本章的学习，了解创业需准备好哪方面的知识，创业意愿、创业精神的含义；熟悉影响创业意愿的因素，创业精神的作用；掌握创业精神、创业素质的培育方法。

能力目标

能有意识地培养自己的创业精神与创业素质，清楚创业精神与创业素质对创业成败的影响。

第一节　知识储备

对于一名创业者来说，不论他准备投身何种创业项目，一些商业知识与经营之道都是他必须要提前具备的，而且，这些商业知识与经营方法都必须具有很强的针对性，一个专业的创业者肯定要对他所要从事的行业有着相当的了解，并且对这个行业的经营特点也需要了如指掌，否则创业者就需要在创业过程中交出昂贵的学费。

一、管理知识

作为企业，实行优化管理，创造最大的利润和社会效益是永恒的目标。而管理就是通过计划、组织、控制、激励和领导这5项措施来协调人力、物力和财力方面的资源，从而达到管理的目的。

在一个企业中，任何关系最终都表现为人与人之间的关系，任何资源的分配也都是以人为中心的，因而管理的关键就是协调人与人之间的关系。一个组织要有成效，必须使组织中的各个部门、各个单位，直到和个人的活动同步与和谐，组织中人力、物力和财力的配备也同样要同步、和谐。协调人力、物力和财力资源是为使整个组织活动更加富有成效，这也是管理活动的根本目的。

管理知识涉及计划、组织、控制、激励、领导等几个方面的内容。

二、营销知识

营销是指企业发现或挖掘准消费者需求，从整体氛围的营造以及自身产品形态的营造去推广和销售产品，主要是深挖产品的内涵，切合准消费者的需求，从而让消费者深刻了解该产品进而购买该产品的过程。

营销始于产品生产之前，并一直延续到产品出售以后，贯穿于企业经营活动的全过程，主要包含：市场预测与市场调查知识；消费心理知识；定价知识和价格策略；仓储知识；销售渠道的开发知识；营销管理知识；社交礼仪等。

三、财务知识

企业经营活动所必需的劳动力、生产资料和信息资源都需要用资金去购买，企业运作的各项开支都必须由财务来安排，企业最终的经营效果也必须体现为资金的使用效果。企业能否成长或生存下去，财务问题是最直接的核心要素之一。如何构建企业的财务管理，应该了解的知识包含：货币（支票、本票、汇票等）金融知识；信用及资金筹措知识；资金核算及记账知识；证券、信托及投资知识；财务会计基本知识等。

四、专业知识

创业者在工作中不需要事事精通、面面俱到，但是熟练的专业知识、精湛的专业技能却是保证自己在业内游刃有余的必备条件。尤其对从零开始的创业者来说更加重要，希望集团就是从自己的手工作坊发展起来的。现在的社会是人才化社会、个性化社会，想通过权力和财力领导行业人、吃行业饭是不现实的，明星做生意结果血本无归的比比皆是。

五、政策法规知识

了解行业准入门槛和条件，了解注册、纳税的步骤是规范办事、依法经商的要求。利用国家对大学生自主创业的大好政策，是缺乏资金和经验的大学生创业成功的保障。

第二节 创业意愿与创业精神的准备

一、创业意愿

（一）创业意愿的含义

意愿是一种心理状态，引导个人的注意力甚至是经验和行动，为了获得某件东西（某种方法），而指向一个特定的目标（目的）或道路。意愿表明了行动者对于行为有目的的和自发的状态，行动者可以意想他的行为，但是没有办法意想行为的结果。创业者的欲望与普通人欲望的不同之处在于，他们的欲望往往超出他们的现实，往往需要打破他们现在的立足点，打破眼前的樊笼，才能够实现。

在创业意愿的理论研究中，创业意愿是潜在创业者对从事创业活动与否的一种主观态度，是人们具有类似于创业者特质的程度，以及人们对创业的态度、能力的一般描述。创业意愿旨在创立一家新公司或是在已有的公司中创造出新的价值增长点。Bird（1988）认为，创业意愿有两个维度，一是内源/外源维度，即创业者的意愿（内源）和利益相关者、市场等的意愿（外源）；二是理性/直觉维度。理性的、分析的和因果导向的心理过程是商业计划、机会分析、资源获取、目标设定和大多数目标指导行为的基础。直觉的、整体的和情景性的思维，如愿景、预感等，同样驱使着创业者坚定不移地去追求创业目标。

（二）影响创业意愿的因素

（1）个体特质对个体的创业意愿具有重要的影响，它在很大程度上决定了个体的创业意愿。影响创业意愿的心理特征有成就欲望、内控信念、风险承担倾向、识别和利用机会的能力、模糊性承受能力、处理问题的风格、企业家的个人价值观选择等。

（2）创业环境的影响。首先，包括经济、社会、文化、政治等因素；其次，涉及便利创业过程的来自外在环境的所有支持或帮助服务。

（3）从学生接受的创业教育的角度看，个人背景、在校经历、前瞻性人格、创业能力、具备的创业知识都会影响个体的创业意愿。

（4）在计划行为理论中，对创业意愿的研究发现，创业意愿主要由三个方面决定：一是态度，是指个人对行为所抱有的积极或消极评价；二是感知行为控制力，即个体感知到的执行某种行为的控制能力；三是主观规范，即影响个体决策的外界因素，包括个人感知到的来自配偶、家属、朋友、老师、同事等重要参照个人或群体对行为的期望。

二、创业精神

（一）创业精神的含义

创业精神是指在创业者的主观世界中，那些具有开创性的思想、观念、个性、意志、作风和品质等，其主要表现为勇于创新、敢当风险、团结合作、坚持不懈等。创业精神是创业的动力，也是创业的支柱。没有创业精神就不会有创业行动，也就无从谈创业成功。

（二）创业精神的核心维度

尽管不同的创业精神论述在具体的维度构成认识上有所差异，但特定的创业事件是不同程度的创新性、冒险性与主动性的组合，这就是创业精神的基本特征。以往大量研究所采用的创业精神均可分为上述的 3 个维度。它们的具体含义是：创新性，是指新奇的研发，开发独特的产品、服务方式或生产流程；冒险性，是指愿意尝试具有较大失败可能性的机会；主动性，是指在克服障碍时的创造力与持续的努力。在研究中，通常以这三个方面的行为表现来对创业精神进行测试。

在比尔·盖茨看来，成功的首要因素就是冒险，有冒险才有机会，正是有风险才使得事业更加充满跌宕起伏的趣味。创业家的冒险，迥异于冒进。什么是冒险？什么是冒进？冒险是这样一种东西，你经过努力，有可能得到，而且那东西值得你得到。否则，你只是冒进。创业者一定要分清冒险与冒进的关系，要区分清楚什么是勇敢，什么是无知。无知的冒进只会使事情变得更糟，你的行为将变得毫无意义。

（三）创业精神的来源

创业精神并非天生，而是在一定的社会、经济、政治、文化及个人等条件中形成的。换而言之，影响创业精神形成的因素主要有经济、文化、政治及家庭和自身情况。

1. 经济形式与创业精神的形成

经济形式是人类经济的运行形式，是影响创业精神形成的至关重要的决定性的因素。自然经济这一经济运行形式是不需要创业精神的，同时，它也不可能产生和形成创业精神，因为自然经济是一种保守、停滞、封闭和孤立的经济。

创业精神是商品经济发展的产物，商品经济才是创业精神产生的天然土壤。因为在商品经济中，市场是方方面面联系的纽带，市场竞争是"最高权威"，企业时时都处于一个充满风险、充满机会的急剧变化的竞争环境之中。因此，在商品经济条件下，在市场竞争这一压力机制下，创业者是否具有冒险、创新和竞争意识，就决定着企业的生存与发展，决定着企业能否顺利地完成"惊险的跳跃"。正是这种优胜劣汰、极具竞争性的商品经济的存在和发展，创业者才有了展露自己才华的舞台，才产生了冒险、创新等创业精神。

2. 文化环境与创业精神的形成

创业精神的形成需要一种适合的、特定的文化环境。而特定的文化也会形成特定的创业精神。在士、农、工、商等级森严的环境中，在重农抑商的文化中，是不可能形成创业精神的。重农抑商、士农工商这种文化，诱发人们的只能是"做官为荣""升官发财"的价值取向，产生的只能是"头悬梁、锥刺股"的"读书做官""学而优则仕"精神，一旦皇榜高中，便可光宗耀祖，封妻荫子，"一人得道，鸡犬升天"。在这种文化中，即便是"经商"，最终也是为了挤进仕途。

适合创业精神形成的文化环境，应该是没有森严等级规定而只有社会分工不同的环境。人们在这种分工环境中，只要获得了成功，就会赢得较高的社会地位。在这种文化中，人们尤其赞誉那些经济上的成功者，因为人们知道，经济的发展是人类社会发展和文化进步最终依赖的根本。

3. 经济体制和政治体制与创业精神的形成

创业精神产生于特定的经济和政治体制中。这种体制的特征是把政府官员与企业家严格区分开来各行其是、各负其责。就经济体制而言，在高度集中的计划经济体制下，是不可能产生真正意义上的创业者的。因为企业是国家机构的"附属物"，它没有生产经营的自主权，一切依照"上级"的指令行事，企业的领导人无须去挖空心思，殚精竭虑为企业的生存发展担忧。

在市场经济体制下，企业是市场主体，市场是企业的指挥棒，各方利益均要通过市场来实现。企业如果没有精明的领导人，如果缺乏创业精神，就很难生存和发展。因而，市场经济呼唤创业者和创业精神，市场经济是产生和形成创业精神的基础。就政治体制而言，在政企不分的政治体制下，也不可能游离出真正意义上的创业者，不可能产生创业精神。

4. 创业者家庭和自身情况与创业精神的形成

形成创业精神的个人因素，包括创业者的家庭状况和创业者的自身状况。就创业者的家庭状况而言，他的家庭的社会地位、经济条件、成员，尤其是父母的受教育程度、信仰、工作性质、性格及教育子女的方式方法，对创业精神的形成都有着十分重要的影响。

（四）创业精神的作用

创业精神能够激发人们创业实践的欲望，是心理上的一种内在动力机制。它在很大程度上决定着一个人是否敢于投身创业实践活动，支配着人们对创业实践活动的态度和行为，并影响着态度和行为的方向与强度。

创业精神能够渗透到以下 3 个广阔的领域并产生作用：

（1）个人成就的取得：个人如何成功地创建自己的企业。

（2）大企业的成长：大公司如何使其整个组织都重新焕发创业精神，以具有更强的竞争力和创造高成长。

（3）国家的经济发展：帮助人民变得富强。

（五）创业精神的培育

创业精神的培育不仅需要创业者提高自身的学识修养，更需要制度建设。学识修养是软件，制度建设是硬件。不能只靠内在的修养，还要靠制度的调节。

1. 建立创业精神的主体孵化机制

创业精神的某些特质是一种天赋，即成功的创业者的许多资质都是天生的。美国微软公司联会创始人比尔·盖茨不是靠幸运取得成功的，微软也不是建立在偶然基础上的软件帝国。盖茨是计算机天才，更是经营和管理天才。他非凡的事业心和进取心，他的高瞻远瞩和异常敏锐的市场嗅觉，对商机的直觉和判断力是很多人都无法比拟，也无法超越的。需要指出的是，在强调天赋的同时，还应该看到后天的学习对创业精神培育的作用。创业精神的孵化离不开创业者个人自身的勤奋学习、不断进取以及对某些特质、个性的刻意培养和强化。

2. 保持思想上的先进性

先进的思想理念是行动成功的基本前提。观念上的超前会将创业者置于更高的层次，为其提供更为广阔的视野和更新的观察视角。保持思想上的先进性就是要以动态的、发展的眼光看待问题，时刻与外部环境同步，保持高度的外界敏感度，在此基础上进行不断的观察、分析与总结。

3. 不断完善知识框架

现代科技的迅猛发展促使创业者的知识架构不断提升和更新。创业者完善的知识架构要靠日积月累，不断充实。一方面要"博"，创业者应该广泛涉猎社会生活知识、人文历史知识、经济学基本理论、管理科学知识和法律法规知识，这将有助于为自己的知识结构筑就广博的"源头活水"；另一方面要"专"，良好的专业技能是创业者事业成功的保证，创业者应该根据自己的兴趣特长深入发掘自己的专业潜能。

4. 培养过硬的心理素质

创业者的心理素质是创业者气质、兴趣、性格的统称。创业者心理素质结构应当合理，即创业者各种气质、兴趣、性格能够兼容互补，减少冲突，达到和谐。

创业者的心理素质培养，应该着力于3个方面。一是培养顽强的忍耐力，塑造百折不挠的韧性。要认识到，困难是人生的常态，挫折是一种投资，所以要百折不挠、勇往直前。二是培养高度的承受力，要学会自我心理调节。商场如战场，市场环境变化无常，福祸难测，创业者要具有良好的心理调节能力，真正做到临危不惧，处乱不惊，受挫不馁。三是要学会独处，注意时常反省自身。戒骄戒躁，不断反省自我，时刻保持真我本色和清醒的头脑。

5. 营造宽松、进取、开拓、创新的社会文化氛围

从社会层面看，创业精神的培育与孵化具有普遍性和广泛性。需要在全社会营造宽松、积极进取、开拓创新的文化氛围，鼓励企业创新创业，使创业者的个性得以完全、充分、自由的发挥。政府相关的政治、经济、法律等激励政策的制定及配套完善的企业服务体系建设，将从很大程度上扶持和促进企业的创新工作，进而有助于创业精神的培育。

社会文化对创业精神的孵化有着重要的影响力。社会文化即民族文化，是全社会成员在共同的生产、生活中所形成的价值观念、行为规范、精神信仰、心理定式、思想意识、

风俗习惯、科学文化水平等文化特质。社会文化是创业精神最直接也最充分的营养汲取源头，社会文化中明显的趋势特征往往也会在全社会的创业精神中得到充分的体现。

6. 充分发挥政府的服务与导航功能

第一，国家在政治、经济、法律等方面制定的政策和措施，有助于保护企业的相关利益，鼓励创业者积极创业。

第二，加强企业服务体系建设，突出重点，鼓励创业，扶持创业企业健康成长。

各国或地区的企业面临的经营问题大同小异，所以，政府向企业提供的支援服务种类也很类似，主要有信息公开、融资服务、基础设施建设、业务拓展支持、科技支援、质量服务和人力资源发展等。

从中小企业的不同成长阶段来看，服务体系建设可粗略地分为两类：一类侧重于创业环境；另一类侧重于成长环境。前者重点在于简化创业手续，降低交易成本，制定鼓励性的政策，加强基础设施建设，营造出激发人们创业的氛围；后者则侧重于满足企业资源外取和扩张的需要，如融资、信息服务、管理咨询等。

7. 健全创业者资源配置机制

经济全球化的一个重要特征就是各类生产要素在全球范围内自由流通配置。创业者作为一种十分关键、十分特殊、十分稀缺的资源，只能通过市场配置，才能"人尽其才，才当其值"，从而使这种珍贵的资源得到最充分合理的利用，发挥最大效益。

这一点现在已达成共识，各级政府正在积极呼吁并着手建立中国的创业者市场，其中的关键是构建合理有效的运行机制，使市场充分体现优胜劣汰的效能，充分体现公开、平等、竞争、择优的市场原则，促进创业者公平竞争、不断自律和自我完善。例如，全面建立实施创业者市场准入制度、建立职业经理人中介机构的职业资格制度等。

第三节　个人素质的准备

一、心理素质

心理素质是指创业者的心理条件，包括自我意识、性格、气质、情感等心理构成要素。作为创业者，他的自我意识特征应为自信和自主；他的性格应刚强、坚定、果断和开朗；他的情感应更富有理性色彩。成功的创业者大多是不以物喜，不以己悲。

二、身体素质

身体素质是指身体健康、体力充沛、精力旺盛、思路敏捷。现代小企业的创业与经营是艰苦而复杂的，创业者工作繁忙、工作时间长、压力大，如果身体不好，必然力不从心、难以担当创业重任。

三、知识素质

创业者的知识素质对创业起着举足轻重的作用。创业者要进行创造性思维，要做出正确决策，必须掌握广博的知识，具有一专多能的知识结构。具体来说，创业者应该具备的知识包括：用足、用活政策，依法行事，用法律维护自己的合法权益；了解科学的经营管理知识和方法，提高管理水平；掌握与本行业、本企业相关的科学技术知识，依靠科技进步增强竞争能力；具备市场经济方面的知识，如财务会计、市场营销、国际贸易、国际金融知识；等等。

四、能力素质

创业者至少应具备的能力包括创新能力、分析决策能力、用人能力、组织协调能力、社交能力、激励能力。

1. 创新能力

创新能力是民族进步的灵魂、经济竞争的核心；当今社会的竞争，与其说是人才的竞争，不如说是人的创造力的竞争。

创业者必须具备创新能力，有创新思维，能根据客观情况的变化及时提出新目标、新方案，不断开拓新局面，创出新路子，可以说，不断创新是创业者不断前进的关键。

2. 分析决策能力

分析决策能力是创业者根据主客观条件，因地制宜，正确地决定创业的发展方向、目标、战略以及具体选择实施方案的能力。创业者需要具有超常的决断能力，为自己的公司争取时间和机会，以获得成功。大学生创业，首先要从众多的创业目标以及方向中进行分析比较，选择最适合发挥自己特长与优势的创业方向、途径和方法。

3. 用人能力

市场经济的竞争是人才的竞争，谁拥有人才，谁就拥有市场、拥有顾客。一个创业者不吸纳德才兼备、志同道合的人共创事业，创业就难成功。因此，创业者必须学会用人，要善于吸纳比自己强或有某种专长的人共同创业。

4. 组织协调能力

创业者要打开工作局面，就必须学会协调各方面的关系，以便化解矛盾，消除阻力，变消极因素为积极因素，推进创业的顺利进行。

5. 社交能力

社交能力是指在创业过程中，围绕创业目标与企业内部人员的交流行为能力以及参与各种社会关系的交往行为能力。社交能力是创业者必须具备的能力，它直接影响着创业的成功与失败。

　　创业者应该做到妥当地处理与外界的关系，尤其要争取政府部门、工商及税务部门的支持与理解，同时要善于团结一切可以团结的人，团结一切可以团结的力量，求同存异，共同协调发展。做到不失原则、灵活有度，善于巧妙地将原则性和灵活性结合起来。总之，创业者要搞好内外团结，处理好人际关系，才能建立一个有利于自己创业的和谐环境，为成功创业打下良好基础。

6. 激励能力

　　创业的成功，依赖于一个成功的组织。团队组织的目标是让员工充分发挥自己的才能，而创业者就要用各种手段激励员工，使员工之间形成凝聚力。

　　当然，这并不是要求创业者必须完全具备这些素质才能去创业，但创业者本人要有不断提高自身素质的自觉性和实际行动。提高素质的途径：一靠学习，二靠改造。要想成为一个成功的创业者，就要做一个终身学习者和改造自我者。

　　哈佛大学拉克教授讲过这样一段话："创业对大多数人而言是一件极具诱惑的事情，同时也是一件极具挑战的事。不是人人都能成功，但也并非想象中那么困难。任何一个梦想成功的人，倘若他知道创业需要策划、技术及创意的观念，那么成功已离他不远了。"

本章小结

　　创业者在创业之前，需要做好各方面的准备工作。本章从知识储备、创业意愿、创业精神、个人素质等方面对创业者的必备要求进行了介绍，以帮助创业者对自己是否适合创业进行评估。

课后练习

　　1. 创业者应进行哪些方面的知识储备？
　　2. 影响创业意愿的因素有哪些？
　　3. 创业精神的核心维度是什么？
　　4. 对创业者个人素质的要求有哪些？

第四章

创业的流程与创业计划书

学习目标

通过本章的学习，了解创业的基本流程、创业计划的含义、创业过程中常见的风险；掌握编制创业计划书的方法及创业计划书的演示方法。

能力目标

能编写具有吸引力的创业计划书，并能积极通过各种渠道进行创业计划书的演示。

第一节　创业基本流程

一、创业灵感

企业念头的诞生往往是伴随一种灵感或创意而开始的。个人的兴趣爱好、技能特长、特殊经历、偶然机遇、生活环境、需求驱动、周围人的抱怨或启发等都是灵感或创意的触发因素。诺兰·布什内尔在兔岛游艺场工作过，在犹他大学玩过电子游戏机，这使他预见到电子游戏未来巨大的市场潜力，因此他开办了阿塔里公司。美国著名的联邦快递（Federal Express）的发起人当时只是脑子里有一个想法，这是个有很大风险却孕育着希望的想法。风险投资专家非常欣赏隔夜传递的想法，因此投入了大量的资金，在经历了连续 29 个月每月损失 100 万美元的痛苦过程后，联邦快递终于宣告成立。

二、初创团队

企业的创办者不可能万事皆通，他可能是技术方面的天才，但对管理、财务和销售可能是外行；他也可能是管理方面的专家，但对技术却一窍不通。因此，建立一个由各方面的专家组成的合作班子，对创办风险企业是十分必要的。一个平衡的和有能力的班子，应当包括有管理和技术经验的经理和财务、销售、工程以及软件开发、产品设计等其他领域的专家。为了建立一个精诚合作、具有献身精神的班子，这位创业者必须使其他人相信跟他一起干是有甜头的。大学生创业的天然优势之一就是大学里丰富的人才资源，找到志同道合的创业者，组成跨专业、跨院系的创业团队是通向成功的重要一步。

三、企业初步定型

通过获得现有的关于顾客需要和潜在市场的信息，一班人马着手设计某种新产品或企业运营的雏形。各个高校、创业园提供的创业场地乃至孵化器是企业初步定型的理想场所。在硅谷，这个阶段的工作通常是在某人的家里或汽车房里完成的。普卡特和惠利特开发音频振荡器就是在他们公寓后边的车库里开始其创业生涯的，苹果公司的乔布斯和沃兹尼克也是在其汽车车库里开始其创业生涯的。在这个阶段，创业者们一般每天工作10～14小时，每周工作6～7天。这期间，创业者往往没有任何报酬，主要靠自己的积蓄过活。风险资本公司很少在这个阶段就向该企业投资（这种最原始的创业资金叫"种子"基金），在这个阶段，支撑创业者奋斗的原动力是创业者的创业冲动和对未来的美好向往。

四、制订企业计划

商业计划书是公司、企业或项目单位为了达到招商融资和其他发展目标，根据一定的格式和内容要求而编辑整理的一个向受众全面展示公司和项目目前状况、未来发展潜力的书面材料。一份商业计划书，既是开办一个新公司的发展计划，也是风险资本家评估一个新公司的主要依据。一份有吸引力的商业计划书要能使一个创业者认识到潜在的障碍，并制定克服这些障碍的战略对策。

五、寻找资本支持

大多数创业团队没有足够的资本创办一个新企业，他们必须从外部寻求风险资本的支持。创业者往往通过朋友或业务伙伴把企业计划书送给一家或更多的风险资本公司。如果风险家认为企业计划书有前途，就与这个企业团队举行会谈。同时，风险资本家还通过各种正式或非正式渠道，了解这些创业者以及他们的发明情况。风险资本公司往往是2～5家进行联合投资，在硅谷，风险资本界就像一个乡村俱乐部，如果一项特别有吸引力的投资只由一个风险资本家单干，那会被认为是贪婪自私的行为。

六、注册成立公司

注册成立公司一般需要经过办理以下手续：

（1）向企业所在区的工商行政管理部门提出企业名称预选，核准申请书。

（2）申请营业执照。

（3）银行开户。

（4）到技术监督局办理法人代码证书。

（5）到税务局办理税务登记。

（6）到卫生防疫部门办理卫生许可证。

（7）到环保局申请环保申报登记表。

（8）到公安局办理特种经营许可证。

（9）除此之外，企业经营者还要去电力、供水、燃料等部门办理相应的手续。

（10）申请开办登记表。

办理完以上手续后，标志着创办一个企业所需的各职能部门的批准已完成，即可到所在区的工商行政管理部门办理营业执照，准备开业。

七、上市

在公司开办五六年后，如果获得成功，风险资本家就会帮助它"走向社会"，办法是将它的股票广为销售。这时，风险资本家往往收起装满了的钱袋回家，到另一个有风险的新创企业去投资。大多数风险资本家都希望在 5 年内能得到相当于初始投资的 10 倍收益。当然，这种希望并不总是能够实现的。在新创办的企业中，有 20% ～ 30% 会夭折，60% ～ 70% 会获得一定程度的成功，只有 5% 的新企业能够大发其财。

第二节　创业计划与创业计划书

一、创业计划与创业计划书的相关知识

1. 概念

创业计划（business plan）也叫作企业计划、创业计划、经营计划或业务计划，是一份对新建企业的内部环境、外部环境以及企业的战略做出详细描述的书面文件。创业计划有时也叫作博弈计划（game plan）或路线图（road map），用来回答这样一些问题：我们要去哪（where）？怎样到达那里（how）？潜在的投资者、供应商和顾客有什么需要（what）？

以及什么时候能满足这些需要（when）？要回答这些问题，要求创业者在做出一系列重大决策并在做出创业计划之前搜集足够的信息。创业计划是创业者叩响投资者大门的"敲门砖"，是创业者计划创立的业务摘要，一项优秀的创业计划往往会使创业者达到事半功倍的效果。

创业计划书（以下简称"计划书"）就是把创业构想用书面语言表达出来的一种文字形式。创业计划书也是包含整个项目产生的过程、决策依据、实现路径、存在问题以及问题的解决途径、财务分析和预测、风险预估和对策、加盟和退出条件等一系列内容的说明文件。创业计划书是一份全方位的商业计划，其主要用途是递交给投资商，以便于他们能对企业或项目做出评判，从而使企业获得融资。创业计划书的作用和内容如图4-1所示。

图4-1 创业计划书的作用和内容

2. 创业计划书的作用

创业计划书不仅是一份书面的计划，而且是一个实实在在的行动纲领。创业计划书的内容制定的是企业1～3年的规划。创业计划书在实施时要根据实际情况不断调整。

（1）能帮助创业者厘清思路，做出正确评价。在使用创业计划书融资前，创业计划书首先是给创业者自己看的。因此，创业者应该以认真的态度对自己所有的资源、已知的市场情况和初步的竞争策略做尽可能详尽的分析，并提出一个初步的行动计划，做到心中有数。另外，创业计划书还是创业资金准备和风险分析的必要手段。对初创的风险企业来说，创业计划书的作用尤为重要，一个酝酿中的项目，往往很模糊，通过制定创业计划书，把正反理由都书写下来，然后再逐条推敲，创业者就能对这一项目有更加清晰的认识。

（2）能帮助创业者凝聚人心，有效管理。一份完美的创业计划书可以增强创业者的自信，使创业者明显感到对企业更容易控制、对经营更有把握。因为创业计划书提供了企业全部的现状和未来发展的方向，也为企业提供了良好的效益评价体系和管理监控指标。创业计划书使创业者在创业实践中有章可循。

创业计划书通过描绘新创企业的发展前景和成长潜力，使管理层和员工对企业及个人的未来充满信心，并明确要从事什么项目和活动，从而使大家了解将要充当什么角色，完成什么工作，以及自己是否胜任这些工作。因此，创业计划书对于创业者吸引所需要的人力资源，凝聚人心，具有重要作用。

（3）帮助创业者对外宣传，获得融资。创业计划书作为一份全方位的项目计划，它对即将展开的创业项目进行可行性分析，也在向风险投资商、银行、客户和供应商宣传拟建的企业及其经营方式，包括企业的产品、营销、市场及人员、制度、管理等各个方面。在一定程度上也是拟建企业对外进行宣传和包装的文件。

（4）指导创业行动。在撰写这份计划书的思考过程中，创业者可以清楚地看到，什么才是未来事业成功中最重要的因素。创业者的经营计划以及如何实现它，在计划书中都可以写得清清楚楚。

（5）提供创业信息。一份制作规范、专业的创业计划书就等于创业者的第一张创业名片。它会告诉创业者的资金支持者这不仅是一个浓缩的商业计划，同时也将成就一个未来有信誉、有实力的企业家。创业者在创业初期获得的信任就从这里开始。

3. 创业计划书的六大内容

（1）创业设想。创业设想包括创业项目的具体描述、目标客户的确定、产品或服务性能描述、满足顾客和市场的哪些需求。

（2）市场分析。市场分析包括顾客类型分析、未来发展趋势分析、市场现状和需求分析。

（3）经营方案。经营方案内容为企业目标规划、经营战略、管理方式、风险分析、企业组织、经营场地、创业团队。

（4）财务融资。财务融资包括启动资金预算、融资计划、盈亏平衡点、投资回收期估算。

（5）营销规划。营销规划包括产品定位、定价策略、薪酬计划、广告方式、营销策略。

（6）经营目标。经营目标要全面总结经营思路，篇幅以一页为宜。

4. 创业计划书的布局

（1）简述计划内容（概要）。

（2）简要评价要进入的市场（市场调研数据和结果）。

（3）描述进入市场需要的技术支撑、经验能力和资金。

（4）描述将要提供的产品和服务会给顾客带来怎样的体验。

（5）描述如何进入市场（市场营销策略）。

（6）前景展望。

（7）财务预算指标。

（8）需要申请的资金数额以及将如何支配使用（选址、租金、工资、经营费用、固定资产、开办费等）。

（9）加盟和退出的前提与条件。

（10）团队构成。

二、创业计划书的撰写

1. 如何撰写创业计划书

创业计划书包括封面、目录、执行概要、主体内容和附件等。撰写创业计划书（图 4-2）是创业者反复思考、推理并讨论的过程。

图 4-2　创业计划书的撰写

通常一份创业计划书在前面需要写一页左右的摘要，接下来是创业计划书的具体章节，一般分成十大章。

第一章：事业描述。

必须描述所要进入的是什么行业，卖什么产品（或服务），谁是主要的客户，所属产业的生命周期是处于萌芽、成长、成熟还是衰退阶段。还有，企业要用独资还是合伙的形式成立，打算何时开业，营业时间有多长等。

第二章：产品服务。

需要描述你的产品和服务到底是什么，有什么特色，你的产品跟竞争者有什么差异，如果并不特别，为什么顾客要买。

第三章：市场。

首先需要界定目标市场在哪里，是既有的市场（有客户），还是在新的市场开发新客户。不同的市场、不同的客户都有不同的营销方式。在确定目标之后，决定怎样上市、促销、定价等，并且做好预算。

第四章：地点。

一般公司对地点的选择可能影响不那么大，但是如果要开店，店面地点的选择就很重要。

第五章：竞争。

下列三种时候尤其要做竞争分析：

（1）要创业或进入一个新市场时。

（2）当一个新竞争者进入自己在经营的市场时。

（3）随时随地做竞争分析，这样最省力。

竞争分析可以从 5 个方向去做：谁是最接近的 5 大竞争者；他们的业务如何；他们与本业务相似的程度；从他们那里能学到什么；如何做得比他们好。

第六章：管理。

中小企业 98% 的失败来自管理的缺失，其中 45% 是因为管理缺乏竞争力，目前还没有明确的解决之道。

第七章：人事。

要考虑现在、半年内、未来三年的人事需求，并且具体考虑需要引进哪些专业技术人才、全职还是兼职、薪水如何计算、所需人事成本等。

第八章：财务需求与运用。

考虑融资款项的运用、营运资金周转等，并预测未来 3 年的损益表、资产负债表和现金流量表。

第九章：风险。

风险不只是竞争的风险，还可能是进出口汇兑的风险、火灾风险等，应注意当风险来临时如何应对。

第十章：成长与发展。

下一步要怎么样，三年后如何，这也是创业计划书所要提及的。企业是要持续经营的，所以在规划时要能够做到多元化和全球化。创业计划书是将有关创业的想法，借由白纸黑字最后落实的载体。创业计划书的质量高低，往往会直接影响创业发起人能否找到合作伙伴、获得资金及其他政策的支持。

如何写创业计划书呢？要依目标，即因看计划书的对象而有所不同，譬如是要写给投资者看的，还是要拿去银行贷款。从不同的目的出发来写，计划书的重点也会有所不同。

2. 创业计划书常见误区及应对措施

（1）市场情况阐述模糊。应对措施：从最有可能打动读者的角度撰写。要写你对目前此项目的市场预期，以及你的目标客户、目标市场和在创业初必将遇到的竞争对手问题等，也应该列出你的营销措施。大多数投资商认为：在创业中取得成功的秘诀就是找到并开拓一个足够大的市场。一般情况下，市场需求应给出肯定描述。市场调研非常重要，对给出的数据要做注释，权威数据应该给出来源，以增加可信度。

（2）缺少对竞争者和竞争形势的详细分析。应对策略：要进入某个领域和市场前，必须"谋定而后动"，做好如下分析：

1）找到你的潜在客户群。

2）对你的竞争者进行必要的分析。

3）分析本行业处在生命周期的哪个阶段。

（3）缺少对不确定因素的分析和应对措施的分析。应对策略：主动向在此行业里经营成功的企业家或创业导师咨询，请他们帮你分析一下计划书，有些经验是值得借鉴的，但是专家和导师的意见也只能供创业者参考，而不能代替决策。

（4）财务数据预估的数字缺少依据。应对策略：凡是出现在计划书中的财务表中的数字都应该是有依据的，或者是有相关资料佐证的，不能凭空想象一下就写上去，要经得住推敲，经得住基金或投资商、银行家的追问，他们经常会问这些数字是怎么来的。

（5）创业团队不均衡。应对措施：团队成员在专业、性格、经验、经历甚至性别上要力求互补，不要都是某一专业的人员，这样不利于人岗匹配和协同作战。

三、创业计划演练

（一）通过大赛演练计划

大学生创新创业大赛不是普通意义上的大学生的专业比赛。创业计划不是单纯的、个人的、集中在某一个专业的学生竞赛，而是以实际技术为背景，跨学科的优势互补的团队之间的综合较量。参加创业计划大赛，创业者将有以下收益：

1. 系统学习创业知识

参赛者在撰写创业计划的过程中，一般可以通过大赛提供的系统培训，以及学习、交流，全面地接受创业者所应具备的知识和技能训练。参赛者通过参加竞赛，可以获得对产品或服务从构想变为现实的全局把握。在完成创业计划的过程中，培养沟通能力、说服能力、组织能力。在接受挑战的过程中，增强创业的勇气、信心和能力。参加项目大赛的经历本身也是一种财富。

2. 磨炼创业团队

参赛者通过比赛，可以结识未来创业的合作伙伴，参赛小组的成员将最有可能在将来形成创业合作关系，开创成功事业。在此过程中，创业团队可以得到磨合，磨炼团队的创业能力，形成创业凝聚力。

3. 积累商业资源网络

参赛者通过比赛，可以结识风险投资家。国内风险投资家对大学生创新创业大赛表示了浓厚兴趣，将对具有实际运作价值的作品进行投资可行性分析。参赛者可以向风险投资家充分展现自己的产品或服务的巨大市场前景，为进一步创业赢得资金。参赛者还将结识商界和法律界人士，为将来创业建立良好的商业关系网络。同时，很多新闻单位对大赛比较关注，可以借助媒体向社会推荐自己和产品的整体形象，为未来创业建立良好的媒体资源。

4. 验证完善创业计划

参加创新创业比赛的过程，就是设计、论证、实施、优化、完善创业项目的实施方案的系统过程。在参赛过程中，有创业团队的精心参与，有指导老师的专业指导，有大赛评委的精彩点评，有各参赛团队和参赛项目的交流，这些都是其他形式所不具备的创业论证优势。

（二）通过软件模拟经营完善计划

企业运营模拟实战训练系统是一种全新的实验实训课程，运用计算机软件与网络技术，结合严密的系统和精心设计的商业模拟管理模型及企业决策博弈理论，全面模拟真实企业的商业运营环境，让学生在虚拟商业社会中完成企业运营中的各项管理决策。

创业者通过在模拟商业环境中对虚拟企业运营的管理，参与企业运营管理的团队分工、战略规划、市场研究、生产计划、研发投入、销售管理、市场拓展、报表分析等决策，掌握在真实企业运营中会遇到的各种决策情况，并对出现的问题和运营结果进行有效分析与评估。真实的企业经营中，不允许创业者总是不断尝试，去犯各种各样的错误，有些决策失误甚至会导致创业失败。通过经营模拟软件，可以帮助创业者在模拟运营中不冒实际风险，体验创业的运营管理，完成企业运营管理中的分析决策，在失败中吸取教训，在成功中领悟真谛，从而提升创办企业的实际能力。

（三）创业计划书的演示

创业计划书一旦准备就绪，接下来的主要挑战就是如何将计划书介绍、推广、投送给相关者。在大部分情况下，口头介绍是推荐给潜在投资者最普遍，也是最关键的一步。事实上，大学生创业者应该清晰地认识到：口头表达能力不仅对推介创业计划书与筹集资金至关重要，实际上，它还是创业者在注入新产品开发、买卖交易、巩固合作关系、招聘员工等一系列活动达成协议的基本工具。

创业计划书的展示主要包括前期准备、演示创业计划以及访谈三个基本环节。

1. 前期准备

口头表达与书面表达存在巨大的差异，其要点是快速地切入主题，恰当地解释创业项目，语言内容需要好好地予以斟酌，同时不乏风趣灵活，结构上需要体现较强的系统性与逻辑性，同时在表达过程中可以自由添加或改变某些点作为介绍的拓展，一份背下来的介绍是无法激发投资者激情与兴趣的。

创业者在做创业计划推介准备时，首先要训练自己言简意赅的表达能力，训练自己用一分钟来表达、描述创业企业的性质与特点的能力。大学生创业者可以利用定时器，训练自己在尽可能少的时间内来描述公司性质与目前状况，并请听众写出一句表达公司性质与职能的话，把他们的答案收集起来，与自己说的内容进行比较，通过对比结果修正自我表达方式与内容。

在前期准备中，创业者还应积极了解与分析推介对象。大学生创业者往往认为出色发言的基础在于激起听众热情的能力。实际上，出色发言的基础是推介前对推介对象所进行的调研。创业者应了解究竟什么对推介对象比较重要。可以事先向"主办者"或"中介方"提出了解一个公司的三件最重要事情是什么，什么促使对方对创业项目产生兴趣，会议参与人员年龄多大、背景与特长如何等问题。

创业者还可以通过网络搜索、资料搜集、业内打听等方式清晰地了解公司背景、管理背景等方面的信息；并通过换位思考、团队讨论的方式，群策群力、集思广益地梳理各种可能性，为推介工作做好前期调研工作。

创业者还应该依照"10/20/30"原则做好推介内容、长度和文字表现的准备工作。"10/20/30"原则指通过 10 张幻灯片、20 分钟时间、30 磅的文字字体来指导推介演讲。10 张幻灯片看起来少了一些，但是挑选出来的都具有实质的内容。可以再稍微增加几张，但绝不能超过 20 张。需要的幻灯片越少，讲述的内容越引人注目。创业者可以用标题、问题、解决方案、商业模式、项目优势与独特性、市场营销、竞争、管理团队、财务计划及主要指标以及目标实现时间与资金的使用作为幻灯片的核心标题，进行内容的组织。

一般推介会议时间为一个小时。因此，创业者应该在 20 分钟内完成陈述与演讲。这样，一方面可以加强创业者对推介会议的时间控制；另一方面也可以让与会人员有更充足的时间进行交流与讨论。创业者应在推介前，通过内容提炼、积极准备与反复预演，训练自己在介绍活动中将陈述内容集中在 10 张幻灯片上，并且演讲用时不超过 20 分钟的能力。

2. 演示创业计划

演示创业计划是创业者展示自己能力的大好机会，同时也是投资者考察创业者的关键阶段。尽管项目好坏才是投资者考虑的主要方面，但是大多数情况下，投资者不会将资本交给一个连自己的创意都表达不清楚的人。

在做好包括推测对方可能提出的问题、应付展示期间可能出现的意外以及确定展示重点等信息调查与前期准备工作后，创业计划书进入实质演示阶段。

演示开始后，可以通过诸如"我能够占用各位多长时间""各位最需要我回答的三个问题是什么""我可以先完成我的演示内容，然后再回答大家的问题吗？如果各位认为确实需要提出问题，也可以随时打断我"等开场白，表达对推介对象的尊重与双向交流的意愿，加上事先布置的讲台，可以营造良好的开端并积极带动投资者参与的积极性。再次，在演示过程中，应该保持条理清晰的风格，要有针对性，突出市场前景以吸引投资者的注意力。如果没有特殊要求，演示者不要过分强调技术因素或故意使技术环节复杂化。

此外，创业者还需要注意掌握以下几个细节：在演示前不要发放有关管理经营费用的材料；在演示中用热情洋溢的语言表达；积极与投资者互动，但不要与投资者发生争执；如果对于投资者的提问没有事前妥善处理，可以用"另外，需要补充的是……"进行弥补。

演示即将结束时，插入一些表格资料向与会者说明公司的财务状况；在演示休息时间，在投资者离场后，简短总结演示的效果以及需要改进之处；演示期间积极记录、演示后重新整理会议记录与演讲内容等。

3. 访谈

访谈也是创业计划推介的重要环节。对于通过初步审查的创业项目，下一步就是与创业者直接交流。由于创业者的素质是决定创业能否成功的关键，所以必须要对创业者进行访谈，以达到以下三个目的：一是面对面地考察创业者的综合素质；二是根据审查创业计划的情况，核实创业项目的主要事项；三是了解创业者愿意接受何种投资方式和退出途径，投资者能以何种程度参与企业决策与监控。

为了取得良好的访谈与计划推介效果，首先，创业者要制订谈判计划，包括明确谈判的最低目标、中间目标以及最高目标；拟定谈判的进程；选择合适的谈判时间和地点；确定参与谈判人员及分工。其次，做好谈判的心理准备，即准备应对大量提问、应对投资者对管理的查验、准备放弃部分业务以及准备做出妥协。再次，掌握一定的谈判技巧，比如展示自己实力时，采取暗示的办法，为了增强谈判的吸引力要给对方心理上更多的满足感，谈判中多听、多问、少说等，创业者可以在日常生活中积累这些技巧，必要时也可以进行相关知识的培训。

第三节　创业风险

一、创业风险的含义

创业风险是指创业投资行为给创业者带来某种经济损失的可能性。风险是一种概率，在未演化成威胁之前，并不对创业活动造成直接的负面影响，所以，风险是一种对未来的影响趋势。风险与收益一般成正比例关系，即风险越大，获利可能性越高。任何一家运营中的企业每天都会面临着一定的风险，新创企业自然也不例外。

二、创业风险的特点

（1）创业风险的客观存在性。创业风险是客观存在的，是不以人的意志为转移的。在创业过程中，由于内外部事物发展的不确定性是事物发展变化过程的特性，因此，创业风险也必然是客观存在的。客观性要求我们采取正确的态度承认和正视创业风险，并积极对待创业风险。

（2）创业风险的不确定性。创业的过程往往是将创业者的某一个"奇思妙想"或创新技术变为现实的产品或服务的过程。在这一过程中，创业者面临各种各样的不确定因素，如可能遭受到已有市场竞争对手的排斥、进入新市场面临着需求的不确定、新技术难以转化为生产力等。另外，在创业阶段投入较大，而且往往只有投入没有产出，因此，存在资金不足的可能，从而导致创业的失败。

（3）创业风险的相关性。创业风险的相关性是指创业者面临的风险与其创业行为及决策是紧密相连的。同一风险事件对不同的创业者会产生不同的风险，同一创业者由于其决策或采取的策略不同，会面临不同的风险结果。

（4）创业风险的可变性。创业风险的可变性是指当创业的内部与外部条件发生变化时，必然会引起创业风险变化。创业风险的可变性包括创业过程中风险性质的变化、风险后果的变化以及出现新的创业风险这三个方面。

（5）创业风险的可测性与测不准性。创业风险的可测性是指创业风险是可测量的，即可通过定性或定量的方法对其进行估计。创业风险的测不准性是指创业风险的实际结果常常会出现偏离误差范围的状况，它一般是因创业投资的测不准、创业产品周期的测不准与创业产品市场的测不准等造成的。

（6）创业风险的双重性指创业有着成功或失败的两种可能性，创业风险具有盈利或亏损的双重性。

三、创业风险的分类

1. 按决策主体的角度划分

创业风险按决策主体的角度划分，可分为系统风险和非系统风险。

（1）系统风险源于公司或企业之外，如战争、经济衰退、通货膨胀、高利率等与政治、经济和社会相关联的风险，不能通过多角化投资而分散，因此又称为不可分散风险。

（2）非系统风险则源于公司或企业本身的商业活动和财务活动，如企业的管理水平、研究与开发、广告推销活动、消费者口味的变化及法律诉讼等。可以通过多角化投资组合将其分散，因此又称为分散风险或公司特有风险。

2. 按风险产生的原因划分

创业风险按风险产生的原因划分，可分为主观创业风险和客观创业风险两类。

（1）主观创业风险：在创业阶段，由于创业者的身体与心理素质等主观方面的因素导致创业失败的可能性。

（2）客观创业风险：在创业阶段，由于客观因素导致创业失败的可能性，如市场的变动、政策的变化、竞争对手的出现、创业资金缺乏等。

3. 按风险后果划分

创业风险按风险后果划分，可分为投机风险和纯粹风险。

（1）投机风险是指既有损失可能，又有获利机会的风险，具有危险与机会可并存性、机会的诱导性、危险的制约性、风险与收益的对称性等特点，是决策活动中面临的主要风险。

（2）纯粹风险是指由于风险因素所导致的，只有损失可能而没有获利可能的风险，也就是说，纯粹风险只有"损失"一种结果。

大多数自然风险属于纯粹风险，但是，并非所有的纯粹风险都是由自然风险所致。例如，火灾是一种自然风险，但生产抢险器材的企业却可能在这种风险中获利；失窃是一种人为风险，但失窃同时又是纯粹风险。因此，人为风险也可能导致纯粹风险。

4. 按风险的内容划分

创业风险按风险的内容划分，可分为以下6类：

（1）技术风险：由于技术方面的因素及其变化的不确定性，而导致创业失败的可能性。

（2）市场风险：由于市场情况的不确定性导致创业者或创业企业损失的可能性。

（3）政治风险：由于战争、国际关系变化或有关国家政权更迭、政策改变，而导致创业者或企业蒙受损失的可能性。

（4）管理风险：因创业企业管理不善产生的风险。

（5）生产风险：创业企业提供的产品或服务从小批试制到大批生产的风险。

（6）经济风险：由于宏观经济环境发生大幅度波动或调整，而使创业者或创业投资者蒙受损失的风险。

5. 按创业过程划分

创业活动须经历一定的过程，一般来说，可将创业过程分为4个阶段：识别与评估机会；准备与撰写创业计划；确定并获取创业资源；新创企业管理。相应的，创业风险也可分为以下4类：

（1）机会的识别与评估风险。在机会的识别与评估过程中，由于各种主客观因素，如信息获取量不足，把握不准确或推理偏误等使创业一开始就面临方向错误的风险。另外，机会风险的存在，即由于创业而放弃了原有的职业所面临的机会成本风险，也是该阶段存在的风险之一。

（2）准备与撰写创业计划风险。创业计划往往是创业投资者决定是否投资的依据，因此，创业计划是否合适将对具体的创业产生影响。创业计划制订过程中各种不确定性因素与制订者自身能力的局限，也会给创业活动带来风险。

（3）确定并获取资源风险。由于存在资源缺口，无法获得所需的关键资源，或即使可获得，但获得的成本较高，从而会给创业活动带来一定风险。

（4）新创企业管理风险。其主要包括管理方式，企业文化的选取与创建，发展战略的制定、组织、技术、营销等各方面的管理中存在的风险。

6. 按创业与市场和技术的关系划分

创业风险按创业与市场和技术的关系划分，可分为改良型风险、杠杆型风险、跨越型风险和激进型风险。

（1）改良型风险是指利用现有的市场、现有的技术进行创业所存在的风险。这种创业风险最低，经济回报有限。然而，风险虽低，要想得以生存和发展，获取较高的经济回报也比较困难。一方面会受到已有市场竞争者的排斥或面对壁垒；另一方面即便进入，想要占有一定的市场份额也非常困难。

（2）杠杆型风险是指利用新的市场、现有的技术进行创业存在的风险。该风险稍高，对一个全球性公司来说，这种风险往往是地理上的。此类风险多见于挖掘未开辟的市场，如彩电行业利用原有技术进入农村市场。

（3）跨越型风险是指利用现有的市场、新的技术进行创业存在的风险。该风险稍高，主要体现在创新技术的应用上，这种情况往往反映了新技术的替代，是一种较常见的情况，常见于企业的二次创业，领先者可获得一定的竞争优势，但模仿者很快就会跟上。

（4）激进型风险是指利用新的市场、新的技术进行创业存在的风险。该风险最大，如果市场很大，可能会带来巨大的机会。对第一个行动者而言，其优势在于竞争风险较低，但是知识产权保护力度很弱，市场需求很不确定，产品性能指标的确定有很大的风险。

四、一般企业的风险管理

迄今为止，风险管理已经形成了一套管理原则，成熟企业通常依此来管理其所面临的风险。风险管理的程序一般包括风险识别、风险评估、风险管理方法的选择和管理效果的评价等环节。

1. 风险识别

对创业进行风险管理，首先要明确风险管理的对象是什么，即识别创业的风险。风险识别是管理这些风险的第一步，它是指对企业面临的现实以及潜在的风险加以判断、归类并鉴定风险性质的过程。存在于企业周围的风险多种多样，这些风险在一定时期和某一特定条件下是否客观存在，存在的条件是什么，以及损害发生的可能性等都是风险识别阶段应该回答的问题。风险识别主要包括感知风险和分析风险两个方面。

风险识别对传统的经营管理有着至关重要的意义，识别如经营活动、劳务活动、战略活动等风险暴露来源为主的企业风险，有助于企业目标的实现，也有助于创业企业的健康发展。

在风险识别实践中，在团队、管理、市场、技术方面常常用访谈和一些定量研究方法去识别团队素质、管理、市场销售、产品技术等方面的风险；在市场、技术方面也常采用专家个人判断法、头脑风暴法、德尔菲法进行风险识别；在财务、产权方面用文件审查法，通过分析资产负债表、损益表、现金流量表、财务记录、营业记录等文件，识别项目的风险因素，预测未来风险。

2. 风险评估

风险评估是指在风险识别的基础上，通过对所收集的大量的详细损失资料加以分析。这一阶段可按照相关损失发生的概率进行分类，进行损失概率的评估，同时，对损失的规模与幅度进行分析，从而使风险分析定量化。将风险发生的概率、损失的程度与其他综合因素结合起来考虑，确定系统发生风险的可能性及其危害程度，通过比较管理风险所支付的费用，决定是否需要采取风险控制措施，以及控制措施采取到什么程度，从而为管理者进行风险决策、选择最佳风险管理技术提供可靠的科学依据。

风险评估一般采用专家调查法、风险因素取值评定法、分析报酬法等对采集到的数据进行定量估算。经过定量的风险评估结果是创业者进行风险管理的重要依据，但由于风险评估过程涉及主观方面测定，有些风险因素难以量化，其分析、测定过程对风险评估结果会产生显著的影响，因此，风险评估结果仍需要创业者进行最终判断。

3. 选择风险管理方法

在风险评估的基础上，为实现风险管理的目标，选择最佳的风险管理技术是风险管理的实质性内容。风险管理技术可分为控制型与财务型两大类。前者的目标是降低损失的频率和减少损失的幅度，重点在于改变引起意外事故和扩大损失的各种条件；后者的目的是以提供基金的方式，消化发生损失的成本，即对无法控制的风险进行财务安排。对于有些情况，最好的计划是什么也不做，但在大多数情况下，可能要安排复杂的方法为潜在的损失融资。

4. 风险管理的实施和效果评价

在做出风险管理方法选择的决策后，个人或企业必须实施其所选择的方法。风险管理应该是一个持续的过程，对实施的效果进行评价是必要的。有时新出现的风险暴露或预期的损失概率或损失幅度发生了显著的变化，需要对原有决策进行重新评价。风险管理的效果评价是指对风险管理技术的适用性及其收益情况进行的分析、检查、修正和评估，这是风险的动态性所决定的。通过效果的评价，以保证具体管理方法与风险管理目标相一致，并使具体的方案具有可操作性和有效性。

五、常用的风险处理方法

风险处理是指通过不同的措施和手段，用最小的成本达到最大安全保障的过程。风险处理的方式很多，但最常用的是风险回避、风险控制、风险转移和风险自留。

1. 风险回避

风险回避是指设法回避损失发生的可能性，即从根本上消除特定的风险单位或中途放弃某些既有的风险单位。它是处理风险的一种消极方法。

避免风险的方法通常在两种情况下采用：一是某种特定风险所致损失的频率或损失的幅度相当高时；二是在用其他方法处理风险成本大于收益时。

没有风险就没有收益，避免风险虽然简单易行，但却意味着收益机会的损失。因此，对企业而言，采用风险回避的方法在经济上是不适当的。在某些情况下，避免了某一风险又会产生新的风险。

2. 风险控制

风险控制是指风险管理者采取各种措施和方法，消灭或减少风险事件发生的各种可能性，或者减少风险事件发生时造成的损失。风险控制的一种特殊形态是割离，它是指将风险单位割离成很多小的独立单位而达到缩小损失幅度的一种方法。

3. 风险自留

风险自留是指对风险的自我承担，是企业自我承担风险损失的一种方法。风险自留有主动自留和被动自留两种。风险自留常常在风险所致损失概率和幅度较低、损失短期内可以预测，以及最大损失不影响企业财务稳定性时采用。在这样的情况下，采用风险自留的成本要低于其他风险处理方式的成本，而且方便有效。但是，风险自留有时也会因为风险单位数量的限制而无法实现其处理风险的功效。一旦发生风险事故，可能导致财务上的困难而失去其作用。

4. 风险转嫁

风险转嫁是指一些企业或个人为避免承担风险损失，有意识地将损失或与损失有关的财务后果转嫁给另一个单位或个人去承担的一种风险管理方式。风险管理者会尽一切可能回避并排除风险，把不能回避或排除的风险转嫁给第三者，不能转嫁的或损失幅度小的可以自留。

风险转嫁的方式主要有保险转嫁和非保险转嫁两种。保险转嫁是指向保险公司缴纳保险费并同时将风险转给保险公司承担。当风险事故发生时，保险人按照保单的约定得到经济补偿。非保险转嫁又具体分为两种方式：一是转让转嫁；二是合同转嫁。前者一般适用于投机风险，如当股市行情下跌时卖出手中的股票；后者适用于企业将具备风险的生产经营活动承包给他人，并在合同中规定由对方承担风险损失的赔偿责任，如通过承包合同将某些生产、开发程序或产品销售转给他人等。

对创业企业而言，究竟选择哪种风险管理方式更合理，则需要根据对风险评估的结果和具体的环境进行选择。对于损失金额很小的风险宜采用风险自留的方式。而对那些出现概率大、损失金额高的风险，如财产责任风险，则宜采用风险转嫁的方式。而对诸如人力资源风险、财务风险、项目选择风险、环境风险等其他风险则宜采用风险控制的方法来处理。

六、大学生创业过程中常见的风险

（一）创业大学生自身风险

1. 狂热中缺乏理性

自主创业道路将成为大学生就业的一种必然选择和趋势，创业行为不断地在大学生中被实践，在全国范围内掀起创业热潮。由于对于某些创业神话的过分渲染与炒作，使得整个社会舆论对于大学生创业寄予很大的希望，从而引发了大学生创业的狂热，几乎到了人人想创业的程度，在校学生按捺不住创业的激情，争着要搭上创业这趟列车，对创业的期望值很高。然而，大学生在心理上没有做好创业的准备，普遍意识不到创业起步的困难和创业风险的压力，把创业想象化、简单化，缺乏理性，存在仅以市场为导向的创业倾向，忽略了自身的成本优势和创新意识的发挥，甚至有的学生动机不正、金钱至上、贪婪自私，一遇诱惑便把持不住自己。

2. 自信中缺乏耐心

大学生拥有知识技能，朝气蓬勃，对创业前景充满信心，表现出一定的自信；认为自己具备高水平的知识技能，有敏锐的商业嗅觉。但由于无创业经历，对于在创业过程中存在的诸多困难估计不足，做决策时全凭直觉，盲目选择，最终导致退缩或失败的结果。一旦面对失败，就缺乏耐心，只要有一个困难不解决、一个障碍迈不过去，就会前功尽弃。

3. 创新中缺乏经验

优胜劣汰的社会竞争现实，使大学生在创业实践过程中必须求新求异，大学生的创新性特征在创业实践活动中不断提升，确实增加了创业实践活动的社会效益。但也存在着各种创业失败的案例和创新受挫的情形。原因是大学生虽有创新精神，但缺少经验，对企业的运作规律、要求、技术、管理都不太熟悉。

4. 诚信中缺乏魄力

市场经济已进入诚信时代，作为一种特殊的资本形态，诚信日益成为企业立足之本与发展的源泉。创业机会与风险并存，想要在竞争激烈、机会稍纵即逝的商海中勇立潮头，除诚实可信外，还必须有魄力，敢于抓住商机，即使没有十足把握，也应果断尝试。有的学生自卑胆怯、患得患失，不愿为也不敢为，缺少这种应有的胆量和能力，阻滞了创业向成功的方向发展。

（二）创业过程中面临的风险

创业既能实现大学生的自我认同和自我价值，激发创造力，又可以在一定程度上缓解严峻的就业形势，达到实现经济效益和社会效益的双重目的。但任何事情都是一柄双刃剑，在创业途中，有傲立风口的成功者，亦不乏折戟沉沙的失意人。分化格局的形成，除运气外，更多的是对创业风险的把控，对于初涉世事的大学生更是如此。

创业的风险主要有以下几个方面：

1. 项目选择太盲目

大学生创业时如果缺乏前期广泛的市场调研和论证，只是凭自己的兴趣和想象来决定投资方向，甚至仅凭一时的心血来潮做决定，一定会碰得头破血流。创业初期一定要做好市场调研，在了解市场的基础上创业。一般来说，大学生创业者资金实力较弱，应选择启动资金不多、人手配备要求不高的项目，从小本经营做起比较合适。

2. 缺乏创业技能

有些大学生创业者眼高手低，当创业计划转变为实际操作时，才发现自己根本不具备解决问题的能力，这样的创业无异于纸上谈兵。一方面，大学生应去企业打工或实习，积累相关的管理和营销经验；另一方面，大学生应积极参加创业培训，积累创业知识，接受专业指导，提高创业成功率。

3. 资金风险

资金风险在创业初期会一直伴随在创业者的左右。是否有足够的资金创办企业是创业者遇到的第一个问题。企业创办起来后，就必须考虑是否有足够的资金支持企业的日常运作。对于初创企业来说，如果连续几个月入不敷出或者因为其他原因导致企业的现金流中断，都会给企业带来极大的威胁。相当多的企业会在创办初期因资金紧缺而严重影响业务的拓展，甚至错失商机而不得不关门大吉。另外，如果没有广阔的融资渠道，创业计划只能是一纸空谈。除银行贷款、自筹资金、民间借贷等传统方式外，还可以充分利用风险投资、创业基金等融资渠道。

财产风险、对家庭的影响、健康与爱好的损失是创业者所必须加以克服的困难和烦恼。大学生创业要有充分的准备，去迎接创业过程中诸如拿个人积蓄去冒险，经常不分昼夜地长时间工作，无法度假，有时生病也得不到休息；失去稳定的工资收入；为发工资和债务担忧，甚至拿不到自己的那份工资；不得不做如清洁、归档、采购等自己不喜欢的事；无暇与家人和朋友待在一起等挑战。创业者要有危机意识，在心理上及行动上有所准备，来应付突如其来的变化。带着风险意识前行，在创业实践中，所有的事都要有"万一……怎么办"的危机意识，居安思危，未雨绸缪，预做准备。

4. 社会资源贫乏

企业创建、市场开拓、产品推介等工作都需要调动社会资源，大学生在这方面会感到非常吃力。平时要多参加各种社会实践活动，扩大自己人际交往的范围。创业前，可以先到相关行业领域工作一段时间，通过这个平台，为自己日后的创业积累人脉。

5. 管理风险

大学生的理财、营销、沟通、管理方面的能力普遍不足。要想创业成功，必须技术、经营两手抓，可从合伙创业、家庭创业或虚拟店铺开始，锻炼创业能力，也可以聘用职业经理人负责企业的日常运作。

创业失败基本上都是管理方面出了问题，其中包括决策随意、信息不通、理念不清、患得患失、用人不当、忽视创新、急功近利、盲目跟风、意志薄弱等。特别是大学生知识结构单一、经验不足、资金实力和心理素质较弱，更会增加在管理上的风险。

6. 竞争风险

竞争是必然的。如何面对竞争是每个企业都要随时考虑的事，对新创企业更是如此。如果创业者选择的行业竞争非常激烈，那么在创业之初极有可能受到同行的强烈排挤。一些大企业为了将小企业吞并或挤垮，常会采用低价销售的手段。对于大企业来说，由于规模效益或实力雄厚，短时间的降价并不会对他们造成致命的伤害，而对初创企业则可能意味着有彻底毁灭的危险。因此，考虑好如何应对来自同行的残酷竞争是创业企业生存的必要准备。

7. 团队分歧的风险

现代企业越来越重视团队的力量。创业企业在诞生或成长过程中最主要的力量来源一般都是创业团队，一个优秀的创业团队能使创业企业迅速地发展起来。但与此同时，风险也就蕴含其中，团队的力量越大，产生的风险也就越大。一旦创业团队的核心成员在某些问题上产生分歧不能达成共识时，极有可能会对企业造成强烈的冲击。事实上，做好团队的协作并非易事。特别是与股权、利益相关联时，很多初创时关系很好的伙伴都会闹得不欢而散。

8. 核心竞争力缺乏的风险

是否具有自己的核心竞争力是最主要的风险。一个依赖别人的产品或市场来打天下的企业是永远不会成长为优秀企业的。核心竞争力在创业之初可能不是最重要的问题，但要谋求长远的发展，就是最不可忽视的问题。没有核心竞争力的企业终究会被淘汰出局。

9. 意识上的风险

风险性较大的意识有投机的心态、侥幸心理、试试看的心态、过分依赖他人、回本的心理等。

创业者本身的经验、学识、能力，尤其是对要涉足行业的了解情况，将对创业成功起重要的作用。在熟悉的行业中创业，市场熟、产品熟、人际关系熟，就能"驾轻就熟"。因此，创业者要注意自身知识的积累以及对自身创业能力的培养。

（三）大学生创业的法律风险

随着学生创业群体的逐渐增加，创业中的法律风险不容忽视，主要有创业组织形式的选择、创业组织运行中的合同法律风险和知识产权法律风险、创业组织终止的法律风险等。大学生想要在商界有所建树，应该掌握基本的法律知识。

对于大学毕业生来说，公司设立时无须注册资金到位，是否就意味着开公司就"零成本"了呢？答案当然是否定的。首先，公司章程中会将各位股东认缴资本的数额进行确定，同时约定了出资到位的时间和各方出资比例；其次，公司注册资金虽然不体现在工商营业执照上，但在工商内档公开的系统中仍然可以查阅到；再次，公司在实际运营过程中，必然会需要资金的落实，否则一切经济活动将难以开展，如薪资社保、广告宣传、经营场地、办公设备等都需要资金的保障。

创业本身就带有极大的风险性，一旦涉及对外债务无法清偿，公司股东在认缴的出资范围内，仍需对外承担债务，如果一味提高注册资本数额，表面上看起来风光，实则隐藏了巨大的法律隐患。因为在公司实缴资本没有到位的情况下，债权人可以要求股东在认缴出资范围内承担法律责任，随着全社会对公司企业、个人信用的日渐重视，构建市场主体信用信息公示的体系也在不断完善，一旦被纳入失信人员名单，将对今后的发展产生巨大的负面影响。

1. 创业经营过程中的法律风险

创业经营过程中的法律风险类型较多，涉及领域广，下面仅针对经营过程中最常出现的几类法律风险进行分析：

（1）合同法律风险。以合同为机制的市场经济是建立在信用体系上的，市场经济、契约和信用是不可分割的一个体系。创业组织在经营的过程中，接触最多的可能就是合同签订及履行过程中的法律风险。合同是指平等主体的自然人、法人、其他组织之间设立、变更、终止民事权利义务关系的协议。合同订立过程中创业组织需要关注的风险主要有以下几个方面：

1）缔约主体是否具有相应的缔约能力和资格；若为本人订立合同，应关注订立合同的当事人主体资格是否合法；若为代理人订立合同，则应关注代理人是否具有代理资格，是否获得委托授权。

2）合同双方要多交流沟通，注意双方对合同内容的理解是否一致，意思表示是否真实，合同标的是否合法，对方是否具有履约能力，以避免对方合同的违约。

3）为防止对方当事人违约给自己造成损失，可以要求对方提供必要的担保；担保方式包括定金、保证人、抵押、质权等。创业大学生可以选择一个最适合自己的方式来保证对方对合同的履行。合同履行中的法律风险主要是注意双方附随义务的履行，如通知义务、协助义务、保密义务等。另外，合同订立的形式具有多样性，如果是以口头形式订立的合同，一定要注意合同的达成过程以及履行过程中的证据保全。在合同履行过程中，如果对方违约且协商不能达成一致，必须及时地通过诉讼方式来维护自己的权利，因为我国民法承认诉讼时效制度，超过一定的期限债务将得不到法律的支持，成为自然之债。《中华人民共和国民法典》第一百八十八条规定：向人民法院请求保护民事权利的诉讼时效期间为三年，法律另有规定的除外。

（2）知识产权法律风险。在现实生活中，学生创业者因不懂知识产权等相关法律知识，致使自己的知识产权受到不法侵害或侵害他人知识产权的案例普遍存在。知识产权又称智慧财产权，是指权利人一段时间内对智力成果享有的独占排他的权利，是企业非常重要的无形资产。因此，大学生创业者应对这方面的内容有所了解，做到不去侵犯他人的知识产权，学会依法保护自身的知识产权。

（3）创业组织终止的法律风险。大学生组建的创业组织民事主体资格的灭失是创业组织终止的方式，该过程的风险主要体现在以下两个方面：

1）已终止自己的创业活动，但由于疏忽而并未按照法定程序办理注销登记手续，不法分子借机冒用从事一些违法活动。

2）创业组织终止后的债务承担风险。创业组织终止后，创业组织原来的债务因组织形式的不同而最终的承担者也不同，如果创业组织是公司的形式，那么就仅以公司的财产作为债务承担的担保债。若为个体工商户、合伙企业、个人独资企业，则创业学生要对创业组织存在期间的债务承担无限连带责任。

创业除选择设立公司外，还有另一种形式——合伙企业。合伙企业与公司相比，没有注册资本的要求，可以通过劳务出资成立，合伙人之间具有极强的人身信任。这决定了合伙人出资份额的转让要受到严格的限制，其中最大的风险在于合伙企业对外的债务需要合伙人承担无限责任，这也是公司制较为有利的方面，因为公司作为独立的法人主体，股东是以认缴出资为限承担有限责任的。在正常经营的情况下，一旦创业失败，对外承担的债务仅限于认缴的出资范围。因此，对于社会经验不足的大学生来说，选择以合伙企业的方式创业并不是一个好的选择。

大学生要避免创业失败，需要关注公司内部法人治理结构、知识产权的合理保护、合同风险控制等问题。创业并非单纯依靠一腔热情就能成功，需要在点点滴滴的过程中将法律思维与管理行为相互融合。

2. 风险规避对策

发生经营困难甚至歇业、股东僵局等问题，往往不是市场不景气、缺乏业务机会等，根本原因还是在内部管理上没有做好梳理和规划，是业务发展太快、管理跟不上所致。

（1）加强内部规章制度的建设，招聘员工不仅是签署劳动合同这样简单，在明确主营方向和业务流程之后，需要建立起一套相对完善的内部岗位管理制度或员工管理手册，使管理有依据、行为有准则。

（2）创新成果的保护需要强化法律意识。创新性企业唯一的发展动力就是知识产权、技术研发成果，对于没有厂房、土地、大型设备的"轻资产"创业公司而言，要及时申请专利、商标、著作权，切勿先推广使用，在市场模仿竞争者来了之后才想起来要申请保护。

（3）在业务合同的签署过程中，不能简单认为自己是创业企业，有订单就不错了，客户想怎么签就怎么签，因为一份不平等或者有苛刻条款的商业合同是缺乏可操作性的，把自己放在缺乏法律保障的市场竞争环境中，无疑是加大了创业的风险，一旦无法按时按质完成合同条款的约定，就可能面临违约赔偿的法律责任，拿不到产品或服务酬劳是小事，若要承担高额违约金就得不偿失了。

由于创业知识和经营经验等方面的缺乏，未能意识到创业过程中的法律风险，有些大学生可能会无意间违反法律规定；也可能被利益冲昏头脑，明知故犯，违反法律规定。准备创业的大学生在创业前应做好充分准备，留心实践过程中可能产生的法律风险，查阅学习相关法律知识，熟悉创业的各个环节，思考防范法律风险的方法和解决途径，培养自己的风险意识，熟悉国家对于大学生创业的既有扶持政策，努力做好法律风险的事前防范。

》》案例　成都"第一研究生面馆"

一所高校食品科学系的6名研究生声称自筹资金20万元，在成都著名景点——"琴台故径"边上开起了"六味面馆"。

1. 壮志雄心：5年后开20家连锁店

第一家店还未开张，6位股东已经把目光放到了5年之后，一说到今后的打算，他们异口同声地说："当然是开分店啦！今年先把第一家店搞好，积累经验，再谈发展。我们准备两年内在成都开20家连锁店，到时候跟肯德基、麦当劳较量较量。"

2. 情伤钱损：无人管理，草草收场

由于面馆长时间处于无人管理和经营欠佳的状况，投资人已准备公开转让。这家当初在成都号称"第一研究生面馆"的餐馆仅仅经营了4个多月，就不得不草草收场。

3. 个中滋味：研究生面馆关门有内幕？

原本想以"研究生"之名来制造广告轰动效应，但事情的发展却出人意料。"研究生面馆"开业不久，6名研究生就一个个被学校领导找去谈话，要他们在学业和面馆之间做出选择：要么退出，要么退学。

4. 创业失败原因分析

（1）生意不红火，管理混乱。6位研究生称功课繁忙，店堂内经常无人管理。

（2）附近商家："味道不好，分量不足，吃不饱。"面馆所在街道非繁华商业市区，提供的产品及服务不能满足顾客的需求。

（3）每月支出庞大，入不敷出。没有做好预算和成本规划，资金管理能力不足。

本章小结

本章对创业的基本流程进行了介绍，以使学生对如何创业有一个清晰的印象。本章还介绍了创业计划书的编写方法，以帮助创业者顺利寻求到资金支持。同时，创业也是有风险的，创业者应对此有充分的认识，并能对风险进行有效规避与处理。

课后练习

1. 创业的基本流程是怎样的？
2. 创业计划的作用是什么？
3. 如何撰写创业计划书？
4. 常用的风险处理方法有哪些？

创业项目选择

学习目标

通过本章的学习，了解大学生创业的优势与劣势，创业项目的分类，创业机会的概念、特征、类型与来源；掌握创业计税的方法与技巧、选择创业项目的方法和原则、创业项目环境分析的方法。

能力目标

能敏锐地发现创业机会，能对创业项目环境进行分析，从而选择合适的创业项目。

第一节 大学生创业 SWOT 分析

SWOT 分析法又称态势分析法，即分析自己的优势（strength）、劣势（weakness）、机会（opportunity）、威胁（threat）。与社会上失业人群、退休人员的创业相比，大学生创业还具有自身的特点。常言道："知己知彼，百战不殆。"大学生只有深刻认识自己的优点和缺点后，才能在扬长避短的基础上对创业准确定位。

根据有关部门的长期调查显示，在创业方面，大学生普遍具有以下优势和劣势。

1. 大学生创业的优势

（1）具有较高的文化水平，对事物的领悟力强，有些东西一点即通。

（2）自主学习知识的能力强，有思考的习惯。

（3）接受新鲜事物快，思维活跃，敢作敢为。

（4）习惯运用网络掌握信息，信息源广。

（5）年轻、精力旺盛、自信心足，对认准的事情有激情去做。

（6）绝大部分都没成家，暂无家庭负担，创业还很可能获得家庭的支持。

2. 大学生创业的劣势

（1）缺乏社会阅历和资深的行业经验，尤其缺乏人际关系和商业网络。

（2）缺乏真正有商业前景的创业项目，许多创业点子经不起市场的考验。

（3）喜欢纸上谈兵，创业设想和创意缺乏可执行性，市场预测普遍过于乐观。

（4）眼高手低，好高骛远，看不起蝇头小利，往往大谈"第一桶金"，不谈"第一分钱"。

（5）独立性和心理承受能力差，缺乏社会和个人责任感，遇到挫折就想放弃。

（6）"嘴上没毛，办事不牢"，年轻人创业很难获得人们的信任。

以上是从统计上分析的大学生创业的优缺点，实际上每个人的情况千差万别，还需要个性化地认识自己。

在这里我们利用 SWOT 分析工具，把自己的优势、劣势、面临的发展机遇、挑战或威胁 4 个因素写下来，每种因素罗列出主要的 4 ～ 5 条来。下面以刚毕业的同学 A 的具体情况为例分析如下：

优势：家庭做小生意，自小在父母身边耳濡目染，对创业有浓厚的兴趣；经过几年勤工俭学也积累了一些实际经验；做过班系干部，组织领导能力得到了锻炼；几个朋友合计创业有一定时间，已基本有一个磨合过的团队。

劣势：家庭无力提供创业资金支持；还没找到合适的项目。

机遇：国家出台了支持毕业大学生创业的相关政策，可申请一定额度的贷款；一些企业正与我方洽谈，一些好的项目有签约前景。

挑战或威胁：运营成本高，好多项目还要交押金及加盟费，租金也贵，相对利润较低；消费潮流变化很快，自己选的项目可能不久就赶不上潮流。

在 SWOT 分析的基础上，大学生可针对自己的情况，发挥优势、弥补劣势、克服威胁、规避风险、抓住机会、迎接挑战，使自己的创业计划更为实际可行，多一分胜算。

第二节 创业机会

一、创业机会的基本概念

所谓创业，是在动态竞争前提下的机会驱动过程，是创业者在面对大量的不确定性因素时分析、评估机会并进行有选择的投资决策的活动。简单来说，创业是指创办新的企业或开辟新的事业，实践性是创业的标志。创业就是发现机会，整合资源，从而创造财富。识别创业机会是创业的起点，也是核心。机会识别是创业的开端，也是创业的前提。可以说机会无时不在，无处不在。

随着世界经济与科技的进步，创新与企业家精神在经济发展中起着日益重要的作用，创业活动作为二者的集中体现，在当今的中国乃至全世界越来越成为经济发展中的强劲推动力。创业家们常说："好的创意是成功的一半。"然而，创意并不等于创业机会，这是因为一个创意可以通过多种方法产生，可以不十分注重其实现的可能性，但一个创业机会却必须是实实在在的，是能够用来作为新创企业的基础的。这是一个相当关键的区别。因而，创业者必须要进行创业机会研究。实际上，创业往往是从发现、把握、利用某个或某些商业机会开始的。所谓创业机会，也称商业机会或市场机会，是指有吸引力的、较为持久的和适时的一种商务活动的空间，并最终表现在能够为消费者或客户创造价值或增加价值的产品或服务之中。识别创业机会是创业成功最重要的第一步，好的创业机会真正是创业成功的一半。

创业与一般管理不同，创业机会的寻找并非一个理性的过程，也并非一个求最大值的过程。

二、创业机会的特征

1. 客观性

创业机会是客观存在的，不依赖于人的主观想象，无论创业企业是否意识到，它都会客观存在于一定的社会经济环境之中。尽管有时是企业在创造一些市场机会，但是这些所谓"创造"的创业机会仍然是早就客观存在的，只是被创业企业最先发现和利用而已。

客观存在的创业机会对所有人都是公开的，每个创业者都有可能发现，不存在独占权。在创业者发现创业机会的时候，就要考虑潜在的竞争对手，不能认为发现创业机会就意味着独占，独占创业机会就意味着成功。

2. 潜在性

机会是一种无形的事物，人们只能凭感觉意识到它的存在，而无法看到、触摸它。机会总是潜藏在社会现象的背后，因此，人们很难认识到机会的存在，往往与机会失之交臂。创业机会并不是一种现实的、明确的、具有价值的产品或服务，创业机会的潜在性决定了创业机会的风险性。创业机会从潜在的需求变成现实产品或服务的过程也是创业者不断躲避风险，创造价值的过程。

3. 时效性

时效性是指创业机会必须在机会窗口存续的时间内被发现并利用。而机会窗口是指商业想法推广到市场上所花费的时间。创业者在机会窗口的哪个阶段进入市场，在很大程度上决定了创业的成败。一般来说，市场规模越大，待定机会的时间跨度越大，市场的成长性越好。但如果创业者一定要等到天时地利人和且各种条件都具备的时候再开始实践，可能机会已经不复存在了。

4. 行业吸引力

不同行业的利润空间、进入成本和资源要求不同，其行业吸引力也不同。一般来说，最具吸引力的持续成长的行业，有不断增长的市场空间和长期利润的预期，对新进入者的限制较少。另外，当产品对消费者必不可少时，消费者对该产品存在刚性需求，如生活必需品，这也会提升行业吸引力。行业的选择是创业者选择机会首要考虑的问题。对于任何创业者，应首先进入那些大部分参与者都能获得良好效益的行业，而不要选择那些很多公司为了生存而拼命挣扎的行业。

5. 不确定性

创业机会总是存在的，但机会的发展事先往往难以预料。创业机会在一定的条件下产生，条件改变了，结果往往也会随之改变。创业者在发掘创业机会时，一般是根据已知条件进行的，但结果可能会出乎意料，原因可能是已知条件改变，或者创业者利用机会的努力程度不够。

三、创业机会的类型

创业机会的类型对创业过程有着重要的影响。创业机会的分类方法有很多种，阿迪切威利（Ardichvili）等人根据创业机会的来源和发展情况对创业机会进行了分类。在创业机会矩阵中有两个维度，纵轴以探寻到的价值（即机会的潜在市场价值）为坐标，这一维度代表着创业机会的潜在价值是否已经较为明确；横轴以创业者的创造价值能力为坐标，这里的创造价值能力包括通常的人力资本、财务能力以及各种必要的有形资产等，表示创业者是否能够有效开发并利用这一创造机会，按照这两个维度，把不同的创业机会划分为4个类型（图5-1）。

<table>
<tr><td></td><td colspan="2" align="center">探寻到的价值</td></tr>
<tr><td></td><td align="center">未确定</td><td align="center">已确定</td></tr>
<tr><td rowspan="2">创造
价值
能力</td><td align="center">未确定</td><td align="center">"梦想"
I</td><td align="center">尚待解决的问题
II</td></tr>
<tr><td align="center">已确定</td><td align="center">技术转移
III</td><td align="center">市场形成
IV</td></tr>
</table>

图5-1　创业机会的四个类型

第 I 象限中，机会的价值并不确定，创业者是否拥有实现这一价值的能力也不确定，这种机会为"梦想"。

第 II 象限中，机会的价值已经比较明确，但实现这种价值的能力尚未明确，这种机会是一种"尚待解决的问题"。

第 III 象限中，机会的价值尚未明确，而创造价值的能力已经较为确定，这一机会实际上是一种"技术转移"，即创业者或者技术开发者的目的是为掌握的技术寻找一个合适的应用点。

第Ⅳ象限中，机会的价值和创造价值的能力都已经确定，这一机会可称为"业务"或者说是"市场形成"。

在自身创造价值能力不确定的情况下，比起市场需求和企业资源已经明确的情况，创业成功的概率要小很多。

四、创业机会的来源与时机

创业机会的出现往往是受到环境的变动，市场的不协调或混乱，信息的滞后、领先或缺失，以及各种各样的其他因素的影响导致的。也就是说，在一个自由的企业系统中，当行业和市场中存在变化着的环境、混乱、混沌、矛盾、落后与领先、知识和信息的鸿沟，以及各种各样的其他真空时，创业机会就产生了，如技术革新、消费者偏好的变化、法律政策的调整等。好的创业机会当然应该是可能有最大的潜在创业利润的机会。但是，由于创业机会本质上体现为一种信息的不对称，因此，好的创业机会必须天然或者有目的地具有这样的机制——防止被别的创业者仿冒的机制、防止或者延缓信息扩散传递的机制，以延长创业机会的生命周期。

五、创业机会的发现

创业机会的发现是创业机会识别过程中最重要的一步。

1. 形成创意

一个企业创业成功的关键，可能来源于一个经适当评价的新产品或服务的较完美的创意，而创意往往来源于对市场机会、技术机会和政策机会的感觉和把握，具体来源于顾客、现有企业、企业的分销渠道、政府机构以及企业的研发活动等。

（1）顾客。创业者可以通过正规或非正规的方式，接触有关新产品或服务的创意的最终焦点——潜在顾客，了解顾客的需求或潜在需求，从而形成创意。

（2）现有企业。主要是对市场竞争者的产品和服务进行追踪、分析和评价，找出现有产品存在的缺陷，有针对性地提出改进产品的方法，形成创意，并开发有巨大潜力的新产品，进行创业。

（3）企业的分销渠道。由于分销商是直接面向市场的，他们不仅可以提供顾客所需的产品改进和新产品类型等方面的广泛信息，而且能对全新的产品提出建议并帮助推广新产品。因此，与分销商保持沟通，是形成创意的一条途径。

（4）政府机构。一方面，专利局的文档中蕴含着大量的新产品创意，尽管其专利本身可能对新产品的引进形成法律制约，却可能对其他具有市场潜力的创意带来有益的启发；另一方面，创意可能来源于对政府有关法规的反应。

（5）企业的研发活动。企业本身的研发活动通常有精良的装备支持，有能力为企业成功地开发新产品，它是创意的一个很大的来源。

一个创意可以通过多种方法产生，主要有：

（1）根据经验分析。对创业者而言，创意是创建企业的工具，在创建成功企业的过程中少不了它。就这方面而言，经验在审视创意时显得至关重要。有经验的创业者往往在模式和机会还在形成的过程中，就表现出了快速识别和形成创意的能力。

（2）创造性思维。创造性思维在形成创意的过程中是很有价值的，而且在创业的其他方面也是如此。创造性思维可以通过学习和培训等来提升。

（3）激发创造力。激发创造力的方法很多，如头脑风暴法、自由联想法、灵感激励法等。

（4）依靠团队创造力。当人们组成团队时，往往可以产生单个人所不具备的创造力。而且，通过小组成员集体交换意见所产生的问题解决方案和其他方式相比，或者更好，或者相当。

2. 创业机会信息的收集

创业机会信息的收集是使创意变为现实的创业机会的基础工作。首先，根据创意，明确研究的目的或目标。例如，创业者可能会认为他们的产品或服务存在一个市场，但他们不能明确：产品或服务如果以某种形式出现，谁将是顾客。这样，一个目标便是向人们询问他们如何看待该产品或服务，是否愿意购买，并了解有关人口统计的背景资料和消费者个人的态度。当然，还有其他目标，如了解有多少潜在顾客愿意购买该产品或服务，潜在的顾客愿意在哪里购买，以及预期会在哪里听说或了解该产品或服务等。其次，从已有数据或第二手资料中搜集信息。这些信息主要来自商贸杂志、图书馆、政府机构、大学或专门的咨询机构以及互联网等。一般可以找到一些关于行业、竞争者、顾客偏好趋向、产品创新等方面的信息。该种信息的获得一般是免费的，或者成本较低，创业者应尽可能利用这些信息。最后，从第一手资料中搜集信息。搜集第一手资料包括一个数据搜集过程，如观察、网络搜索、访谈、集中小组试验以及问卷调查等。该种信息的获得一般来说成本都比较高，但却能够获得更有意义的信息，可以更好地识别创业机会。

创业难，发掘创业机会更难。一般而言，改进现有商业模式比创造一个全新的商业模式更容易。许多创业者都可以由过去任职公司的经验中发现大量可以立即改进的缺失，包括未被满足的顾客需求、产品品质上的瑕疵、作业程序上的不经济等。事实上，大部分离职创业者以为自己能够做得比在原有公司更好，有创业成功的把握。

六、识别创业机会的技巧

1. 着眼于问题把握机会

机会并不意味着无须代价就能获得，许多成功的企业是从解决问题起步的。需求方面的问题就是创业机会。例如，顾客需求没有被满足就是问题，而设法满足这一需求，就抓住了市场机会。

2. 利用市场环境变化把握机会

变化中常常蕴藏着商机，许多创业机会产生于不断变化的市场环境。环境变化将带来产业结构的调整、消费结构的升级、思想观念的转变、政府政策的变革、市场利率的波动等。人们透过这些变化，就会发现新的机会。例如，循环经济、绿色制造的理念将变革传统的生产和消费模式，带来节能减排、废物回收、材料更新、循环利用等领域的创业机会；移动互联网、3D打印技术、"云端计算"等高新技术的出现，必将引发新一轮产业革命。任何变化都能引发甚至创造出新的创业机会，需要创业者凭着自己敏锐的嗅觉去发现和识别。

3. 捕捉政策变化把握机会

我国市场受政策影响很大，新政策出台往往引发新商机，如果创业者善于研究和利用政策，就能抓住商机站在潮头。

4. 在市场夹缝中把握机会

创业机会存在于为顾客创造价值的产品或服务中，而顾客的需求是有差异的。创业者要善于找出顾客的特殊需要，盯住顾客的个性需求并认真研究其特征，这样就可能发现和把握商机。随着科技的发展，开发高科技领域是时下热门的课题，但是，创业机会并不只存在于高科技领域，在运输、金融、保健、饮食、流通这些所谓"低科技"领域中也有机会，关键在于发现。所以，创业者要克服从众心理，摆脱传统习惯思维的束缚，寻找市场空白点或市场缝隙，从行业或市场在矛盾发展中形成的空白地带把握机会。

5. 弥补对手缺陷把握机会

很多创业机会是由于竞争对手的失误而"意外"获得的，如果能及时抓住竞争对手策略中的漏洞而大做文章，或者能比竞争对手更快、更可靠、更经济地提供产品或服务，也许就找到了机会。因此，创业者要跟踪、分析和评价竞争对手的产品和服务，找出现有产品的缺陷和不足，有针对性地提出改进的生产方法，形成新的创意。

6. 跟踪技术创新把握机会

世界产业发展的历史告诉我们，新兴产业的形成和发展，都是技术创新的结果。产业的变更或产品的替代，既满足了顾客需求，同时也带来了前所未有的创业机会。例如，随着计算机的诞生，软件开发、计算机维修、图文制作、信息服务、电子游戏、网上购物等创业机会随之而来。任何产品或服务都有生命周期，会不断趋于饱和、达到成熟甚至走向衰退，最终被新产品或新服务所替代。创业者如果能通过技术创新，跟上产品或服务替代的步伐，就能够不断识别出新的发展机会。

7. 整合资源创造机会

创业者除要学会寻找机会外，还要懂得创造机会。每个人在成长的过程中都会学习一些知识，从事过一种或几种职业，有一些工作或生活上的朋友。另外，也许创业者还具备一些专业技能或特长，有特定行业的从业经验以及过去的工作网络或销售渠道。所有这些无论是创业者自身具有的，还是存在于外界的，都是创业者的个人资源。从自己拥有的资源入手，通过分析与整合，也会产生创业机会。曾经做过中学教师，后来创办了"好孩子集团公司"的宋郑在创业之初，就是通过一位学生家长得到了第一批童车订单。之后不久，宋郑在准备将自己设计的好孩子童车投入生产时，遇到资金短缺问题，依然是通过一位在银行做主任的学生家长解决了问题。资源的整合为宋郑今日的成就提供了重要的支持，如果没有这些外部资源也许就不会有今天的"好孩子"。

》》案例　李维斯的创业之路

1829 年，李维斯·施特劳斯出生于德国一个小职员家庭。他顺利地完成学业后成了一名小文员。1847 年，李维斯从德国移民至美国纽约。1850 年美国西部发现了大片金矿，天生的不安分使他不安于做一个安稳的小职员，于是 20 多岁的李维斯决定加入浩浩荡荡的淘金队伍之中。

李维斯到达旧金山后才发现自己并不是第一个去淘金的人，曾经荒凉的西部现在到处都是淘金的人群，到处都是帐篷，于是他陷入深深的思考之中。

这些淘金者待在一个离市中心很远的地方，买东西十分不方便，李维斯看到那些淘金者为了买一点日用品不得不跑很远的路，于是决定不再做那个遥不可及的淘金梦，而准备开一家日用品小店。小店生意不错，光顾的人络绎不绝。有一天，他又乘船外出采购了许多日用百货和一大批搭帐篷、马车篷用的帆布。由于船上旅客很多，那些日用百货没等下船就被人们抢购一空，但帆布却没人理会。

眼看帆布要赔本了，忽然他见一位淘金工人迎面走来，并注视着帆布。他连忙高兴地迎上前去，热情地问道："您是不是想买些帆布搭帐篷？"那工人摇摇头："我不需要再搭一个帐篷，我需要的是像帐篷一样坚硬耐磨的裤子，你有吗？"淘金的工作很艰苦，衣裤经常要与石头、砂土摩擦，棉布做的裤子不耐穿，几天就磨破了。"如果用这些厚厚的帆布做成裤子，肯定又结实又耐磨，说不定会大受欢迎呢！"淘金工人的这番话提醒了李维斯。于是，他灵机一动，用带来的厚帆布效仿美国西部的一位牧工杰思所特制的一条式样新奇而又特别结实耐用的棕色工作裤，向矿工们出售。1853 年，第一条日后被称为"牛仔裤"的帆布工装裤诞生了，当时它被工人们叫作"李维斯氏工装裤"。改革后的成熟牛仔裤以其坚固、耐久、穿着舒适获得了当时西部牛仔和淘金者的喜爱。大量的订单纷至沓来。

1853 年，李维斯正式成立了自己的牛仔裤公司，开始了创建这个著名品牌的漫漫长路。公司开张后，产品十分畅销，但李维斯却对帆布做的裤子很不满意。因为帆布虽然结实耐磨，却又厚又硬，不但穿在身上不舒服，而且也无法像柔软的布料那样，设计出各种美观合身的款式，只能做成又肥又大、样式单调的裤子。他开始寻找新的面料，注意搜罗市场上的信息。终于有一天，他发现欧洲市场上畅销着一种蓝白相间的斜纹粗棉布料，它是法国人涅曼发明的，兼有结实和柔软的优点。李维斯看了样布，当即决定从法国进口这种面料，专门用于制作工装裤。结果，用这种新式面料制作出来的裤子，既结实又柔软，样式美观，穿着舒适，再次受到淘金工人的欢迎。

这次换用新的布料，在牛仔裤发展史上具有重要意义。此后，这种用靛蓝色斜纹棉布料做成的工装裤在美国西部的淘金工、农机工和牛仔中间广为流传，靛蓝色也成为李维斯工装裤的标准颜色。由于靛蓝色与欧洲原始时代和宗教信仰有着密切关系，它对牛仔裤后来在欧洲流行起着潜在的助推作用。

虽然初步获得了成功，但李维斯并不就此满足，他还在继续寻找机会，对牛仔裤进行改进。当时淘金工人在劳动时，常常要把沉甸甸的矿石样品放进裤袋，沉重的矿石经常会使裤袋线崩断开裂。当地一位名叫雅各布·戴维斯的裁缝经常为淘金工人修补这种被撑破的裤袋。他用黄铜铆钉钉在裤袋上方的两只角上，这样就可以固定住裤袋。同时，他还在裤袋周围镶上了皮革边，这样既美观又实用，有的工人裤子虽没有磨破，但为了美观也都去镶边。雅各布就此向李维斯提出了建议，李维斯不但接受了这条建议，还把尚未出厂的工装裤全部加上黄铜铆钉，申请了专利，由此传统的牛仔裤就此定型。

1872 年李维斯在基本定型的牛仔裤基础上申请了牛仔裤的生产专利。如今，世界上牛仔裤虽已出现众多品牌，但李维斯牛仔裤在世界 70 多个国家的销售量仍稳居第一。

七、创业机会的评价

尽管发现了创业机会，但并不意味着要创业，更不意味着成功就在眼前。创业活动是创业者与创业机会的结合，并非所有的创业机会都有足够大的潜力来填补为把握机会所付出的成本，并非所有机会都适合每个人。尽管在整个创业过程中，评价创业机会非常短暂，但它非常重要，是创业者发现创业机会之后做出是否创业的决策的重要依据。

（一）创业机会的评价准则

创业机会的评价一般包括产业和市场、资本和获利能力、竞争优势、管理班子等方面。这些可以作为创业者从第三人角度看自己，进行自我剖析的重要参考。

1. 产业和市场

（1）市场定位。一个好的创业机会，或者是一个具有较大潜力的企业必然具有特定的市场定位。专注于满足特定顾客的需求，同时，也能为顾客带来增值的效果。因此，评估创业机会时要考虑：第一，市场定位是否明确，有没有做到：别人不做的，我做；别人没有的，我有；别人做不到的，我做得到。第二，顾客需求分析是否清晰，是否从顾客需求或需求变化趋势着手，发现市场产品问题、缺陷，寻找市场进入机会。第三，顾客接触通道是否流畅，是否有效地建立了与顾客沟通的途径和方法，能及时寻找和发现有价值的市场营销机会。第四，产品是否持续延伸，也就是说，产品能否从深度和广度上不断拓展，产品是否能有效地进行各类组合等。从以上几个方面可以判断创业机会可能创造的市场价值。创业带给顾客的价值越高，创业成功的机会也会越大。对用户来说，回报时间如果超过3年，而且又是低附加值和低增值的产品或服务，是缺乏吸引力的。一个企业如果无力在单一产品之外拓展业务，也会导致机会的低潜力。

（2）市场结构。针对创业机会的市场结构可以进行几项分析，包括：第一，进入障碍。潜在竞争者进入细分市场，就会给行业增加新的生产能力，并且从中争取一定的重要资源和市场份额，形成新的竞争力量，降低市场吸引力。如果潜在竞争者进入行业的障碍较大，例如，规模经济的要求，或者购买者的转换成本太高，或者政府政策的限制等，潜在竞争者进入市场就比较困难。第二，供应商。如果企业的供应商要提价或者降低产品和服务的质量，或减少供应数量，那么该企业所在的细分市场就没有吸引力。因此，与供应商建立良好关系和开拓多种供货渠道才是防御上策。第三，用户。如果某个细分市场中，用户的讨价还价能力很强或正在加强，他们便会设法压低价格，对产品或服务提出更多要求，并且使竞争者互相斗争，导致销售商的利润受到损失，所以要提供用户无法拒绝的优质产品和服务。第四，替代性竞争产品的威胁。如果替代品数量多，质量好，或者用户的转换成本低，用户对价格的敏感性强，那么替代性产品生产者对本行业的压力就大，行业吸引力就会降低。第五，市场内部竞争的激烈程度。如果某个细分市场已经有了众多强大的竞争者，行业增长缓慢，或该市场处于稳定或衰退期，撤出市场的壁垒过高，转换成本高，产品差异性不大，竞争者投资很大，则创业企业要参与竞争就必须付出高昂的代价。

（3）市场规模。市场规模又称为市场容量。市场规模主要研究目标产品和行业的整体规模，具体包括目标产品或行业在指定时间的产量、产值等，通过市场规模分析，可以准确地描述市场的产、销、存及进出口等情况。一般来说，市场规模大，进入障碍相对较低，市场竞争激烈程度也会略有下降。市场规模大小要结合市场生命周期来考虑。如果要进入的是一个十分成熟或正在衰退的市场，那么纵然市场规模很大，由于已经不再成长甚至衰退，利润空间必然很小，因此，这个创业机会就不值得再投入；反之，一个潜在的市场或正在兴起、成长中的市场，通常是一个充满商机的市场，只要进入时机正确，必然会有较大的获利空间。

（4）市场渗透力。市场渗透力也就是增长率，对于一个具有巨大市场潜力的创业机会，市场渗透力（市场机会实现的过程）评估将会是一项非常重要的影响因素。聪明的创业者知道选择在最佳时机进入市场，也就是市场需求正要大幅增长之际，做好准备等着接单。一个年增长率30%～50%的市场可以为新的市场进入者创造新的位置。

（5）市场占有率。在创业机会中预期可取得的市场占有率，可以显示新创公司未来的市场竞争力。一般来说，成为市场的领导者，需要拥有20%以上的市场占有率。如果市场占有率低于5%，则这个新创企业的市场竞争力不强，自然也会影响未来企业上市的价值，尤其处在具有赢家通吃特点的高科技产业，新企业必须拥有成为市场前几名的能力，才比较有投资价值。

（6）产品成本结构和生命周期。对于风险投资者来说，如果创业计划显示市场中只有少量产品出售，而产品单位成本都很高时，那么销售成本较低的公司就可能面临有吸引力的市场机会。产品的成本结构，也可以反映新创企业的前景是否亮丽。例如，从物料与人工成本所占比重的高低、变动成本与固定成本的比重，以及经济规模产量大小，可以判断新创企业创造附加价值的幅度以及未来可能的获利空间。产品生命周期是指产品的市场寿命。产品生命周期可分为进入期、成长期、成熟期和衰退期四个阶段。对于创业者来说，选择了一个项目，当然希望能够有较长时间的经营，给自己带来效益。因此，创业者必须要了解自己项目的市场寿命处在哪个阶段。如果处在进入期和成长期，这样产品的生命周期较长，有利于企业的发展。

2. 资本和获利能力

（1）毛利。单位产品的毛利是指单位销售价格减去所有直接的、可变的单位成本。对于创业机会来说，高额和持久的获取毛利的潜力是十分重要的。毛利率高的创业机会，相对风险较低，也比较容易取得损益平衡；反之，毛利率低的创业机会，风险则较高，遇到决策失误或市场产生较大变化的时候，企业很容易就遭受损失。一般来说，理想的毛利率是40％。当毛利率低于20％时，这个创业机会就不值得考虑。例如，软件业的毛利率通常都很高，所以只要能找到足够的业务量，从事软件创业在财务上遭受严重损失的风险相对较低。

（2）税后利润。高而持久的毛利通常会转化为持久的税后利润。一般来说，具有吸引力的创业机会，至少能够创造15％的税后利润。如果创业预期的税后利润在5％以下，那么就不是一个好的投资机会。

（3）损益平衡所需的时间。损益平衡所需的时间也就是取得盈亏相抵和正现金流量的时间，合理的损益平衡时间应该能在两年以内达到。如果三年还达不到，恐怕就不是一个值得投入的创业机会。不过有的创业机会确实需要较长时间的耕耘，通过这些前期投入，创造进入障碍，保证后期的持续获利。例如，保险行业，前期仅注册资金就需要数亿元，而一般投资回报周期为7～8年，一般来说，这样的行业不适合第一次创业者。在这种情况下，可以将前期投入视为一种投资，才能容忍较长的损益平衡时间。

（4）投资回报率。考虑到创业可能面临的各项风险，合理的投资回报率应该在25％以上。一般来说，15％以下的投资回报率，是不值得考虑的创业机会。

（5）资本需求量。资本需求量较低的创业机会，投资者一般比较欢迎。事实上，许多个案显示，资本额过高，其实并不利于创业成功，有时还会带来稀释投资回报率的负面效果。通常，知识越密集的创业机会，对资金的需求量越低，投资回报反而会越高。因此，在创业开始时，不要募集太多资金，最好通过盈余积累的方式来创造资金。而比较低的资本额，将有利于提高每股盈余，并且还可以进一步提高未来上市的价格。

（6）策略性价值。能否创造新创企业在市场上的策略性价值，也是一项重要的评价指标。一般来说，策略性价值与产业网络规模、利益机制、竞争程度密切相关，而创业机会对于产业价值链所能创造的价值效果，也与它所采取的经营策略与经营模式密切相关。

（7）资本市场活力。当新企业处于一个具有高度活力的资本市场时，它的获利回收机会相对也比较高。不过资本市场的变化幅度极大，在市场高点时投入，资金成本较低，筹资相对容易。但在资本市场低点时，投资新企业的诱因则较少，好的创业机会也相对较少。但是，对投资者而言，市场低点的成本较低，有的时候反而投资回报会更高。一般来说，新创企业处于活跃的资本市场比较容易创造增值效果，因此，资本市场活力也是一项可以被用来评价创业机会的外部环境指标。

3. 竞争优势

（1）可变成本和固定成本。成本优势是竞争优势的主要来源之一。成本可分为固定成本和可变成本。从另一个角度，又可分为生产成本、营销成本和销售成本等。较低的成本给企业带来较大的竞争优势，从而使得相应的投资机会较有吸引力。一个新企业如果不能取得和维持一个低成本生产者的地位，它的预期寿命就会大大缩短。

（2）控制程度。如果能够对价格、成本和销售渠道等实施较强的或强有力的控制，这样的机会就比较有吸引力。这种控制的可能性与市场势力有关，例如，一个对其产品的原材料来源或者销售渠道拥有独占性控制的企业，即使在其他领域较为薄弱，它也仍能够取得较大的市场优势，占有市场份额40%、50%，甚至60%。一个主要竞争者通常对供应商、客户和价格的制定都拥有足够的控制力，从而能够对一个新企业形成重大的障碍。在这样一个市场上创办的一家企业将几乎没有自由。

（3）进入障碍。如果不能将其他竞争者阻挡在市场之外，新创企业的优势就可能迅速消失。这样的例子可以在硬盘驱动器制造业中发现。20世纪80年代早期到中期的美国，该行业未能建立起进入市场的障碍，到了1983年年底，就有约90家硬盘驱动器公司成立，激烈的价格竞争导致该行业出现剧烈震荡。因此，如果一家企业不能阻止其他公司进入市场，或者它面临着现有的进入市场的障碍，这样的创业机会就没有吸引力。

4. 管理班子

企业管理队伍的强大对于机会的吸引力是非常重要的。这支队伍一般应该具有互补性的专业技能，并具有在同样的技术、市场和服务领域赚钱和赔钱的经验。如果没有一个称职的管理班子或者根本就没有管理班子，这种机会就没有吸引力。

（二）创业机会的评价方法

评价创业机会是一项创业者艺术才华和科学才能相结合的伟大工程。创业者需要利用自己的商业敏感做出主观判断，同时，也要利用一定的科学方法做出定量分析。将主观判断和客观分析相结合才能不失时机地识别创业机会。

1. 主观评价法

识别创业机会的商业敏感与个人能力、天赋和决心直接相关。有些人确实具有天才型商业敏感能力。很大程度上商业敏感度取决于个人天赋。但是，可以发现，具备较高商业敏感度的人有一些共同的特征。

（1）较强的信息处理能力。发现创业机会需要相对充分、准确、及时的信息，并能获取到别人难以获取的有价值的信息。但是评价创业机会，需要较强的信息处理能力。较强的信息处理能力跟一个人的认知能力和逻辑思维能力相关。

（2）良好的人际关系。良好的人际关系不但可以帮助创业者发现更多的创业机会，还可以帮助创业者识别创业机会。判断一个创业机会的价值，不同的人往往从不同的视角去分析。通常情况下，那些有着广泛社会关系网络的创业者会比拥有少量关系网的人更容易从更多的角度去分析创业机会，能更清楚地认识创业机会，更为理性地识别创业机会。

（3）专注精神。判断一个事物，对其认知的程度决定了判断的准确性。而认知程度并不是天生的，而是后天习得的。专注精神提高了一个人在某方面的认知程度。创业者往往比别人更容易发现本行业的创业机会，并且能更为快速、准确地判断创业机会的价值。调查表明，9%以上的创业者都是从先前工作的行业中发现创业机会，并迅速抓住创业机会实现创业的。当一个人专注于一个行业，就容易发现利益，并能凭借专业知识，迅速判断出创业机会的价值。

（4）自信乐观的心态。比较自信的人往往比较相信自己的判断。比较乐观的人往往比较看好机会的前景而不是风险。所以，自信乐观的人在创业机会面前体现的是一种勇敢的精神、敢于尝试的精神，往往能在别人之前识别机会和抓住机会。创业者在创业的过程中会面临许多随之而来的压力，因此，创业者应勇于面对压力，时刻保持积极、乐观、自信的心态，这也是创业者必须具备的精神品质。

主观评价创业机会的价值主要是根据创业者的个人特质（其方法就是需要创业者具备以上4种特征）、社会资本、资源等情况与创业机会本身特征是否匹配，这样就能为准确地评价创业机会的价值提供依据。

2. 客观评价法

客观评价创业机会就是利用创业机会评价标准体系，对创业机会的要素进行打分或评判，相对客观地评价创业机会。

（1）蒂蒙斯创业机会评价体系。

1）蒂蒙斯创业机会评价框架。蒂蒙斯的创业机会评价框架，涉及行业和市场、经济因素、收获条件、竞争优势、管理团队、致命缺陷、个人标准、理想与现实的战略差异8个方面的53项指标，见表5-1。通过定性或量化的方式，创业者可以利用这个体系模型对行业和市场问题、竞争优势、财务指标、管理团队和致命缺陷等做出判断，进而评价一个创业项目或创业企业的投资价值和机会。

表 5-1　蒂蒙斯的创业机会评价表

行业与市场	1. 市场容易识别，可以带来持续收入 2. 顾客可以接受产品或服务，愿意为此付费 3. 产品的附加价值高 4. 产品对市场的影响力高 5. 将要开发的产品生命长久 6. 项目所在的行业是新兴行业，竞争不强 7. 市场规模大，销售潜力达到 1 000 万～ 10 亿元 8. 市场成长率在 30%～ 50%甚至更高 9. 现有厂商的生产能力几乎饱和 10. 在五年内能占据市场的领导地位，达到 20%以上 11. 拥有低成本的供货商，具有成本优势
经济价值	1. 达到盈亏平衡点所需要的时间在 2 年以下 2. 盈亏平衡点不会逐渐提高 3. 投资回报率在 25%以上 4. 项目对资金的要求不是很大，能够获得融资 5. 销售额的年增长率高于 15% 6. 有良好的现金流量，能占到销售额的 30%以上 7. 能获得持久的毛利，毛利率达到 40%以上 8. 能获得持久的税后利润，税后利润率超过 10% 9. 资产集中程度低 10. 运营资金不多，需求量逐渐增加 11. 研究开发工作对资金的要求不高
收获条件	1. 项目带来的附加价值具有较高的战略意义 2. 存在现有的或可预料的退出方式 3. 资本市场环境有利，可以实现资金的流动
竞争优势	1. 固定成本和可变成本低 2. 对成本、价格和销售的控制力较强 3. 已经获得或可以获得对专利所有权的保护 4. 竞争对手尚未觉醒，竞争较弱 5. 拥有专利或具有某种独占性 6. 拥有发展良好的网络关系，容易获得合同 7. 拥有杰出的关键人员和管理团队
管理团队	1. 创业者团队是一个优秀管理者的组合 2. 行业和技术经验达到了本行业内的最高水平 3. 管理团队的正直廉洁程度能达到最高水平 4. 管理团队知道自己缺乏哪方面的知识
致命缺陷	不存在任何致命缺陷

个人标准	1. 个人目标与创业活动相符合 2. 创业家可以做到在有限的风险下实现成功 3. 创业家能接受薪水减少等损失 4. 创业家渴望进行创业这种生活方式，而不只是为了赚大钱 5. 创业家可以承受适当的风险 6. 创业家在压力下状态依然良好
理想与现实的战略性差异	1. 理想与现实情况相吻合 2. 管理团队已经是最好的 3. 在客户服务管理方面有很好的服务理念 4. 所创办的事业顺应时代潮流 5. 所采取的技术具有突破性，不存在许多替代品或竞争对手 6. 具备灵活的适应能力，能快速地进行取舍 7. 始终在寻找新的机会 8. 定价与市场领先者几乎持平 9. 能够获得销售渠道，或已经拥有现成的网络 10. 能够允许失败

评价体系说明如下：

①主要适用于具有行业经验的投资人或资深创业者对创业企业的整体评价。

②该指标体系必须运用创业机会评价的定性与定量方法才能得出创业机会的可行性及不同创业机会间的优劣排序。

③该指标体系涉及的项目比较多，在实际运用过程中可作为参考选项库，结合使用对象、创业机会所属行业特征及机会自身属性等进行重新分类、梳理简化，提高使用效能。

④该指标体系及其项目内容比较专业，创业导师在运用时，一方面要多了解创业行业、企业管理和资源团队等方面的经验信息；另一方面要掌握这 50 多项指标内容的具体含义及评估技术。

2）蒂蒙斯创业机会评价体系的局限性。

①评价主体要求比较高。蒂蒙斯的创业机会评价指标体系是到目前为止最全面的评价指标体系。其主要是基于风险投资商的风险投资标准建立的，这与创业者的标准还存在一定的差异。这些评价标准经常被风险投资者使用，创业者可以通过关注这些问题而受益。该评价体系运用，要求使用者具备敏锐的创业嗅觉、清晰的商业认知、丰富的管理经验和系统的行业信息，要求比较高。创业导师自己使用一般问题不大，而如果直接给初次创业者或大学生创业者来做创业机会自评，效果不太好。即使如此，仍然不影响该评价体系作为创业者的项目选择与评价的参考标准。

②蒂蒙斯指标体系维度有交叉重复问题。该指标体系的各维度划分不尽合理，存在交叉重叠现象。例如，在竞争优势、管理团队、创业家的个人标准和理想与现实的战略性差

异这 4 个维度中，都存在"管理团队"的评价项目。维度划分标准不够统一。再如，行业与市场维度中的第 11 项"拥有低成本的供货商，具有成本优势"，与竞争优势维度中的第 1 项"固定成本和可变成本低"存在包含关系与重叠问题。这会直接影响使用者的评价难度和考量权重，在一定程度上影响了机会评价指标的有效性。

③指标体系缺乏主次，定性定量混合，影响效度。蒂蒙斯指标体系另外一个比较明显的缺点是：指标多而全，主次不够清晰；其指标内容既有定性评价项目，又有定量评价项目，而且这些项目中有交叉现象。一方面，评价指标太多，使用不够简便；另一方面，在运用其对创业机会进行评价时，实际上难以做到对每个方面的指标进行准确量化并设置科学的权重，实践效果不够理想。

蒂蒙斯创业机会评价体系只是一套评价标准，在进行创业机会评价实践时，还需要科学的步骤和专业的评价方法才能操作。

（2）标准打分矩阵法。约翰·G. 巴奇（John G.Burch）的标准打分矩阵是通过选择对创业机会成功有重要影响的因素，再由专家小组对每一个因素进行最好（3分）、好（2分）、一般（1分）三个等级的打分，最后求出每个因素在各个创业机会下的加权平均分，从而可以对不同的创业机会进行比较。表 5-2 是其中 10 项主要的评价因素，在实际使用时可以根据具体情况增加或选择部分因素进行评价。

表 5-2　10 项主要评价因素打分矩阵

标准	专家评分			
	最好（3分）	好（2分）	一般（1分）	加权平均
易损伤性				
质量和易维护性				
市场接受度				
增加资本的能力				
投资回报				
市场的大小				
制造的简单性				
专利权状况				
广告潜力				
成长的潜力				

（3）西屋电气法。西屋电气法是由美国西屋电气公司制定的，通过计算和比较各个机会的优先级，对一系列可供选择的投资机会进行评价，为最后的决策提供依据。其计算公

式如下：

机会优先级别＝［技术成功概率 × 商业成功概率 × 平均年销售数 ×（价格－成本）× 投资生命周期］÷ 总成本

在该公式中，技术和商业成功的概率以百分比表示（0 ～ 100%），平均年销售数以销售的产品数量计算，成本以单位产品生产成本计算，投资生命周期是指可以预期的年均销售数额保持不变的年限，总成本是指预期的所有投入，包括研究、设计、生产和营销费用。对于不同的创业机会将具体数值代入计算，特定机会的优先级越高，该机会越有可能成功。

（4）哈南法。哈南法是由哈南提出的。这种方法认为，通过让创业者填写针对不同因素的"预先设定权值"的选项式问卷，可以快捷地得到创业机会成功潜力的各个指标。对于每个因素来说，不同选项的得分可以从 –2 分到 +2 分，通过对所有因素的得分加总，从而得到最后的总分。总分越高，说明特定创业机会成功的潜力越大，见表 5-3。

表 5–3　哈南法选项问卷

1. 对于税前投资回报率的贡献	
+2	大于35%
+1	25%～35%
−1	20%～25%
−2	小于20%
2. 预期的年销售额	
+2	大于2.5亿美元
+1	1亿～2.5亿美元
−1	5 000万～1亿美元
−2	小于5 000万美元
3. 生命周期中预期的成长阶段	
+2	大于3年
+1	2～3年
−1	1～2年
−2	少于1年
4. 从创业到销售额高速增长的预期时间	
+2	少于6个月
+1	6个月到1年
−1	1～2年
−2	大于2年

5. 投资回收期	
+2	少于6个月
+1	6个月到1年
−1	1～2年
−2	大于2年
6. 占有领先者地位的潜力	
+2	具有技术或市场领先者的能力
+1	具有短期内的或和竞争者同等的领先者的能力
−1	具有最初领先者的能力，但容易被取代
−2	不具有领先者的能力
7. 商业周期的影响	
+2	不受商业周期或反周期的影响
+1	能够在相当程度上抵抗商业周期的影响
−1	受到商业周期的一般影响
−2	受到商业周期的巨大影响
8. 为产品制定高价的潜力	
+2	顾客获得较高的利益能弥补较高的价格
+1	顾客获得较高的利益可能不足以弥补较高的价格
−1	顾客获得相等的利益能弥补相等的价格
−2	顾客获得相等的利益只能弥补最低的价格
9. 进入市场的容易程度	
+2	分散的竞争使得进入很容易
+1	适度竞争的进入条件
−1	激烈竞争的进入条件
−2	牢固的竞争使得进入很困难
10. 市场试验的时间范围	
+2	需要进行一般的试验
+1	需要进行平均程度上的试验
−1	需要进行很多的试验
−2	需要进行大量的试验
11. 销售人员的要求	
+2	需要进行一般的训练或不需要训练
+1	需要进行平均程度的训练
−1	需要进行很多的训练
−2	需要进行大量的训练

哈南通过对创业机会评价的经验分析，发现只有那些最后得分高于 15 分的创业机会才值得创业者进行下一步的策划，低于 15 分的都应被淘汰，创业者不必利用那些应被淘汰的机会。

（5）贝蒂的选择因素法。贝蒂的选择因素法核心是通过对 11 个因素的评价对创业机会进行判断。如果创业机会只符合其中的 6 个或更少的因素，这个创业机会就很可能不是适宜的创业机会；相反，如果这个创业机会符合其中的 7 个或 7 个以上的因素，则这个创业机会就是大有希望的创业机会，贝蒂 11 因素见表 5-4。

表 5-4　贝蒂 11 因素评价表

这个创业机会在现阶段是否只有你一个人发现了？
初始产品生产成本是否可以接受？
初始市场开发成本是否可以接受？
产品是否具有高利润回报的潜力？
是否可以预期产品投放市场和达到盈亏平衡点的时间？
潜在的市场是否巨大？
你的产品是否为一个高速成长的产品家族中的第一个产品？
你是否拥有一些现成的初始客户？
你是否可以预期产品的开发成本和开发周期？
是否处于一个成长中的行业？
金融界是否能理解你的产品和顾客对它的要求？

第三节　选择创业项目

一、创业项目分类

如何正确地选择创业项目，是每个创业者都要思考的问题。拥有合适的创业项目是创业成功最重要的基础。每一位创业者都要对创业项目的选择报以极其谨慎的态度，要按照自身技能、技术、经验、资金实力等实际情况，对各类项目加以甄选。

不同的项目面对不同的市场客户群体，需要不同的创业资源和不同的技能与经验。因此，项目分类对于自主创业具有更为现实的参考意义。这里初步归纳出了以下几类：

1. 资源类项目

资源类项目要求创业者拥有大多数人不具备的资源。这些资源可以是自然资源，如石油、公用事业专营，也可以是人事关系资源。一般来说，作为自主创业的项目，拥有垄断性自然资源的可能性非常小，拥有人事关系资源的可能性比较大，但必须注意这种资源的非持久性，以及变更可能带来的巨大风险。

2. 制造类项目

适合自主创业的制造类项目大致可以分为以下 3 类：

（1）配套制造。此类制造属于某个整机（整体）制造项目的一部分，无须考虑全局，也无须有很好的创新技术，只需把负责加工的零（部）件做到性价比最好。由于环节简单，此类项目不需要复杂的管理流程，但此类制造需要一个良好的外部整体产业环境。

（2）技术制造。此类制造属于拥有自主创新的技术，或者拥有某种技术优势，能够制造出大多数人无法制造的产品或服务。

（3）改良制造。此类制造需要具有创造性思维，需要具有善于捕捉现有产品不足的能力，并通过自己的努力改良原有产品。此类制造一般必须具备能够降低成本或提高利润的能力。

需要注意的是，制造类项目由于需要专业生产工具，产出品也以硬件为主，因此一旦进入，今后受整个产业环境的影响较大，受产业技术进步的影响也较大，业务调整的灵活度较小。

3. 技术创新类项目

技术创新类项目涉及范围相当广泛，品种繁多。按国家有关标准分类，技术创新类项目主要有四大类。

（1）技术开发类项目。如果选该类项目，就要突出关键技术或者系统集成的创新性，包括技术创新的产品、技术、工艺、材料、设计和生物品种。此类项目对行业技术进步和产业结构有优化升级的作用。对于自主创业者来说，有很多可以选择的项目。

（2）社会公益类项目。如果选该类项目，就要突出关键技术或者系统集成的创新性，有推广的应用价值、社会效益以及对科技发展和社会进步的推动意义。例如，标准、计量、科技信息、科技档案等科学技术基础性工作；环境保护、医疗卫生、自然资源调查和合理利用、自然灾害监测预报和防治等社会公益性科学技术项目。对于自主创业者来说，也可有一定的选择空间。

（3）国家安全类项目。如果选择该类项目，就要突出关键技术或者包括在军队建设、国防科研、国家安全及相关活动中产生，并对推进国防现代化建设、增强国防实力和保障国家安全具有重要意义的科学技术成果。

（4）重大工程类项目。如果选择该类项目，就要突出团结协作、联合攻关、关键技术或者系统集成的创新，包括有良好的经济效益或者社会效益，以及对推动本领域科技发展经济建设、社会发展和国家安全有战略意义的项目。具体来说，此类项目是指列入国民经济和社会发展计划的重大综合性基本建设工程、科学技术工程和国防工程等。其中，综合性是指需要跨学科、跨专业进行协作研究、联合开发，并对经济建设、社会发展具有战略意义，对国家科技实力、国防实力的整体提高产生重要影响。

在项目选择的过程中，除一般的服务行业外，选择项目最好考虑到行业与技术及其服务的发展趋势。

二、在市场中寻找创业项目

1. 从熟悉的领域中寻找项目

作为一名创业者，以前可能在别的企业工作过，可以通过分析原来公司运作的情况，找出它的强项与弱项，发现并揭示新的业务机会，创造出新的业务方向甚至新的企业。在熟悉的领域，一定能够发现商机。

2. 通过重新确认生意所属的范围来寻找项目

当划分生产经营的门类属性时，有时会发现并没有确认运营中全部潜在的范围。例如，出版社应归属信息生意，肥皂应归属清洗生意，卡车应归属运输生意。将生产经营进行清楚而全面的定义后，可能会发现额外的商机。

一家社区报纸出版商认识到他在从事信息生意，因此便开始出版简报。一家国外的特许会计师公司认识到他们在从事财政控制工具生意，就通过借助（雇用）财政控制员为若干中小企业提供相关服务。这种服务非常成功，很受企业欢迎，并以此方式扩充了原有的常规会计生意。一个"邻居"食品店经理认识到他是在从事方便生意，于是开始提供其他"方便"产品与服务，例如，配送服务、24小时营业、方便泊车、即热型快餐，甚至是用具出租。

3. 利用市场的转换寻找项目

当客户群体在长期的意义上从一类产品转移到另一类产品上时，将能够带来新的市场机会。也就是说，市场转换将创造对新产品和新服务的需求。

一个公司曾经利用从唱片机向录音机市场转换的机会，靠组装录音机磁头清洗带致富。为了利用轿车市场从大型转向小型的机会，国外的一家公司为小型轿车设计并制造了自行车和滑雪板的固定架。一个办公机械修理公司利用由打字机向字处理机市场转换的机会，开始专攻字处理设备的修理。

4. 借助产业增长趋势寻找项目

当越来越多的人对某产业或活动感兴趣时，就会出现增长趋势。创业者可以利用这种增长趋势，提供与增长产业或活动相关的产品或服务。如利用形体与健身市场增长的趋势，有些公司在别的公司都在热衷于开设形体训练班时，开始生产形体锻炼设备；一家生产美容品的企业利用男性对皮肤保健兴趣的提升，将企业原先针对女性的面霜产品生产扩充到男性产品；有人利用旅游是持续上升的产业专为旅游代理开办了学校，以满足旅游代理人员的需要；越来越多的人对"充电"、成长、发展感兴趣，许多公司和个人提供研讨会、大会、课程、书籍、咨询以及再培训业务来满足市场的需求。

5. 利用市场间隙来寻找项目

当所需要的产品或服务无法获得，或消费者的需求大于目前的供应时，就会出现市场间隙或不足。这对那些进入并提供这些产品或服务的需求者就意味着存在生意机会。

每到夏天，游艇的租赁就会供不应求。一家公司开始建造游艇，并将未售出的游艇租赁出去，旺季过了之后，再把这些租赁过的游艇作为展品降价销售出去，以此作为销售补充计划的一部分。一个宾馆雇员注意到宾馆对床垫维修服务有需求，可是市场上却没有这项服务，因而她迅速与若干家旅馆签订合同并创办了床垫维修业务。

6. 利用社会事件或形势寻找项目

消费产品或服务可以配合某一事件而进行。这些事件包括社会事件、经济变化、业务或产业发展、新法规的颁布等。

某个城市的许多居民非常担心当时的一种流行传染病，一位护士抓住机会，成为一种非常易于使用的自测工具的分销商。

7. 利用被遗弃的市场

利用被遗弃的市场意味着进入被其他公司舍弃的领域，这些公司要么已经变得很庞大，以至于不能或不愿意去处理这些小订单；要么处在技术竞争的前沿，决定不用老技术去服务于市场；要么正在扩张到不同的市场，扩张速度之快使他们没有能力对所有市场都提供合适的服务。

大型航空公司无法承担为小型社区提供的服务，留给小型往返运载服务商去经营。爱好者或收藏家要想获得古董汽车、拖拉机、游船以及其他设备的配件是件困难的事，因为通常情况下，原生产制造商已经不再提供这些配件。其他公司有时可以进入这些被遗弃的市场。经过一段牛奶只有纸包装或塑料包装的时期之后，有些奶制品厂又开始提供瓶装牛奶。他们正在服务于一个被遗弃的市场——仍然偏爱瓶装牛奶的人群。

8. 瞄准大市场下的小市场

怀着服务于其中一小块市场的想法，有时可能进入大市场。要注意只有这种情况才能成功——市场如此之大以至于进入其中一小块市场就能够盈利。

快餐业非常庞大而且仍然在迅速增长。一位创业者在卫星城开了一家以鱼为主的小餐馆，虽然快餐连锁巨头们在此区域也开有连锁店，但他的餐馆仍然非常成功。一个小饮料厂瞄准一小部分特定人群，非常成功，并且没有对饮料业巨头们构成威胁。若干软件公司通过提供特定软件，服务于特定市场，实现了盈利。

9. 扩大市场区域

当区域性生产的产品或生意获得成功时，经常会存在扩大市场地理范围的机会。有时会导致在其他地方开设新的生意。

一个向登山者和滑雪者提供装备的合作企业非常成功，结果他们在另外一个省开设了分店。一家具有独特理念的餐馆，将相似的餐馆开遍整个城市并逐步外延，实现了成功，如小土豆、福华等。

三、考察项目的注意事项

在考察具体的项目时，一般要注意以下几点：

（1）正当性。对项目方正当性的考察主要包括以下几个方面：

1）项目方是否有工商登记证，项目方的工商登记证是否在有效期内。

2）需要辨别项目方所持执照是否为项目方本人所有，如果项目方提供了资料，要注意资料中的企业名称、经营范围与其提供的营业执照上的是否一致，如果不一致，需要项目方做出合理解释。签约时，要与营业执照上的法人签约，加盖营业执照上的法人公章。为安全起见，可进一步向当地发照工商机关查询。

3）按国家对加盟连锁的有关规定，项目必须满足"2+1"的条件（2个直营店，经营1年以上）才可以进行对外招商，这是国家为保护投资者利益出台的专门政策。目前有些正在积极进行加盟连锁招商的项目方达不到这个要求，这是违反国家有关规定的，投资者必须保持警惕。

（2）可信性。鉴于目前加盟连锁中骗局连连发生，部分投资者损失惨重的局面，在考虑加盟之前，有必要对项目方进行可信性考察。考察的内容主要包括以下几个方面：

1）项目方提供的办公地址是否真实，是否与营业执照上的地址一致；还需要考察项目方企业的存续期，已经经营了多长时间。一般来说，一个企业经营存续期越长，从业历史越久，就越可靠。必要的时候，可以向所在物业查询项目方的租赁期限，交了多长时间的租金，到什么时候为止，还可以查询项目方是否按期交纳房屋租金。从项目方注册资金的多少，也可以看出其实力和承担违约责任的能力。

2）项目方是否经营过别的企业，进行过别的项目招商，结果如何，以防中了"打一枪换一个地方"的骗术。

3）一些项目方很乐意在口头、广告、资料上宣传已加盟者的数字，这个数字往往很大，以增加对投资者的吸引力，要注意考察其真实性。

4）一些项目方常常宣传自己获奖的情况，如"十佳""最优""白金""白银""最具吸引力""投资者最满意"等，应仔细考察这些荣誉的真实性，谨防上当。

（3）风险性。为了让项目做到"保赚不赔"，投资者一定要对项目的风险性进行充分的考察。考察的内容包括以下几个方面：

1）对项目可行性的考察。当看中一个连锁加盟项目后，可以考察该项目已加盟者的经营状况，考察对象可由项目方提供，但最好由投资者自己选择。投资者可以在不告知考察对象的前提下，先以消费者的身份进行观察。考察内容包括店址、每小时客户流量、全天客户流量、产品受欢迎程度、经营者的经营方式、雇员多少、业务熟练程度等，以估算其成本和投入产出。

2）对项目先行者的考察。以投资者的身份出现，直接向对方询问，大多数时候，如果对方经营状况甚好，有可能对你隐瞒，或者介绍情况不真实，以防备竞争；如果对方经营状况不佳，对项目方有情绪，反而会向你介绍真实情况。在这种时候，需要投资者有良好的判断力，然后将考察的情况与项目方的介绍进行比较，基本可以得出符合实际的判断。

3）了解项目方在知识产权方面（技术、商标等）和品牌方面是否存在纠纷，是否拥有完全的所有权。

4）了解项目方的禁忌，如在什么情况下可能被解除加盟连锁资格；了解项目方所设禁忌是否合情合理。在合同中要明确这些细节，如果合同中没有这些内容，可以补充合同进行说明。

5）明确项目方的收费，如加盟费、管理服务费、保证金等，明确这些费用的数额、收取的频率；必要时还要明确已交费用的退还问题，如在什么情况下投资者退出加盟，项目方必须退还保证金。这些要在合同中写清楚。对于要求加盟者一次交清若干期限费用（如一次交齐 2～3 年管理费、服务费）的项目方，投资者须保持警惕，防止对方在收钱后卷款走人，或在事情不顺利时溜之大吉。为提高投资的安全性，投资者可与项目方商量分期付款的办法，如学会技术时交多少费用、拿到设备时交多少费用、生产出合格产品时交多少费用等。

（4）持续性。对于投资者来说，好不容易选对了一个项目，当然希望能够长时间地经营，给自己带来效益，为此，投资者还需要对项目方的运作进行可持续性方面的考察，内容包括以下几点。

1）项目方运作是否规范，包括行为规范和章程规范。行为规范：是否有统一的内外标志；操作流程是否规范；工艺流程是否规范；服务流程是否规范；是否对加盟者提供统一规范的培训；培训的项目、时间；培训是否收费，收费的标准。章程规范：项目方是否提供统一的操作手册、服务手册、管理手册、培训手册；手册的编制是否规范；手册内容是否切实可行，是否便于执行，是否不让人产生歧义。

2）如需配送，配送设备是否完整、是否先进；是否有统一的配送中心；配送人员的素质如何，管理如何；配送中心是否能及时响应加盟者的要求；配送原材料是否经常短缺；配送价格是否合理，是否变化无常。应跟项目方将配送价格说清楚，将各种可能发生的情况和处置办法、可能发生的损失和索赔条件备录于合同。还有一种情况是项目方不给配送，投资者所需要的原材料很容易自己找到，那么，对于这样的项目一定要提高警惕。这说明这个项目的门槛很低，被模仿的可能性很大，可能要面对竞争泛滥的局面。一般这样的项目，都缺乏可持续发展的潜力。

（5）扩张性。扩张性来自两个方面，一是从高层次说，项目方是否拥有将事业做大的决心，是否拥有长期的战略规划；二是从低层次说，项目方在市场扩张上是否能够为投资者提供强有力的支持。目前加盟连锁项目大多集中于快速消费品、餐饮、小食品、时尚饰品、保健品、新潮家居用品、新潮电子、小家电、社区服务性产品（如洗衣、美容美发）等，对广告的依赖性都非常强，项目方在广告投放上是否能持续，是否能使广告覆盖一定范围，必要的时候，项目方能否提供强有力的促销支持，如物质方面的支持和政策方面的支持。这些都对投资者的扩大经营起着直接的影响。项目方能否持续提高自己品牌的价值，对投资者能否进行有效的扩张起着间接的影响。项目方产品创新的能力也决定着投资者跟随成长的结果，有些项目方在一个项目推出后，数年不见推出新的项目，旧的项目也不见改进创新，市场便会逐渐萎缩。

（6）延伸。在对项目方进行考察的时候，除了要考察项目主导人的人品、性格、经历、知识结构、拥有的企业资源和社会资源外，还要重点考察项目方的团队——一是考察团队成员的素质、从业经历、从业经验、既往业绩、圈内口碑；二是考察团队在性格和专业上的互补性；三是考察团队的稳定性。对于一些比较有经验的投资者，通过对项目方团队的察言观色和对项目方的突袭式访谈，可以得出可靠的结论。

案例　TSA创业倾向性测试量表

提醒：有些题目是干扰题，不起任何作用。所有答案没有好坏之分，只需选出你认为正确的即可。

1. 下面题目能产生我的创业项目：
a. 有信心　　　　　　　　　　b. 看看再说

2. 我对创业项目的运作：
a. 已很了解了　　　　　　　　b. 还要学习

3. 对自己的感情：
a. 能很容易向别人表达　　　　b. 很难对人表达

4. 相信我选的创业项目：
a. 不出半年就能挣钱　　　　　b. 半年后才会有钱赚

5. 如果我的创业项目缺资金：
a. 我肯定有办法解决　　　　　b. 之前要算清楚才行

6. 刚买一新款手机，发现盒子里面没装使用说明书，我会：
a. 去找商家拿说明书　　　　　b. 自己先试着摸索一下，不行再说

7. 如果今天有一件事没完成：
a. 我一晚上都会睡不好　　　　b. 没关系，照睡，明天再说

8. 买商品时，我更愿意买：
a. 固定标价的　　　　　　　　b. 可以讲价的

9. 星期天，我更愿意：
a. 看好看的书　　　　　　　　b. 和朋友聊天

10. 如果有人故意不还我贷款：

a. "修理"他，非要他还不可　　　　　　b. 上法院告他，如还不还，只有认了

11. 如果你开了一个餐馆，但做保洁的今天感冒没来上班：

a. 赶快请钟点工来打扫厕所，洗盘子　　b. 自己顶着

12. 我发现我对有些事情有第六感：

a. 是的　　　　　　　　　　　　　　　b. 没有，不相信第六感

13. 在这种情况下我感觉很好：

a. 在许多人面前发表自己的看法　　　　b. 向陌生人打电话推销产品

14. 今天要进货，可我却在发烧：

a. 叫服务员去进货　　　　　　　　　　b. 自己去进货，回来再休息

15. 我的生意不太好，印了传单要去发：

a. 叫人去发　　　　　　　　　　　　　b. 自己去发

16. 给职员的工资：

a. 要高于市场平均水平，职员才会安心　b. 和市场平均水平持平，但对职员好点

17. 做行业市场调查，对我来说：

a. 很麻烦，不必常做　　　　　　　　　b. 有必要常做

18. 我希望我的公司采取这样的薪酬机制：

a. 稳定的中等收入　　　　　　　　　　b. 和绩效挂钩的提成方式

19. 别人都认为我的说服力强，口才好：

a. 80% 的人都这样认为　　　　　　　　b. 我不这样认为

20. 在同样赚钱的情况下，我更喜欢：

a. 承接一个已有的企业　　　　　　　　b. 自己创办一个企业

21. 开口向人借钱，对我来说：

a. 不太难　　　　　　　　　　　　　　b. 难以开口

22. 朋友聚会时，我更喜欢：

a. 在众多朋友的面前发表贺词　　　　　b. 帮助朋友布置会场

23. 有多余的钱，我情愿：

a. 投资一个属于自己的项目　　　　　　b. 投资一个能干朋友的项目

24. 在朋友的婚礼上：

a. 我喜欢在厨房等场所帮忙　　　　　　b. 帮助新人迎接对自己来说陌生的来宾

25. 在电影行业，我更崇拜：

a. 著名演员　　　　　　　　　　　　　b. 著名导演

26. 过生日时，我更愿意：

a. 准备好好热闹一下，招待亲朋好友　　b. 和亲朋好友一起安安静静地聚餐

27. 我觉得我更能把这件事做好：

a. 看护卧病在床的人　　　　　　　　b. 进行金融类投资操作

28. 我喜欢看：

a. 技术方面的书籍　　　　　　　　　b. 金融理财方面的书籍

29. 身边的人都认为我：

a. 做事细致周到　　　　　　　　　　b. 总有些奇思妙想

30. 比较之下，我更喜欢当一名：

a. 软件程序设计师　　　　　　　　　b. 能把办公室整理得井井有条的高级秘书

31. 我更乐意帮助邻居：

a. 查找漏水原因　　　　　　　　　　b. 看护宠物

32. 在厨房里，我更愿意：

a. 把已配好的菜做成佳肴　　　　　　b. 为主厨配菜

33. 这样做我更感幸福：

a. 教会别人一项技术　　　　　　　　b. 帮助别人度过一个快乐的下午

34. 我想开一个这样的公司：

a. 销售情况好的公司　　　　　　　　b. 顾客满意度高的公司

35. 我喜欢玩：

a. 数字类游戏　　　　　　　　　　　b. 文字类游戏

36. 我的人生这样才有意义：

a. 自己取得成功　　　　　　　　　　b. 帮助别人成功

37. 朋友都认为我：

a. 表达欲望很强　　　　　　　　　　b. 非常善于倾听

38. 假设要我销售10盒饼干，在下面的方法同样有效的情况下，我更愿意选择：

a. 逐户上门推销　　　　　　　　　　b. 利用互联网进行营销

39. 我去参加朋友聚会的原因往往是：

a. 聚会给我带来快乐　　　　　　　　b. 有可能认识对我有帮助的人

40. 相对来说，我更想成为：

a. 医生　　　　　　　　　　　　　　b. 高级护士

41. 我喜欢：

a. 一个人安安静静地完成工作　　　　b. 大家一起完成工作

42. 聚会时，我希望大家都能把注意力放在：

a. 我的身上　　　　　　　　　　　　b. 我喜欢的人身上

43. 和陌生人交往时：

a. 我能很快找到共同的话题　　　　　b. 我往往不愿多说话

44. 如果我在一家企业当经理，我认为我更擅长：

a. 开导员工的思想　　　　　　　　　b. 设计企业管理结构

45.如果我是老师，我更喜欢：

a.辅导学生学好功课　　　　　　　b.帮助学生改善不良情绪

46.如果我是制衣店老板，我重视产品的：

a.质量和工艺的好坏　　　　　　　b.销售量的好坏

47.在新开张的酒店工作，我更愿意做这件事：

a.优化酒店管理流程　　　　　　　b.设计菜单品种

48.公司客户管理方面我更喜欢：

a.找到新客户　　　　　　　　　　b.维护好老客户

49.如果参加晚会工作，我更愿意：

a.参加表演　　　　　　　　　　　b.推销门票

50.在单位里，我总能理性地对待持不同意见者，耐心倾听意见：

a.是　　　　　　　　　　　　　　b.否

51.我是一个爱帮助别人的人，旁人都这样认为：

a.是　　　　　　　　　　　　　　b.否

52.每天做同样的工作，我并不觉得有什么受不了：

a.是　　　　　　　　　　　　　　b.否

53.我总对事物的工作原理好奇：

a.是　　　　　　　　　　　　　　b.否

54.我发现我有表演欲——能为大家表演我很兴奋：

a.是　　　　　　　　　　　　　　b.否

55.我并不在乎一大堆的文书工作，相反我把它们看作是一种挑战：

a.是　　　　　　　　　　　　　　b.否

56.我认为我对人有耐心：

a.是　　　　　　　　　　　　　　b.否

57.只要自己觉得有希望，我就愿意把钱投在不确定的生意中：

a.是　　　　　　　　　　　　　　b.否

58.我的性格不错，总能和别人谈得来：

a.是　　　　　　　　　　　　　　b.否

59.我的脑海里总有许多想法，事实证明这些想法是很不错的：

a.是　　　　　　　　　　　　　　b.否

60.我通常喜欢一个人工作：

a.是　　　　　　　　　　　　　　b.否

61.和人交谈时，往往别人话还没说完，我就了解别人的意思了：

a.是　　　　　　　　　　　　　　b.否

62.我最不愿意把钱存在银行里，我觉得投资才是正确的方法：

a. 是　　　　　　　　　　　　　b. 否

63. 我的脸皮很厚，不介意被拒绝，愿意继续尝试：

a. 是　　　　　　　　　　　　　b. 否

64. 在和人交往时，我能根据对象的不同，随时调整交谈的方法：

a. 是　　　　　　　　　　　　　b. 否

TSA 创业倾向性测试量表答案：

6. a= 技术型行业　　　　b= 创新行业

8. a= 管理行业　　　　　b= 销售行业

9. a= 技术型行业　　　　b= 咨询行业

13. a= 培训行业　　　　　b= 销售行业

18. a= 管理行业　　　　　b= 商业冒险行业

20. a= 服务行业　　　　　b= 创新行业

22. a= 交际行业　　　　　b= 管理行业

23. a= 商业冒险行业　　　b= 销售行业

24. a= 管理行业　　　　　b= 咨询行业

25. a= 交际行业　　　　　b= 创新行业

26. a= 交际行业　　　　　b= 咨询行业

27. a= 服务行业　　　　　b= 商业冒险行业

28. a= 技术型行业　　　　b= 商业冒险行业

29. a= 管理行业　　　　　b= 创新行业

30. a= 技术型行业　　　　b= 培训行业

31. a= 技术型行业　　　　b= 服务行业

32. a= 管理行业　　　　　b= 服务行业

33. a= 培训行业　　　　　b= 交际行业

34. a= 销售行业　　　　　b= 咨询行业

35. a= 管理行业　　　　　b= 培训行业

36. a= 创新行业　　　　　b= 咨询行业

37. a= 培训行业　　　　　b= 服务行业

38. a= 销售行业　　　　　b= 技术型行业

39. a= 交际行业　　　　　b= 商业冒险行业

40. a= 咨询行业　　　　　b= 服务行业

41. a= 创新行业　　　　　b= 培训行业

42. a= 交际行业　　　　　b= 服务行业

43. a= 培训行业　　　　　b= 商业冒险行业

44. a= 技术型行业　　　　b= 管理行业

45. a=培训行业　　　　　b=咨询行业

46. a=创新行业　　　　　b=销售行业

47. a=技术型行业　　　　b=交际行业

48. a=销售行业　　　　　b=服务行业

49. a=交际行业　　　　　b=销售行业

自 50 题后，答"是"的相关行业的倾向性：

50. 创新行业　　　　　51. 咨询行业

52. 服务行业　　　　　55. 管理行业

56. 咨询行业　　　　　57. 商业冒险行业

58. 销售行业　　　　　59. 创新行业

60. 商业冒险行业　　　61. 管理行业

62. 商业冒险行业　　　64. 交际行业

四、选择创业项目的基本原则

找到一个好的项目创业就等于成功了一半。但如何才能找到一个好的项目呢？

总的来说，创业者当然是要选择投资小、风险低、见效快、收益大的项目。除此之外要遵循以下几个方面的原则：

（1）市场原则：寻找市场空间较大的产品或服务进行创业，对于初创业者建议进入行业成熟、需求高度广泛的行业，然后再进行创新；创业所选择的项目和产品必须真实地根植于生活，是社会大众生活所必需；创造需求，开发新项目、新产品，不是创业初期所能为之的。

（2）效益原则：要进行投入产出的详细分析，客观地测算出回报周期。

（3）政策原则：要了解国家政策，做到遵纪守法，重点选择国家产业政策鼓励、扶持的项目。

（4）因地制宜原则：充分利用当地资源优势，做到"靠山吃山，靠水吃水"。

（5）个人能力原则：选择自己熟悉并有资源优势的项目，不盲目跟风。

拓展阅读　为准备进行店销的创业者提供的建议

城区铺面差异大，商铺选址有很多学问，创业者要明确自己的经营需求和价格定位，才能"量体裁衣"选好铺位，而价格高低并不是衡量铺面好坏的唯一标准。

建议一：多管齐下搜信息

大部分人都选择在圈定的范围内找转让的店铺，其实找店铺也需要进行"海选"，这样选择余地大，商机就会更多。通常搜集信息的渠道有报纸广告、房屋中介、互联网等平台。

据了解，商铺市场上有一个"二八法则"，即公开出租信息的店铺只占总数的20%，而以私下转让等方式进行隐蔽交易的却占80%。所以，寻找商铺一定要广开渠道，多管齐下。

建议二：乐于和同行"扎堆"

与同行业对手抱团竞争并不可怕。"货比三家"是很多人经常采取的购物方式，选择同类店铺集中的街区，更容易招揽到较多的目标消费群体，不要担心竞争激烈，相关店铺聚集有助于提高相同目标消费群的关注。找准产业的市场定位可以大大提高投资的回报，比如"数码一条街""服装一条街"以及"装修材料一条街"等，找准市场定位可事半功倍。

需要注意的是，选择专业市场或商场开店，要仔细考察这些市场和商场的管理水平、规模大小、在当地的影响力等因素，对规模较小、开业时间较短、管理水平差的，要谨慎入驻。

建议三："团租"可获更多实惠

小面积商铺由于总价低，越来越受到中小投资者的青睐。但是商铺投资并非面积越小越容易得到高回报，对于中小投资者而言，投资商铺应该从多方面考虑，"团租"就是一种经济实惠的投资方式。

拓展阅读 加盟连锁经营的注意事项

加盟连锁经营，对想创业的人而言，省去了找不到创业项目的烦恼，的确是一条成功的快捷方式。据一项调查显示，日本零售业有80%的独立开店者第一年就关门大吉，能撑到第五年者只有8%。而连锁店第一年就结束营业者仅20%，有77%的连锁店能存活到第五年。这个调查就证明"加盟一定比自行创业划算"。但这些数据并不是说加盟后就一定能百分之百成功。

要成功地加盟连锁经营，要特别注意以下事项：

事项一：选对加盟行业

近年来，新冒出的热门连锁业品牌不在少数，但有不少品牌没"火"多久就消失了，这无疑加大了加盟连锁创业者选择的难度。因此，选择加盟行业时，一定要选择经得起市场考验的行业：连锁经营体系至少已经5年以上。

事项二：加盟要求越高成功机会越大

具有一定开店经验，且连锁店数达一定规模或发展5年以上的总部、有竞争力的连锁品牌，比较有经营保障。有些新兴加盟体系，本身在市场上发展的时间就不够长，还没有经过市场的检验，顾客的消费习惯尚未养成，容易造成暂时生意兴隆的假象。当选择弱势连锁品牌时，虽然可以少缴加盟金，但相对之下，所能享有的总部资源和帮助也较少，许多事情都要靠加盟店自己打理，竞争力自然也就较弱。

有竞争力的连锁品牌由于发展前景较好，加盟要求自然也高。但要明白，加盟条件严格的品牌往往有较完整的加盟制度以及较强大的财力与实力，反而较有能力保证加盟者获利。正因为如此，越有信誉的连锁企业，挑选加盟者时把关就越严谨。

事项三：最好能与连锁总部"面对面"

现在连锁企业很多，加上前几年加盟店利润可观，使得有些新兴的连锁企业和加盟者都比较浮躁。一些创业者创业心切，只根据连锁企业的一些宣传资料就草率地签约加盟，等到有纠纷时才发现连锁总部比自己的店面还小，甚至是一个空壳，根本没有解决门店问题的能力和经验。因此，亲自走一趟总部及其加盟店搜集第一手现场资料非常必要。

第四节　创业项目的环境分析

一、创业项目的宏观市场环境分析

对于创业型企业选择的创业项目来说，对外部环境的分析尤为重要。由于创业型企业多为中小型企业，资本规模小，抗风险能力弱，因此，在选择和考察创业项目时，要深入分析企业所处的宏观市场环境，好好地把握，以制定相应的策略。

宏观市场环境包括人口环境、经济环境、自然环境、技术环境、政治和法律环境以及社会和文化环境。

1. 人口环境

市场＝人口＋购买欲望＋购买力，也就是说，"市场"是由那些有购买欲望并有购买力的人构成的。我们会用人口的规模和构成来估计市场规模和需求量的大小。创业者需要特别关注那些需要或可能需要他们产品的人群，详细了解他们的情况。

2. 经济环境

消费者的购买力水平是决定市场规模的重要因素。购买力水平受居民收入、储蓄倾向、可获信贷和物价水平等诸多因素的影响。

3. 自然环境

自然环境分析包括两个方面：一是周围的自然环境及资源是否符合创业项目所处行业所需要的生产条件；二是创业项目和企业是否能够与自然环境协调发展。在可持续发展理念影响下，绿色产业、绿色产品蓬勃兴起，破坏环境和资源的经营行为必将受到社会公众的排斥和政府管制。

4. 技术环境

要辨识和选择合适的技术环境，发现其中的机会和威胁，同时根据技术环境的变化调整生产和研发方案，不断适应其发展。

5. 政治和法律环境

创业企业特别需要稳定的政治环境和法律环境，经营业务的发展需要有稳定的政治环境作为保障；创业企业也需要有一个宽松的法律环境，评估创业项目存在的法律风险。

6. 社会和文化环境

人类长时间在某种社会中生活，形成了特定的文化，包括价值观念、道德规范及世代相传的风俗习惯等。社会文化环境影响着消费者的购买态度和购买方式，对创业企业营销策略的制定产生着较大的影响。

二、创业项目吸引力分析

波特五力模型由迈克尔·波特（Michael Porter）于20世纪80年代初提出，他认为行业中存在着决定竞争规模和程度的5种力量。这5种力量综合起来影响着产业的吸引力，对企业战略制定产生全球性的深远影响。5种力量分别是：供应商的议价能力、购买者的议价能力、潜在竞争者进入的能力、替代品的替代能力、行业内竞争者的竞争能力。5种力量的不同组合变化最终影响行业利润潜力的变化。

（一）供应商的议价能力

供方主要通过其提高投入要素价格与降低单位价值质量的能力，影响行业中现有企业的盈利能力与产品竞争力。供方力量的强弱主要取决于他们所提供给买主的是什么投入要素，当供方所提供的投入要素其价值构成了买主产品总成本的较大比例、对买主产品生产过程非常重要，或者严重影响买主产品的质量时，供方对于买主的潜在讨价还价力量就大大增强。一般来说，满足如下条件的供方集团会具有比较强大的讨价还价力量：

（1）供方行业为一些具有比较稳固市场地位而不受市场激烈竞争困扰的企业所控制，其产品的买主很多，每一单个买主都不可能成为供方的重要客户。

（2）供方各企业的产品各具有一定特色，导致买主难以转换或转换成本太高，或者很难找到可与供方企业产品相竞争的替代品。

（3）供方能够方便地实行前向联合或一体化，而买主难以进行后向联合或一体化（注：通俗的说法为店大欺客）。

（二）购买者的议价能力

购买者主要通过其压价与要求提供较高的产品或服务质量的能力，来影响行业中现有企业的盈利能力。其购买者议价能力影响主要有以下原因：

（1）购买者的总数较少，而每个购买者的购买量较大，占了卖方销售量的很大比例。

（2）卖方行业由大量相对来说规模较小的企业所组成。

（3）购买者所购买的基本上是一种标准化产品，同时向多个卖主购买产品在经济上也完全可行。

（4）购买者有能力实现后向一体化，而卖主不可能前向一体化（注：通俗的说法为客大欺主）。

（三）新进入者的威胁

新进入者在给行业带来新生产能力、新资源的同时，寄希望在已被现有企业瓜分完毕的市场中赢得一席之地，这就有可能会与现有企业发生原材料与市场份额的竞争，最终导致行业中现有企业盈利水平降低，严重的还有可能危及这些企业的生存。竞争所带来的威胁的严重程度取决于两个方面的因素，即进入新领域的障碍大小与现有企业对于进入者的反应情况。

进入障碍主要包括规模经济、产品差异、资本需要、转换成本、销售渠道开拓、政府行为与政策、不受规模支配的成本劣势、自然资源、地理环境等方面，这其中有些障碍是很难借助复制或仿造的方式来突破的。预期现有企业对进入者的反应情况，主要是采取报复行动的可能性大小，而这些则取决于有关厂商的财力情况、报复记录、固定资产规模、行业增长速度等。总之，新企业进入一个行业的可能性大小，取决于进入者主观估计进入所能带来的潜在利益、所需花费的代价与所要承担的风险这三者的相对大小情况。

（四）替代品的威胁

两个处于同行业或不同行业中的企业，可能会由于所生产的产品互为替代品，从而在它们之间产生相互竞争行为，这种源自于替代品的竞争会以各种形式影响行业中现有企业的竞争战略。

（1）现有企业产品售价以及获利潜力的提高，将由于存在着用户属于接受的替代品而受到限制。

（2）由于替代品生产者的侵入，使得现有企业必须提高产品质量，或者通过降低成本来降低售价，或者使其产品具有特色，否则其销量与利润增长的目标就有可能受挫。

（3）源自替代品生产者的竞争强度，受产品买主转换成本高低的影响。

总之，替代品价格越低、质量越好、用户转换成本越低，其所能产生的竞争压力就越强；而这种来自替代品生产者的竞争压力的强度，可以具体通过考察替代品销售增长率、替代品厂家生产能力与盈利扩张情况来加以描述。

（五）同业竞争者的竞争程度

大部分行业中的企业，相互之间的利益都是紧密联系在一起的，企业竞争战略作为企业整体战略的一部分，其目标在于使得自己的企业获得相对于竞争对手的优势，所以，这些战略在实施中就必然会产生冲突与对抗，这些冲突与对抗就构成了现有企业之间的竞争。现有企业之间的竞争常常表现在价格、广告、产品介绍、售后服务等方面，其竞争强度与许多因素有关。

一般来说，出现下述情况将意味着行业中现有企业之间竞争的加剧，即行业进入障碍较小，势均力敌的竞争对手较多，竞争参与者范围广泛；市场趋于成熟，产品需求增长缓慢；竞争者企图采用降价等手段促销；竞争者提供几乎相同的产品或服务，用户转换成本很低；一个战略行动如果取得成功，其收入相当可观；行业外部实力强大的公司在接收了行业中实力薄弱的企业后，发起进攻性行动，结果使得刚被接收的企业成为市场的主要竞争者；退出障碍较高，即退出竞争要比继续参与竞争代价更高。在这里，退出障碍主要受经济、战略、感情以及社会政治关系等方面的影响，具体包括：资产的专用性、退出的固定费用、战略上的相互牵制、情绪上的难以接受、政府和社会的各种限制等。

三、创业项目微观分析

（一）供应商分析

供应商是指对企业进行生产所需而提供特定的原材料、辅助材料、设备、能源、劳务、资金等资源的供货单位。这些资源的变化直接影响到企业产品的产量、质量及利润，从而影响企业营销计划和营销目标的完成。

（二）企业内部分析

企业开展营销活动要充分考虑到企业内部的环境力量和因素。企业是组织生产和经营的经济单位，是一个系统组织。企业内部一般设立计划、技术、采购、生产、营销、质检、财务、后勤等部门。企业内部各职能部门的工作及其相互之间的协调关系，直接影响着企业的整个营销活动。

（三）营销中介分析

营销中介是指为企业营销活动提供各种服务的企业或部门的总称。营销中介对企业营销有直接、重大的影响，只有通过有关营销中介所提供的服务，企业才能把产品顺利地送达目标消费者手中。营销中介的主要功能是帮助企业推广和分销产品。

（四）顾客分析

顾客是指使用进入消费领域的最终产品或劳务的消费者和生产者，也是企业营销活动的最终目标市场。顾客对企业营销的影响程度远远超过前述的环境因素。顾客是市场的主体，任何企业的产品和服务，只有得到了顾客的认可，才能赢得市场。现代营销强调将满足顾客的需要作为企业营销管理的核心。

（五）社会公众分析

社会公众是企业营销活动中与企业营销活动发生关系的各种群体的总称。公众对企业的态度，会对其营销活动产生巨大的影响，它既可以帮助企业树立良好的形象，也可能妨碍企业的形象。所以，企业必须处理好与公众的关系，争取公众的支持和偏爱，为自己营造一个和谐、宽松的社会环境。

（六）竞争者分析

创业企业进行市场竞争环境分析，需要识别自己所面对的竞争对手，这似乎是一件简单的工作，就像柯达知道富士是自己的主要竞争对手一样，但是创业企业实际和潜在的竞争对手范围很广，它往往被新出现的企业或技术击败，就像柯达在胶卷业最大的竞争威胁来自数码相机。

根据产品替代观念，可以区分以下四种层次的竞争者。

（1）品牌竞争。当其他企业以相似的价格向相同的顾客提供类似产品与服务时，企业将其视为竞争者。例如，被海尔视为主要竞争者的是价格和档次相似、生产同类彩电的康佳及 TCL 等企业。

（2）行业竞争。企业可以广义地将制造同样或同类产品的企业视作竞争者。例如，海尔可能认为自己在与所有彩电制造商竞争。

（3）形式竞争。企业可以更广泛地将所有制造商能提供相同服务的产品的企业都作为竞争者。例如，海尔企业认为自己不仅在与家电制造商竞争，还在与其他电子产品制造商竞争。

（4）通常竞争。企业还可以更广泛地将所有争取同一消费者的人都视作竞争者。例如，海尔可以认为自己在与所有的主要耐用消费品企业竞争。

创业企业还可以从行业观点来辨认自己的竞争对手。行业竞争观念是从行业角度来界定竞争者，主要来自现有竞争企业、潜在加入者、替代品生产者。

四、创业环境 SWOT 分析

SWOT 通过对研究对象组织内部环境的优势和劣势，以及对组织外部环境的机会和威胁进行分析，从而确定组织的发展战略。

（一）机会分析

在机会分析中，可以采取归纳统计的方法对各种因素对于机会的影响大小进行图表定点分析，并从各种环境因素定点的区域来认识各种环境对于机会的重要程度，如图 5-2 所示。

区域 1：成功概率高，而且成功后会带来较大的利润，因此对创业者的吸引力大，是应该尽量考虑利用的环境。

区域 2：成功概率高，但成功后带来的利润较小，是创业者应该注意开发的环境。

区域 3：成功概率低，但一旦成功后会给企业带来较大的利润，因而创业者应创造条件，力争成功。

区域 4：成功概率低，并且成功后给创立的企业带来的利润也小，是创业者应该注意回避的环境。

（二）威胁分析

对于威胁的分析，同样采取归纳统计的方法对各种环境对于威胁程度的影响进行图表定点分析，并从各个环境因素定点的区域来认识各种环境对威胁的影响程度，如图5-3所示。

图5-2　机会分析矩阵　　　　图5-3　威胁分析矩阵

区域1：威胁发生概率高，而且发生后将产生较为严重的负面影响，因此创业者要予以特别注意。

区域2：威胁发生概率高，但发生后带来的负面影响有限，创业者应该予以特别的注意。

区域3：威胁发生概率低，但一旦发生会产生严重的负面影响，因而创业者不能掉以轻心。

区域4：威胁发生概率低，并且发生后给企业经营带来负面影响也比较有限，是可以忽略的环境。

（三）机会威胁综合分析

归纳上述所做的机会和威胁分析，可以判断创业者所面临的具体位置，找到对于自己创业活动有利的因素，同时，通过对市场机会和环境威胁的比较，预测对创业者来说，机会和威胁哪个占主要地位。对以上两个方面的分析结果进行重叠分析，就可以形成新的归纳统计图，如图5-4所示。

图5-4　机会威胁综合分析矩阵

区域1：威胁程度高，机会水平低，是最差的环境状态，处于这一区域的是困难型业务。

区域2：威胁程度高，机会水平也高，两相比较，难分上下，处于这一区域的是风险型业务。

区域3：威胁程度和机会水平均低，虽盈利能力不高，但也没有多大的风险，处于这一区域的是成熟型业务。

区域4：威胁程度低，机会水平高，是最佳的环境状态，处于这一区域的是理想型业务。

（四）优劣势分析

优劣势分析是建立在对以上外部环境和内部环境各因素综合考虑的基础上，判断创业者在机会与威胁出现时自身有什么优势和劣势，如图5-5所示。

图 5-5　优劣势分析矩阵

区域1：创业环境中机会大，创业者优势明显，是最佳的创业环境。创业者可以最大限度地利用创业环境。

区域2：创业环境中机会大，但是创业者劣势明显，不能有效利用当前创业环境，创业环境一般。

区域3：创业环境中威胁高，创业者劣势明显，是最差的创业环境，不值得创业者考虑。

区域4：创业环境中威胁高、创业者优势明显，在这种创业环境下创业者需要面对较大的风险，适合十分自信的创业者。

本章小结

本章主要介绍了创业机会的来源与发现，创业项目的选择，以及创业项目的环境分析。通过本章的学习，学生应该有意识地培养自己发现创业机会的敏感度，寻找到适合自己的创业项目。

课后练习

1. 大学生创业的优势与劣势有哪些？
2. 创业机会的特征是什么？
3. 识别创业机会的技巧有哪些？
4. 如何在市场中寻找创业项目？

第六章

组建创业团队

学习目标

通过本章的学习，了解创业团队的含义与构成要素；熟悉组建创业团队的原则与策略；掌握创业团队组建的程序，以及创业团队的管理方法。

能力目标

能组建积极有效的创业团队，并能形成自己特有的团队文化。

第一节　组建团队

一、创业团队内涵

（一）创业团队的含义

团队是由员工和管理层组成的一个共同体，它合理利用每一个成员的知识和技能协同工作，解决问题，达到共同的目标。创业团队就是指在创业初期（包括企业成立前和成立早期），由一群才能互补、责任共担、愿为共同的创业目标而奋斗的人所组成的特殊群体。

创业团队有别于一般团队，表现在以下5个方面：

1. 团队的目的不同

初创时期的创业团队建设的目的是成功地创办新企业，随着企业成长，创业团队可能会发生成员的变化，新组建的高管团队是创业团队的延续，其目的在于发展原来的企业或者开拓新的事业领域。然而，一般团队的组建只是为了解决某类或者某种特定问题。

2. 团队成员的职位层级不同

创业团队的成员往往处在企业高层管理的位置，对企业重大问题产生影响，其决策甚至关系到企业的存亡。而一般团队的成员往往是由一群能解决特定问题的专家组成的，其绝大多数也并不处于企业高层位置。

3. 团队成员的权益分享不同

创业团队成员往往拥有公司股份，以便团队成员负有更高的责任，而一般团队未必要求成员拥有股份。

4. 团队关注的视角不同

创业团队成员关注的往往是企业全局性的、战略性的决策问题，而一般团队成员只关注战术性或者执行层面的问题。

5. 成员对团队的组织承诺不同

创业团队成员对公司有一种浓厚的情感，其连续性承诺（由于成员对组织投入而产生的一种机会成本，足以让成员不离开组织的倾向）、情感性承诺（个体对组织的认同感）和规范性承诺（个人受社会规范影响而不离开组织的倾向）都较高，而一般团队其成员的组织承诺则并不高。

大学生创业团队应该具有较强的资源整合能力，能通过团队成员之间的技能互补来提高驾驭环境不确定性的能力，从而降低新创企业的经营风险，增加创业成功的概率。

（二）创业团队的构成要素

一般来说，创业团队的构成要素包括目标、定位、职权、计划和人员。各要素之间相互影响、相互作用、缺一不可。其包括以下4个方面的含义：

（1）创业团队有共同的价值观、统一的目标和标准。这是组建创业团队的前提，创业团队必须为统一的目标而奋斗，并有一致的价值观，这样组成的创业团队才有战斗力。没有统一的目标和共同的价值观，创业团队即使组建起来了，也不能形成合力，缺乏战斗力。

（2）创业团队成员负有共同的责任。有了统一的目标和价值观后，创业团队成员还必须共同负起责任来达到目标。一个好的创业团队一定是所有成员都能共同负责任的团队。

（3）创业团队成员的能力互补。这是组建创业团队的必要条件。当组建起来的创业团队成员的知识、能力可以互补时，这个团队就可发挥出"1+1>2"的作用。如果创业团队成员的知识、能力不能互补，就失去了组建团队的意义，即使组建了团队，也不能起到很好的作用，甚至会限制有能力的人发挥作用。

（4）创业团队的人愿意为共同的目标做出贡献。这是创业团队能否取得成功的关键。创业团队成员除有责任心外，还要有甘于奉献的精神和行动，才能成为企业的核心，带领企业前进。

（三）创业团队的分类

根据创业团队的组成者，创业团队可以分为星状创业团队、网状创业团队和虚拟星状创业团队3种。

1. 星状创业团队

在星状创业团队中，一般有一个核心主导人物充当领军者的角色。这种团队在形成之前，一般是核心主导人物有了创业的想法，然后根据自己的设想进行创业团队的组织。因此，在团队形成之前，核心主导人物已经就团队组成进行过仔细思考，根据自己的想法选择相应人物加入团队，这些加入创业团队的成员可能是核心主导人物以前熟悉的人，也可能是不熟悉的人，这些团队成员在企业中更多时候是支持者的角色。

星状创业团队的特点如下：

（1）组织结构紧密，向心力强，主导人物在组织中的行为对其他个体影响巨大。

（2）决策程序相对简单，组织效率较高。

（3）容易形成权力过分集中的局面，从而使决策失误的风险加大。

（4）当其他团队成员和主导人物发生冲突时，因为核心主导人物的特殊权威，其他团队成员在冲突发生时往往处于被动地位，在冲突较严重时，一般都会选择离开团队，因而对组织的影响较大。

例如，美国太阳微系统公司创业之初就是由维诺德·科尔斯勒确立了多用途开放工作站的概念，接着他找了比尔·乔伊和贝托谢姆两位分别在软件和硬件方面的专家，和一位具有实际制造经验的专家麦克尼里，组成了太阳微系统公司的创业团队。

2. 网状创业团队

网状创业团队的成员一般在创业之前都有密切的关系，如同学、亲友、同事、朋友等。团队成员一般都是在交往过程中，共同认可某一创业想法，并就创业达成共识以后，开始共同创业。在创业团队组成时，没有明确的核心人物，大家根据各自的特点进行自发的组织角色定位。因此，在企业初创时期，各位成员基本上扮演的是协作者或者伙伴角色。

网状创业团队有以下几个明显的特点：

（1）团队没有明显的核心，整体结构较为松散。

（2）组织决策时，一般采取集体决策的方式，通过大量的沟通和讨论达成一致意见，因此组织的决策效率相对较低。

（3）由于团队成员在团队中的地位相似，因此容易在组织中形成多头领导的局面。

（4）当团队成员之间发生冲突时，一般都采取平等协商、积极解决的态度消除冲突。团队成员不会轻易离开。但是一旦团队成员间的冲突升级，使某些团队成员撤出团队，就容易导致整个团队的涣散。

例如，微软的比尔·盖茨和童年玩伴保罗·艾伦，惠普的戴维·帕卡德和他在斯坦福大学的同学比尔·休利特等多家知名企业的创建多是先由于关系和结识，基于一些互动激发出创业点子，然后合伙创业。

3. 虚拟星状创业团队

虚拟星状创业团队是由网状创业团队演化而来的。在团队中，有一个核心成员，核心成员地位的确立是团队成员协商的结果，因此核心人物某种意义上说是整个团队的代言人，而不是主导型人物，其在团队中的行为必须充分考虑其他团队成员的意见。

二、创业团队的优劣势分析

（一）创业团队的优势

"一个好汉三个帮。"几个人齐心协力，集合各自优势，所产生的能量会远远超过个体单独产生的能量。同理，一个由研发、技术、市场、财务、融资等各方面组成的可以进行优势互补的创业团队，是创业成功的法宝。团队创业会带来各方面的优势，至少包括以下几点：

1. 促进优势互补

无论一个人如何优秀，他都不可能具备所有的经营管理经验，同时，任何人都不可能在知识、资源、能力、技术等方面具有同样的比较优势，特别是对于那些首次创业的人，他们往往缺乏对市场的判断力，缺乏对潜在市场的洞察力。创业团队的建立将会十分有效地解决这些问题。在一个团队中，不同的人掌握不同的社会资源，他们具备不同的知识、能力和经验，有的有客户关系、有的有政府关系、有的有理论、有的有经验、有的懂技术、有的擅长内务、有的擅长外交……这种优势互补的创业模式将会极大地强化团队成员间的彼此协调。一般来说，一个团队的角色结构和能力结构越合理，这个团队的知识面就越宽广，创业成功的可能性也就越大。

2. 减少决策风险

一个新创企业在起步阶段总会遇到各种困难，如果创业者在遇到麻烦时完全亲自解决，不仅会花费大量的精力和时间，而且常常会由于解决问题能力有限增加决策风险。而当创业人员是一群人而非个体时，成败就变成了集体的事情，只要创业团队成员能够同甘共苦，发挥每个成员的特长，就必定能提高解决问题的效率，增加成功解决问题的可能性。

3. 缓解融资问题

中小企业融资问题一直困扰着很多新创企业，究其原因，无非是由于银行贷款难度大，同时民间借贷利率偏高，这让许多中小企业难以负担。在外部融资极其困难的情况下，内部融资成了解决中小企业融资，特别是新创企业融资问题的办法。在经济不景气的大环境下，内部融资的作用尤其显著。

（二）创业团队的劣势

团队创业虽然有诸多好处，但在现实生活中，组建了自己的创业团队并不一定就能成功，其中的原因可能是经济萧条、竞争恶化、产品定位不合理等，且不可否认的是，团队创业也不一定是一种完美的创业模式，其至少有以下几点劣势：

1. 思想冲突

新创企业团队一般都由少数几个人组成，大多数成员都直接参与管理决策。而且因为都是企业的创始人，无论是否有经验，他们在企业中都担任要职，都发表"重要意见"，关于一个问题难免会出现不同的见解，提出不同的方法。在出资人出资比例相当的情况下，此种情况尤其严重，甚至会引发激烈争论，问题迟迟得不到解决，一旦出了问题，就可能互相指责，互相推诿。

2. 管理冲突

既是员工又是出资人的双重身份，往往使合伙人成为创业团队中最难管理的人群。许多创业团队成员由于不能在企业中摆正自己的位置，常常认识不到自己也是企业的员工，也应该遵守企业的规章这一事实。在现实中，很多创业团队成员会自觉或不自觉地抬高自己的地位，越位发号施令，这会导致企业管理成本的增加。

3. 利益冲突

企业利润会随企业的壮大而增加，当企业规模壮大后，当初出资谨慎的企业合伙人常常由于原先出资过少而后悔，心态逐渐开始不平衡，工作量不少可分红时却少于别人，容易产生"老板为老板打工"的心态；还有那些没有出资或出资较少的创业团队成员，他们掌握了企业的核心技术或无形资产，当这些知识投入没有被恰当地量化成货币时，会出现不平衡的心理。诸如此类的局面不能被合理化解，常常会瞬间激化合伙人之间的矛盾。

三、创业团队的价值

一个优秀的创业团队，是企业不竭生命力的来源，是新企业生存和发展的核心，新企业的运作，追根究底是人的运作，是创业团队的成员的运作。创业团队组织新企业运作经营，整合新企业资源，带领着新企业不断向目标迈进。无论是初始资本的积累、新企业雇员招募，还是新企业的运营管理，都是创业团队在发挥作用。因此，创业团队的创建、创业团队的合作水平以及创业团队成员的素质是新企业资源获取、高效维持新企业运作的关键因素。

优秀的创业团队具有以下价值：

1. 塑造团队精神

团队创业的企业能够在企业内部塑造一种团队合作的精神，成员之间出于熟悉的默契配合和相互支持，对企业的工作氛围以及团队士气都起到了很大帮助。

2. 有助于工作效率的提高

组建团队就必然牵涉到团队的管理，而团队管理恰恰促使管理者要进行战略大局的思考，正是这种高瞻远瞩的大局思维，能够让管理者从烦琐的细节监督中脱身，将权力下放到团队中，调动了团队成员的积极性，也让管理者决策更加灵活、快速和准确。

3. 优势互补

团队成员的数量，通常也决定了团队成员的多元化和创意。由不同成长背景和不同经历的个人组成的团队，往往会比个体成员工作思考更加具有创意，也更加全面周到。

四、组建创业团队的原则和策略

（一）组建创业团队的原则

1. 目标明确合理原则

目标必须明确，这样才能使团队成员清楚地认识到共同的奋斗方向。与此同时，目标也必须是合理的、切实可行的，这样才能真正达到激励的目的。

2. 互补原则

创业者之所以寻求团队合作，其目的就在于弥补创业目标与自身能力间的差距。只有当团队成员相互间在知识、技能、经验等方面实现互补时，才有可能通过相互协作发挥出协同效应。

3. 精简高效原则

为了减少创业期的运作成本、最大比例地分享成果，创业团队人员构成应在保证企业高效运作的前提下尽量精简。

4. 动态开放原则

创业过程是一个充满不确定性的过程，团队中可能因为能力、观念等多种原因不断有人离开，同时也有人加入。因此，在组建创业团队时，应注意保持团队的动态性和开放性，使真正完美匹配的人员能被吸纳到创业团队中来。

（二）组建创业团队的策略

任何创业团队想要获得成功，都必须在成员的选择上深思熟虑。吸纳合适的成员能够带动企业更好地生产运作。不合适的成员会对新创企业未来的发展造成潜在危险。但无论是何种创业团队，下面几个问题都是在选择团队成员时应当给予重视的。

1. 能否在不同层面上给予互补

优势互补是企业成功的关键因素。角色的完善、技能的多样化，都会给企业带来无限生机，成员们在角色、技能、权力上的结构越合理，创业成功的机会就越大。纯粹由技术人员组成的企业会形成技术为主、产品导向的情况，从而使产品的开发与市场脱节；全部由市场和销售人员组成的团队了解市场的定位，却缺乏对产品开发的能力。

好的创业团队，会充分考虑团队成员的搭配，在技术、财务、市场、管理等各方面做到完善。好的创业团队，成员们的能力通常能形成互补。

2. 团队成员的个性、兴趣与企业价值观是否一致

创业团队成员的个人性格、兴趣和品德决定了今后企业文化的形成。任何人才，无论其智商多高、专业水平多好，如果对创业没有信心，将无法适应企业的需求。企业文化是企业的核心竞争力之一，因此，在寻找合伙人时首先应考虑对方的个性与个人价值观等因素是否与自己心目中的理想企业形象相匹配，只有在匹配的情况下，团队整体协作才更有效，更有战斗力。

3．团队成员加入的目的

马斯洛需求理论告诉我们，人的需求大体上分为 5 个基本层次，分别是生理的需求、安全的需求、社交的需求、尊重的需求和自我实现的需求。团队成员的行为方式很大程度上是由他们的需求层次决定的。缺乏基本生活需要的人很可能为了赚钱养家而变得急功近利，对企业的短期利益可能会有好处。而需求层次较高的人，则相对较为稳健，有利于企业的长远发展。因此，在选择合伙人时应该与企业的战略目标相符。

除对人员的合适性进行分析外，组建创业团队时还应该考虑到团队的规模大小，任何团队的规模都有一定的限制，收益边际递减的原理告诉我们，并不是成员越多，公司效率就越高。一般一个创业团队的成员应以控制在 3 ~ 5 人为宜，以便保证各项工作的效率与质量，帮助新创企业能在较短的时间内占据有利的市场地位。

五、创业团队组建的程序

1．明确创业目标

明确创业目标，一方面，应明确自己的创业思路；另一方面，必须使自己掌握的创业机会形成一定的创意。创业团队的总目标就是要通过完成创业阶段的技术、市场、规划、组织、管理等各项工作实现企业从无到有、从起步到成熟。总目标确定后，为了推动团队最终实现创业目标，再将总目标加以分解，设定若干可行的、阶段性的子目标。

2．制订创业计划

创业计划是在对创业目标进行具体分解的基础上，以团队为整体来考虑的计划，创业计划确定了在不同的创业阶段需要完成的任务，通过逐步实现这些阶段性目标来最终实现创业目标。一份完整的创业计划，必须包括创业核心团队的计划和人力资源计划。通过创业计划可以进一步明确创业团队的具体需求，比如人员的构成、素质和能力要求、数量要求等。创业团队的组建需要契合创业计划的要求，以匹配创业项目的运作。

3．招募合适的人员

招募合适的人员是组建创业团队最关键的一步。创业团队成员的招募应考虑两个方面：一是互补性。创业团队至少需要管理、技术和营销 3 个方面的人才，只有这 3 个方面的人才形成良好的沟通协作关系后，创业团队才可能实现稳定高效。二是适度规模。这是保证团队高效运转的重要条件，团队成员一般为 3 ~ 25 人。

4．职权划分

创业者要处理好责、权、利等各方面的关系，即确定每个成员所要负担的职责及所享有的权限。根据创业计划的需要，明确团队成员的职责定位，可以使创业团队形成合力，共同实现创业目标，同时，也可避免因职责不明、权力分配不明确引发的冲突。一般来说，创业团队越成熟，领导者所拥有的权力越小；在创业团队发展的初期，领导权相对比较集中。

5. 构建创业团队的制度体系

创业团队制度体系体现了创业团队对成员的控制和激励能力，主要包括团队的各种约束制度和各种激励制度。一方面，创业团队通过各种约束制度（主要包括纪律条例、组织条例、财务条例、保密条例等）指导其成员避免做出不利于团队发展的行为，实现对其行为进行有效的约束，保证团队的稳定秩序；另一方面，创业团队要实现高效运作需要有效的激励机制（主要包括利益分配方案、奖惩制度、考核标准、激励措施等），才能使团队成员看到随着创业目标的实现，其自身利益将会得到怎样的改变，从而达到充分调动成员积极性、最大限度发挥团队成员作用的目的。

6. 对团队进行调整融合

随着团队的运作，团队组建时在人员配备、制度设计、职权划分等方面的不合理之处会逐渐暴露出来，这时就需要对团队进行调整融合，这是一个动态持续的过程。在进行团队调整融合的过程中，最为重要的是要保证团队成员间经常进行积极有效的沟通与协调，培养强化团队精神，提升团队士气。

第二节　创业团队的管理

一、创业团队管理的特殊之处

创业团队的管理不同于工作团队的管理。对于大多数企业内的工作团队来说，如研发团队、销售团队和项目团队等，因为人员和岗位稳定性相对较高，人们习惯性地将重点放在过程管理上，注重通过建设沟通机制、决策机制、互动机制和激励机制等发挥集体智慧，实现优势互补，提升绩效。但对创业团队管理而言，正好相反，其重点在于结构管理，而不是过程管理。

首先，创业团队管理是缺乏组织规范条件下的团队管理。在创业初期，创业团队还没有建立起规范的决策流程、分工体系和组织规范，"人治"味道相当浓厚，处理决策分歧显得尤为困难。此时，团队成员之间的认同和信任尤其重要，但又很难在短期建立起来。因此，认同和信任关系取决于创业团队的初始结构。

其次，创业团队管理是缺乏短期激励手段的团队管理。成熟企业内的工作团队可以凭借雄厚的资源基础，借助月度工作考核等手段，在短期实现成员投入与回报的动态平衡。相比之下，创业初期需要团队在时间、精力和资金等资源的高强度投入，但这些投入短期无法实现期待的激励和回报。在成功不可能一蹴而就的时候，就需要找到能适应这种状况的合伙人。

最后，创业团队管理是以协同学习为核心的团队管理。成熟企业内工作团队的学习以组织知识和记忆为依托，成员之间共享相似的知识基础。但是创业过程充满不确定性，需要不断试错和验证，同时在此基础上创造并存储组织知识和记忆。创业团队的协同学习，建立在团队成员之间在创业之前形成的共同知识和观念基础上，这仍旧取决于创业团队的初始结构。

二、创业团队的三维结构管理

通常，创业团队可以从 3 个方面入手来实施结构管理，分别是知识结构、情感结构和动机结构。知识结构反映的是创业团队成功创业的能力素质；情感结构是创业团队维持凝聚力的重要保障；动机结构则是创业团队实现理念和价值观认同的关键因素。

（一）知识结构管理

知识结构管理的核心，是建立以创业任务为核心的知识和技能的互补性，强调创业团队有完备的能力来完成创业相关任务。

谈到知识和技能的互补，《西游记》中由唐僧率领的取经团队被公认为是一支"黄金组合"的创业团队。四个人的性格各不相同，却又同时有着不可替代的优势。例如，唐僧慈悲为怀，使命感很好，有组织设计能力，注重行为规范和工作标准，所以他担任团队的主管，是团队的核心；孙悟空武功高强，是取经路上的先行者，能迅速理解、完成任务，是团队业务骨干和铁腕人物；猪八戒看似实力不强，又好吃懒做，但是他善于活跃工作气氛，使取经之旅不至于太沉闷；沙僧勤恳、踏实，平时默默无闻，关键时刻他能稳如泰山，稳定局面。

（二）情感结构管理

情感结构管理的重点是注重年龄、学历等不可控因素的适度差异。中国文化注重层级和面子关系，如果创业团队之间年龄和学历因素差距过大，成员之间在混沌状态下发生冲突和争辩，很容易出现彼此感觉丢面子的情况，从而演变为情感性冲突。一旦出现这种情况，创业团队将不得不把时间和精力浪费于沟通方式设计和内部矛盾化解上，内耗大于建设，不利于创业成功。

（三）动机结构管理

动机结构管理的关键在于注重创业团队成员理念和价值观的相似性。如果创业团队成员之间价值观不同，想做事业的成员可能不会过分关注短期收益，而怀揣赚钱动机的成员则不会认同忽视短期收益的做法。相似的理念和价值观有助于创业团队保持愿景和方向的一致，有助于创业团队迎接创业挑战而逐步成功。

值得一提的是，创业团队的结构管理是兼顾三个方面结构要素的平衡过程，短板效应非常明显。但是在现实中，人们往往过分重视知识结构的互补性，而对情感结构管理和动机结构管理重视程度不够，因此，引发的问题往往会随时间而强化，一旦创业出现困难和障碍，往往会演变为创业团队的内耗和冲突。

三、创业团队的管理技巧

1. 建立健全管理制度

合理的制度规范是统一团队思想、让团队具有战斗力的有力保障，是使团队稳定发展的关键。规章制度的最大好处是团队中的每个人都处在相同的行为准则约束下，朝着共同的目标前进。企业从创办的第一天起，就要有明文的规章制度，用来约束成员的个人行为。创业团队的管理制度是创业经营理念和团队成员意志的体现，严格的管理制度能够极大地提高工作效率、促进目标完成。

2. 建立合理的决策机制

要成为一个具有凝聚力的团队，团队核心人物（决策者）必须学会在没有完善的信息、团队成员没有统一的意见时做出决策，而且承担决策产生的后果。只要自己认为对的事情，不可优柔寡断，必须付诸行动。

3. 全力以赴地去执行

有了决策，还需要严格地执行，执行力也是一种显著的生产力。在团队里，也许我们并不需要每个团队成员都异常聪明，因为过度聪明往往会导致自我意识膨胀，好大喜功。相反，却需要每个人都具有强烈的责任心和事业心，能够在对公司制订的业务计划和目标理解、把握、吃透的基础上，细化、量化自己的工作，坚定不移地贯彻执行下去，对于过程中的每一个运作细节和每一个项目流程都要落到实处。

4. 凝聚成员的力量

优秀的创业团队都具有很强的集体凝聚力。凝聚力是一个团队团结成员的纽带，是促使团队成员相互理解和团结协作的根基力量。不断实现价值创造是创业团队的主要目标，每一个团队成员都应充分认识到个人利益的获取是以团队利益的实现为基础的，自觉将团队利益置于个人利益之上，团队的每一位成员的价值都表现在他对于团队整体价值的贡献上。

5. 保持沟通顺畅，营造相互信任的团队氛围

沟通是有效管理团队的最重要的内容之一。在企业经营管理过程中，团队成员对有关问题会形成不一致的意见、观点和看法，这种论事不论人的分歧成为认知性冲突。优秀的团队并不回避不同的意见，而是会进行充分的沟通和交流，鼓励创造性的思维，以提高团队决策质量。这也有助于推动团队成员对决策方案的理解和执行，提高组织绩效。

6. 采用合理有效的激励措施

有效的激励措施要求给予创业团队成员以合理的"利益补偿"，包括两种形式：一种是物质条件，如报酬、工作环境；另一种是心理收益，如创业成就感和地位，感受到尊重、承认和友爱等。常见的激励手段主要包括3种：一是团队文化的激励；二是经济利益的激励；三是权力与职位的激励。

第三节　团队文化设计

一、团队文化设计的定义

团队文化是团队在发展的过程中所形成的工作方式、思维习惯和行为准则。高效团队来自统一的团队文化，团队文化一旦形成，便会强烈地支配着团队成员的思想和行为。

团队文化是由团队价值观、团队氛围、团队效率等要素综合在一起而形成的。

1. 团队价值观

团队价值观就是团队成员共同认可的一种集体意识，是团队成员共同价值观和理想信念的体现，是凝聚团队、推动团队发展的精神力量。团队价值观是员工思想与心态的高度整合，是员工在行动上的默契与互补，是员工之间的互相宽容与理解。

2. 团队氛围

团队的管理作风、自主的工作环境和富有挑战性的工作，使成员之间相互信任，能够坦诚、开放、平等地沟通与交流，人际关系和谐，身心愉快，参与意愿强烈，工作中充满了热情与活力。团队发展过程中经常碰到困难与挫折，但高级团队能够使团队成员愉悦相处并享受作为团队一员的乐趣，团队里不乏幽默的氛围，团队内部士气高昂，团队成员不畏艰难、不畏挫折，时刻保持旺盛的斗志。团队在文化氛围上既强调团队精神，又鼓励自我完善与发展，杜绝过于强调团队精神而压倒个性的文化倾向，由此激发个人的积极性、主动性、创造性。

3. 团队效率

团队成员不断提高自己的能力、素质与觉悟，整个团队弥漫着终身学习的氛围。团队目标统一，分工明确，权责分明，办事积极果断。团队不墨守成规，经常能创造性地解决问题，并且有着很好地对变化实行检测的预警系统与习惯，能对技术的变迁做出迅速反应，对价值观的变化做出调整。平等的氛围使成员畅所欲言，能够从不同角度提出不同的意见和方案，使决策科学、合理。团队内部以及团队与组织其他部门之间可建立密切的联系，信息沟通畅快，决策效率高。

二、团队文化管理的 3 个原则

1. 目标一致

目标即方向，方向决定未来。奋斗方向统一，团队的合力才会与日俱增。在物理学中，合力的大小，不仅取决于各分力的大小，而且取决于各分力的方向。固然，各分力的大小不变，但用力方向不一致，合力也就不可能达到峰值，甚至会等于零。

2．和衷共济

俗话说，和衷共济，则飞黄腾达。"衷"者，内心也；"和衷"，即同心同德；"共济"，此乃共同渡过江河也。那么，"和衷共济"，就是说大家一条心，共同克服困难，这是自古以来人们一直追求的境界。

3．合力制胜

合则盛，分则衰。合者势大，分者力弱。这正如古人所说的"兄弟齐心，其利断金"。在组织里面，要发挥各种优势，必须讲究合力。如果成员之间没有合力，即使都很努力，团队也很难发挥最大的效能。

三、团队文化设计的意义

团队文化对于团队具有重要意义。文化管理是企业管理的最高境界，现代企业最高层次的竞争是文化竞争。文化作为一种无形资产，同时更是一种潜在投资，可见企业文化对于一个服务团队的正常运行具有极其重要的作用。

一个企业最高层次的竞争是企业文化的竞争。互相信任、互相尊重，拥有共同的价值观和目标的员工，总会想方设法去取悦顾客，促进企业核心竞争力的提升。

由此可见，塑造文化对高效服务团队的益处显而易见。通过对团队文化的总结、提炼，可形成一套共享的价值标准，形成团队成员之间沟通的"共同语言"和"准则"，有利于降低沟通成本，提高工作效率；同时，优秀的文化造就敬业的员工，敬业的员工带来满意的客户，满意的客户形成忠诚的品牌。

四、设计企业团队文化

1．要有明确的企业愿景、使命、价值观及具体的服务战略和目标

企业的愿景、使命、价值观及战略是企业文化的内核，企业的愿景、使命有着强大的拉力，文化又为企业战略的优化提供持续的内在动力。企业如果没有明确的愿景规划和战略目标，只是走一步算一步，那么就无法形成核心驱动力。团队的运作也是如此，如果团队成员不知道自己应该去做什么，怎么做才好，这将在一定程度上限制团队成员能力的发挥。没有一致的目标，企业或团队就没有凝聚力和向心力，也就无法发挥出团队的最大效能。

2．团队内部要有形成文字并且落实到实际工作中的整套规章、制度及流程

目前团队常见的问题是缺乏完善的制度体系及制度没法得到有效的落实。如果团队还没有形成一套行之有效的绩效管理制度，就无法衡量团队中各个成员的工作业绩，更无法把握整个过程的进展，就无法进行针对性的指导和推进，所以也就无法管理，这恐怕是团

队运行不佳的主因。

3. 客户经理团队内部要通过日常的管理活动来推进文化的实施

企业文化不应该只是表现在企业的宣传口号、制度的制定及流程设计当中，也必须落实并体现在一些具体的日常工作当中，比如，是否可以将企业的文化同企业具体的人员招聘结合起来。新员工入职后，往往存在对于企业的文化理念和具体工作流程不满意而离职，那么企业在具体的人员招聘中，是否考虑了应聘人员的性格特质能否与企业文化相适应，是否在新人入职的时候对其进行过系统的企业文化培训，是否在针对员工的考核当中引入企业文化的要素。这一点在客服团队的人员离职管理方面非常重要，应通过与员工的沟通，了解其离职的动因，以便及时调整招聘策略，筛选出适合公司文化并具备一定技能要求的人员。

4. 有目的地在团队内部促进企业文化的推广与发展

当前很多企业服务部门都设立了相关服务的标识及宣传渠道，如宣传栏、读书俱乐部、相关的竞赛及文体活动等，在这些宣传栏内，通过对优秀服务人员的表彰和宣传，树立榜样，促进了解和沟通等。另外，可以通过整体的着装、干净整洁的办公环境等外在的物质形象来体现出团队的氛围和文化。而一些服务团队，如电话订货员服务团队的设计就很注重这方面的考虑，从踏入电话订货服务中心的第一步到离开、从宣传栏到表扬栏、从环境到着装，无时不能感受团队文化的魅力。

5. 培养并任命高效的市场经理

客户经理服务团队文化的形成，市场经理个人的管理行为及风格往往会起到十分重要而又微妙的作用。如果服务团队缺少团队文化，那么市场经理就会面临角色定位不清、工作缺乏热情、责任感减弱、观念跟不上、缺乏敬业精神等问题。

6. 对团队员工的培训

作为一个集体，员工的组成、知识结构、工作经验都参差不齐，这就需要对员工开展一些相应的培训。需要通过专业的培训让其了解相关的产品知识，安排有经验的员工对他们进行"传、帮、带"。一些工作技巧以及谈话技巧在每月的例会中都应该重点提出来让大家相互交流、相互学习。

7. 团队员工之间的沟通、交流与合作

鼓励员工之间经常相互联系、沟通信息，特别是同一市场的销售人员之间更应该经常交流，了解相互之间的处事方式，因为每一个员工代表的都是企业的形象，不能因为个人的处事方式而影响到公司的整体形象。例如，有个别地区由于业务员之间的竞争导致了相互之间的猜忌，那么就要通过找当事人谈话、重新规划市场发展构架、统一政策尺度和对外口径等加以协调，让他们之间相互配合，不再像以前一样总产生摩擦，这样业务工作才能做得非常出色。

本章小结

　　创业团队就是指在创业初期，由一群才能互补、责任共担、愿为共同的创业目标而奋斗的人所组成的特殊群体。通过本章的学习，学生应知道如何组建自己的创业团队，如何管理自己的创业团队，并打造自己的企业团队文化。

课后练习

　　1. 创业团队与一般团队的区别是什么？

　　2. 组建创业团队的原则是什么？

　　3. 创业团队组建的程序是什么？

　　4. 创业团队的管理技巧有哪些？

　　5. 如何设计企业团队文化？

第七章

市场调查

学习目标

通过本章的学习，了解市场调查的含义与类型，掌握市场调查的方法。

能力目标

能够进行调查问卷的设计与分析，能采取有效手段进行市场调查。

第一节　市场调查概述

一、市场调查的含义

市场调查也称市场调研，是指应用各种科学的调查方式、方法，收集、整理、分析市场资料，对市场状况进行反映或描述，以认识市场发展变化规律的过程。

市场调查是一项颇费心力的工作，与市场相关的客观因素，诸如环境、政策、法规，以及与市场相关的主观因素，如消费者需求、竞争对手等，任何一个方面都要经过详细的调查，不能敷衍了事。详尽的市场调查有助于创业者做出更好的营销决策，减少失误，增强成效。

二、市场调查的内容

为了实现市场调查的上述功能，就需要在市场调查时对创业环境、竞争对手、消费者需求状况等展开调查。

1. 创业环境调查

创业环境调查包括宏观环境调查和行业环境调查。

（1）宏观环境调查。可以通过 PEST 调查展开，即要对创业项目面临的政治环境、经济环境、社会环境和技术环境进行调查。

P 即 Politics，政治环境，是指一个国家或地区的政治制度、体制、方针政策、法律法规等方面的因素。政府管制、政府采购规模和政策、税法修改、劳动保护法修改、公司法和合同法修改、财政和货币政策等都会对创业企业未来的经营状况产生重要的影响。

E 即 Economics，经济环境，是指一个国家的经济制度、经济结构、产业布局、资源状况、经济发展水平及未来经济走势等。其关键要素包括 GDP 增长率、利率水平、财政货币政策变化、通货膨胀率、失业率、居民可支配收入、能源供给成本、市场机制和市场需求等。这些因素不仅是企业经营环境的重要组成部分，而且直接影响企业未来的经营成本和销售收入，进而影响创业项目的可行性。

S 即 Society，社会环境，是组织所在社会中成员的民族特征、文化传统、价值观念、宗教信仰、教育水平及风俗习惯等因素。其构成要素包括人口规模、年龄结构、种族结构、收入水平、消费结构、人口流动性等。其中，人口规模直接影响着一个国家或地区的市场容量，年龄结构决定消费品的种类及推广方式。

T 即 Technology，技术环境，是指社会技术总水平及变化趋势、技术变迁、技术突破对企业的影响，以及技术与政治、经济、社会环境之间的相互作用的表现等，包括与企业生产有关的新技术、新工艺、新材料的出现和发展趋势及应用前景。

（2）行业环境调查。常用的工具是战略家迈克尔·波特于 20 世纪 80 年代提出来的"五力模型"。新竞争对手的入侵、替代品威胁、买方议价能力、卖方议价能力及现存竞争者间的竞争等因素，是决定企业盈利能力的首要因素，可以用来分析企业所在行业的竞争特征和产业的吸引力。这 5 种作用力综合起来会影响价格、成本和投资收益等因素，从而决定某产业中的企业获取超出资本成本的平均投资收益率的能力。例如，卖方议价能力会影响原材料成本和其他投入成本；竞争强度影响价格及竞争成本。

2. 竞争对手调查

对竞争对手的调查从寻找、分析竞争对手开始，创业团队必须首先能够判断出企业直接或潜在的竞争对手。一般来说，直接竞争对手是与创业企业提供类似产品的企业。这类竞争者相当重要，因为它们与企业争夺同一顾客群。间接竞争者是提供创业企业产品替代品的企业，与创业企业一样可以满足消费者的一些基本需求。另外，创业团队还要针对创业企业经营范围的变化情况将未来可能的竞争者也列入调查分析的范围。

识别出所有的直接或间接竞争者一般很难做到，但是通过列举一些自己能够意识到的竞争者类型，对其经营状况进行分析，将有助于创业者对竞争范围和强度做出基本估计。再通过对主要竞争者的战略和行为进行对比分析，创业者可以了解关键领域与竞争对手相比的优劣势所在，明确其存在竞争优势的领域。

3. 消费者需求状况调查

经营是"消费者需求洞察"，销售是"消费者心理探寻及满足"，消费者需求调查和分析是企业经营成败的焦点和核心之一。创业之前，创业团队应该对消费者的需求特征，以及影响消费者消费的关键因素等进行调查。

通过问卷、访谈、座谈、讨论、观察、写实等调查形式和手段，创业团队可以对目标消费者进行全面研究，挖掘消费者的潜在需求，对不同群体消费者对某一类产品的消费心理、消费行为、消费需求、消费动机、消费决策过程及信息获取渠道等进行分析，帮助企业正确进行产品定位和目标市场定位，减少企业在产品选择和市场选择上的失误，并可在充分调查研究的基础上，进一步评估潜在市场的吸引力和企业在该市场的竞争力，制定相应的营销策略。需求调查表的调查对象是产品的目标用户，问题设计要尽量短小、易于回答。

三、市场调查的类型

市场调查从不同角度可区分为不同的类型，这种分类有利于对市场调查全面系统地理解，也有利于市场的实践者明确调查目的和内容。

（1）根据购买商品的目的不同，可将市场调查分为消费者市场调查和产业市场调查。

1）消费者市场，其购买目的是满足个人或家庭生活需要，它是最终产品的消费市场，是社会再生产消费环节的体现。消费者市场调查的目的主要是了解消费者需求数量和结构及其变化。

2）产业市场也称为生产者市场，其购买目的是生产出新的产品或进行商品转卖。产业市场是初级产品和中间产品的消费市场，涉及生产领域和流通领域。产业市场调查主要是对市场商品供应量、产品的经济寿命周期、商品流通的渠道等内容进行调查。

（2）根据商品的流通环节不同，可将市场调查分为批发市场调查和零售市场调查。

1）批发市场调查主要是从批发商品交易的参加者、批发商品流通环节的不同层次、批发商品购销形式、批发商品的数量和规模等方面进行；着重掌握我国批发市场的商品交易状况，分析批发市场商品的流通数量、流通渠道与社会生产的关系和零售市场的关系等。

2）零售市场调查主要是调查不同经济形式下零售商品的数量及其在社会零售商品流转中的比重，并分析研究其发展变化规律；调查零售市场的商品产销服务形式；调查零售商业网点分布状况及其发展变化；调查消费者在零售市场上的购买心理和购买行为；调查零售商品的数量和结构等。

除此之外，市场调查还可根据产品层次、空间层次、时间层次不同，区分为各种不同类型的市场调查。

四、市场调查的功能与作用

市场调查可以帮助创业者把握准确的信息，对创业项目进行可行性分析，使创业者了解行业资讯，做出科学的市场定位，并通过科学的决策，制订相应的营销计划。

（1）帮助创业者把握准确的信息，对创业项目进行可行性分析。通过市场调查，创业者对拟提供产品或服务的市场潜在需求量大小、消费者分布集中度、产品或服务吸引目标市场的原因、市场的竞争程度等信息会有一个大致的了解，据此可以分析创业项目的可行性。

通过对所需资源丰裕程度及获取难易程度的调查，可以对项目运作的可能性做出判断；通过市场调查还可以对未来的发展趋势及消费习惯的可能性变化进行预测，对项目的持续性展开分析，并根据调查信息适当对创业计划做出调整，使创业者更好地驾驭创业项目。

（2）帮助创业者了解行业资讯，进行科学的市场定位。通过对行业信息调查，可以对行业的生命周期阶段、行业机会大小、行业竞争状况、行业的进入和退出进行分析判断；同时结合对消费者需求的了解，创业者可以更加了解对应的细分市场，做出科学的市场定位，包括产品定位、客户定位、区域定位、价格定位等。

（3）帮助创业者做出科学决策，制订相应的营销计划。通过市场调查了解到的消费者消费习惯、容易接受的沟通方式、愿意支付的价格等信息，创业企业可以制订切实可行的营销计划，从最终确定的消费者群体的喜好出发，按照其可以接受的价格和时间，选择其方便的购买方式进行恰当的促销，并通过积极的沟通对客户关系进行管理，与消费者之间建立一种稳固的、密切的、长期共赢的关系。

第二节　市场调查的流程与设计

一、市场调查的基本方式

各种市场调查方式都具有一定的特点、规定，也各有适用的条件，常用的几种市场调查方式有以下 5 种：

1. 市场普查

市场普查也称市场全面调查或市场整体调查，它是对市场调查对象总体的全部单位无一例外地逐个进行调查。普查的目的是了解市场的一些至关重要的基本情况，对市场状况做出全面、准确的描述，从而为制定市场有关政策、计划提供可靠的依据。

2. 典型调查

典型调查是在对市场现象总体进行分析的基础上，从市场调查对象中选择具有代表性的单位作为典型，进行深入、系统的调查，并通过对典型单位的调查结果来认识市场现象的本质和规律。显然，典型调查是一种非全面调查，它只对总体中的部分单位进行调查，目的是通过对典型单位的调查来认识市场现象总体的规律性及其本质。

3. 重点调查

重点调查是从市场调查对象总体中选择少数重点单位进行调查，并用对重点单位的调查结果反映市场总体的基本情况。这里的重点单位是指其数量在总体中占的比重不大，但其某一数量标志值在总体标志总量中占的比重却比较大，通过对这些重点单位的调查，就可以了解总体的基本情况。

4. 个案调查

个案调查也称个别调查，是从总体中选取一个或几个单位对其进行深入研究。其主要作用在于深入细致地反映某一个或几个单位的具体情况，而不是想通过个案调查来推断总体。个案调查是市场调查初期经常采用的方式，它实际上是对市场现象某一"点"的研究。

5. 抽样调查

抽样调查是按照随机原则，从全部调查对象中随机抽取一部分单位进行调查，并依据所获得的数据，对全部研究对象的数量特征，做出具有一定可靠性的估计判断，从而达到对全部研究对象认识的一种方法。

二、市场调查的方法

市场调查的方法主要有观察法、试验法、焦点小组访谈法和问卷法等。

1. 观察法

观察法是社会调查和市场调查研究的最基本方法。其是由调查人员根据调查研究的对象，利用眼睛、耳朵等感官以直接观察的方式对其进行考察并搜集资料。例如，市场调查人员到被访问者的销售场所去观察商品的品牌及包装情况。

（1）观察法的使用条件。

1）所需要的信息必须是能观察到的。

2）所要观察的行为必须是重复性的。

3）所要观察的行为必须是相对短期的。

（2）观察法的优点和缺点。

1）优点。避免了在面对面人员调查的过程中调查人员的主观态度和问题结构中存在的缺陷而导致的误差。

2）缺点。往往停留在对表面现象的观察，却无法深入探究人们的动机、态度、想法和情感；被观察者的随意性使观察到的行为不具有代表性。

2. 试验法

试验法是由调查人员根据调查的要求，用试验的方式将调查的对象控制在特定的环境条件下，对其进行观察以获得相应的信息。控制对象可以是产品的价格、品质、包装等，在可控制的条件下观察市场现象，揭示在自然条件下不易发现的市场规律。

试验法主要用于市场销售试验，即所谓的市场测试。通过小规模的试验性改变，以观察消费者对产品或服务的反应，从而分析改变是否值得在大范围内推广。试验法常用的领域有以下几种：

（1）市场饱和度测试。市场饱和度反映市场的潜在购买力，是制定市场营销战略和策略的重要参考指标。企业通常通过将消费者购买产品或服务的各种决定因素（如价格等）降到最低限度的方法来测试市场饱和度。

（2）产品的价格试验。这种试验往往将新定价的产品投放市场，对顾客的态度和反应进行测试，了解顾客是否接受这种价格及其接受程度。

（3）新产品上市试验。为了降低新产品的失败率，在产品大规模上市前，运用试验调查对新产品的各方面（外观设计、性能、广告和推广营销组合等）进行试验是非常有必要的。

3. 焦点小组访谈法

焦点小组访谈法源于精神病医生所用的群体疗法。目前的焦点小组一般由 8 ～ 12 人组成，在一名主持人的引导下对某一主题或观念进行深入讨论。焦点小组调研的目的是了解和理解人们心中的想法及其原因。调研的关键是使参与者对主题进行充分和详尽的讨论。调研的意义在于了解他们对一种产品、观念、想法或组织的看法，了解所调研的事物与他们的生活的契合程度，以及在感情上的融合程度。

焦点小组访谈法不只是一问一答式的面谈。它们之间的区别也就是"群体动力"和"群体访谈"之间的区别。群体动力所提供的互动作用是焦点小组访谈法成功的关键，正是因为互动作用才组织一个小组而不是进行个人面谈。使用群体会议的一个关键假设是，一个人的反应会成为对其他人的刺激，从而可以观察到受试者的相互作用，这种相互作用产生的信息比同样数量的人单独陈述提供的信息更多。

4. 问卷法

问卷法是通过设计调查问卷，让被调查者填写调查表的方式获得所调查对象的信息的方法。在调查中将调查的资料设计成问卷后，让接受调查的对象将自己的意见或答案填入问卷中。在一般进行的实地调查中，以问卷法采用最广泛，同时，问卷法在网络市场调查中运用得也较为普遍。

▶▶案例　**焦点小组访谈提纲——对大学生订餐情况的调查**

一、调查目的

大学生人群订餐总体状况；

大学生对网上订餐的看法；

网上订餐与食堂的差距的看法；

大学生对送餐服务的认同情况。

二、开场白

大家好，我是本场访谈会的主持人×××，是×××专业的学生。首先要感谢大家在百忙之中抽出时间来参加我们的访谈会，我在这里向大家表示感谢。

下面，让我们彼此认识一下。

三、访谈规则

本场访谈会将在轻松愉快的气氛中进行，希望大家畅所欲言。

大家要善于倾听别人的看法，不得打断。

我们这里有自动的录音监控设备，请大家不要把我不做笔记当作我对大家的不尊重。请大家各抒己见，不要怕说错，你们的想法和建议才是最重要的。

本场访谈会的主题是"大学生订餐情况的调查"。

四、提问交流

1. 你平常订餐吗？大概什么时候开始的？用什么方法比较多？

2. 如果你在网上订餐，你都用哪个软件？

3. 你认为大学生选择网上订餐的原因都有哪些？

4. 你认为影响大学生选择不同订餐方式的原因有哪些？

5. 你认为去食堂就餐的好处有哪些？订餐的好处有哪些？

6. 在食堂就餐有哪些情况你是不能接受的？

7. 网上订餐有哪些情况你是不能接受的？

8. 对于网上订餐你有什么看法？

9. 你认为网上订餐好吗？好在哪？

10. 你认为网上订餐节省时间吗？为什么？

11. 如果出现了问题，你还会选择网上订餐吗？为什么？

五、结束语

通过这场访谈，我们知道了……

非常感谢大家让我们度过了一个开心的上午／下午。

为了表达谢意，送给各位一份小小的礼物留作纪念！谢谢大家对我们的支持和配合，本场访谈非常成功。

三、市场调查的基本流程

科学的市场调查必须按照一定的步骤进行，保证市场调查的顺利进行和达到预期的目的。市场调查的步骤大致可分为以下4个阶段：

1. 市场调查的准备阶段

市场调查的准备阶段是市场调查的决策、设计、筹划阶段，也是整个调查的起点。这个阶段的具体工作有三项，即确定市场调查任务、设计市场调查方案、组建市场调查队伍。合理确定市场调查任务是搞好市场调查的首要前提，科学设计市场调查方案是保证市场调查取得成功的关键，认真组建市场调查队伍是顺利完成市场调查任务的基本保证。

（1）确定市场调查任务。包括选择调查课题、进行初步探索等具体工作。调查课题是市场调查所要说明的市场问题，选择调查课题是确定调查任务的首要工作。在实际工作中，选择课题既要从管理的需要性出发，也要考虑到实际取得资料的可能性；同时，还应具有科学性和创造性，在科学理论指导下，按照新颖、独特和先进的要求来选择调查课题。

（2）设计市场调查方案。市场调查方案是整个市场调查工作的行动纲领，起到保证市场调查工作顺利进行的重要作用。市场调查方案一般必须包括以下主要内容：

1）明确市场调查目的。即说明为什么要做此项调查，通过市场调查要解决哪些问题、达到什么目标。市场调查目的要明确提出，决不能含糊、笼统。

2）设计市场调查的项目和工具。这是市场调查方案的核心部分，也是设计市场调查方案时必须要考虑的。市场调查项目是调查过程中用来反映市场现象的类别、状态、规模、水平、速度等特征的名称；市场调查工具是指调查指标的物质载体；设计出的市场调查项目最后都必须通过市场调查工具表现出来。

3）规定市场调查的空间和时间。市场调查空间是指市场调查在何地进行，有多大范围。市场调查空间的选择有利于达到调查目的，有利于搜集资料工作的进行，有利于节省人、财、物。

4）规定市场调查对象和调查单位。市场调查对象是指市场调查的总体，市场调查对象的确定决定着市场调查的范围大小，它由调查目的、调查空间、调查方式、调查单位等共同决定。

5）确定市场调查方法。包括选择适当的组织调查方式和搜集资料的方法。调查方法的选择要根据市场调查的目的、内容和一定时间、地点、条件下市场的客观实际状况来进行。调查者必须选择最适合、最有效的方法，做到既节省调查费用，又能达到调查目的。

6）落实市场调查人员、经费和工作安排。这是市场调查顺利进行的基础和条件，也是设计市场调查方案时不可忽视的内容。

（3）组建市场调查队伍。组建一支良好的市场调查队伍，不仅要正确选择市场调查人员，而且要对市场调查人员进行必要的培训。对市场调查人员的培训内容，有思想教育、知识准备、方法演练等。

2. 市场调查搜集资料阶段

市场调查搜集资料阶段是市场调查者与被调查者进行接触的阶段，为了能够较好地控制和掌握工作进程，顺利完成调查任务，调查者必须做好有关各方面的协调工作：要依靠被调查单位或地区的有关部门和各级组织，争取支持和帮助；要密切结合被调查者的特点，争取他们的理解和合作。

在整个市场调查工作中，调查搜集资料阶段是唯一的现场实施阶段，是取得市场第一手资料的关键阶段。因此，要求组织者集中精力做好内外部协调工作，力求以最少的人力、最短的时间、最好的质量完成搜集资料的任务。

3. 市场调查研究阶段

市场调查研究阶段的主要任务是对市场搜集资料阶段取得的资料进行鉴别与整理，并对整理后的市场资料做统计分析和开展理论研究。

鉴别资料就是对取得的市场资料进行全面的审核，目的是消除资料中的虚假、错误、短缺等现象，保证原始资料的真实性、准确性和全面性。

整理资料是对鉴别后的市场资料进行初步加工，使调查得到的反映市场现象个体特征的资料系统化、条理化，以简明的方式反映市场现象总体的特征。

对资料的整理主要是应用分组分类方法，对调查资料按研究问题的需要和市场现象的本质特征做不同的分类。

4. 市场调查总结阶段

市场调查总结阶段是市场调查的最后阶段，主要任务是撰写市场调查报告，总结市场调查工作，评估市场调查结果。市场调查报告是市场调查研究成果的集中体现，是对市场调查工作最集中的总结，而撰写市场调查报告是市场调查的重要环节，必须使调查报告在理论研究或实际工作中发挥重要作用。另外，还应对市场调查工作的经验教训加以总结。评估调查结果主要是从学术成果和应用成果两方面进行，目的是总结市场调查所取得的成果价值。认真做好总结工作，对于提高市场调查研究的能力和水平，有很重要的作用。

在市场调查的实际工作中，市场调查的各阶段是相互联系、有机结合的。

四、设计调查问卷

（一）调查问卷的设计原则

问卷设计得好坏很大程度上又与设计原则有关。其主要的设计原则包括以下 6 项：

1. 合理性

合理性指的是问卷必须与调查主题紧密相关。违背了这样一点，再漂亮或精美的问卷都是无益的。而所谓问卷体现调查主题其实质是在问卷设计之初要找出"与调查主题相关的要素"。

2. 普遍性

普遍性，即问题的设置是否具有普遍意义。应该说，这是问卷设计的一个基本要求。如果我们仍然能够在问卷中发现带有一定常识性的错误，那么这一错误不仅不利于调查成果的整理分析，而且会使调查委托方怀疑调查者的专业水平。

3. 逻辑性

问卷的设计要有整体感，这种整体感即问题与问题之间要具有逻辑性，独立的问题本身也不能出现逻辑上的谬误。问题设置得紧密相关，能够使调查者获得比较完整的信息。调查对象也会感到问题集中、提问有章法。相反，假如问题是发散的、带有意识流痕迹的，问卷就会给人以随意性的感觉。那么，将市场调查作为经营决策依据的企业就会对调查失去信心。

4. 明确性

所谓明确性，事实上是指问题设置的规范性。这一原则具体是指命题是否准确，提问是否清晰明确、便于回答，被访者是否能够对问题做出明确的回答等。

5. 非诱导性

不成功的记者经常会在采访中使用诱导性的问题。这种提问方式如果不是刻意地要得出某种结论而甘愿放弃客观性的原则，就是彻头彻尾的职业素质的缺乏。在问卷调查中，因为有充足的时间做提前准备，这种错误会大大减少。这一原则之所以成为必要，是因为高度竞争的市场对调查业的发展提出了更高的要求。

6. 便于整理、分析

成功的问卷设计除考虑到紧密结合调查主题与方便信息收集外，还要考虑到调查结果应容易得出并有说服力。这就需要考虑到问卷在调查后的整理与分析工作。

（二）问卷的一般结构

问卷一般由卷首语、问题与回答方式、编码和其他资料四个部分组成。

（1）卷首语。卷首语是问卷调查的自我介绍信。卷首语的内容应该包括：调查的目的、意义和主要内容，选择被调查者的途径和方法，被调查者的希望和要求，填写问卷的说明，回复问卷的方式和时间，调查的匿名和保密原则，以及调查者的名称等。为了能引起被调查者的重视和兴趣，争取他们的合作和支持，卷首语的语气要谦虚、诚恳、平易近人，文字要简明、通俗、有可读性。卷首语一般放在问卷第一页的上面，也可单独作为一封信放在问卷的前面。

（2）问题和回答方式。问题和回答方式是问卷的主要组成部分，包括调查询问的问题、回答问题的方式以及对回答方式的指导和说明等。

（3）编码。编码就是把问卷中询问的问题和被调查者的回答，全部转变为 A、B、C……或 a、b、c……代号和数字。

（4）其他资料。其他资料包括问卷名称、被访问者的地址或单位（可以是编号）、访问员的姓名、访问开始的时间和结束的时间、访问完成情况、审核员的姓名和审核意见等。

有的自填式问卷还有一个结束语。结束语可以是简短的几句话，对被调查者的合作表示真诚的感谢；也可稍长一点，顺便征询一下对问卷设计和问卷调查的看法。

（三）调查问卷设计的步骤

问卷设计是由一系列相关的工作过程构成的。为使问卷具有科学性、规范性和可行性，一般有以下 7 个步骤：

（1）确定调查目的、调查对象。确定为什么要调查，通过这次调研创业者想获得什么样的信息，这些信息从哪里获得，调查对象有哪些特征。

（2）确定数据收集方法。获得调查数据可以有多种方法，包括人员访问、电话调查、邮寄调查和自我管理调查等。每一种方法对问卷设计都有影响。

（3）确定问题提问形式。问题类型有开放式问题、封闭式问题、量表应答式问题等。

（4）提问和答案的设计。一旦确定了提问类型，下一步就是设计问题和答案选项。设计问题和答案时要遵循多方面要求，诸如要定义清楚所讨论的主题，用词要清楚、简单、通俗易懂，避免对应答者产生诱导，要考虑到调查对象回答问题的能力，避免一问多答，避免所提出的问题得到的答案与预想的不一致等。

（5）优化问卷编排。在系统阐述问题后，下一步就是将其排序并形成编排的问卷。同样的问题，安排合理有利于有效获得信息。这里有一些经验可以借鉴：问题的编排应具有逻辑性，符合人们的思维习惯；问题的编排应先易后难，有利于调查对象把问卷做完；敏感性问题、开放性问题和背景问题置于最后。

（6）预调查并修改。将编排好的问卷用于小规模的调查，及时发现问卷中存在的问题并加以修改，避免将来大规模地返工，浪费时间、精力和金钱。

（7）准备好最后的问卷。将预调查后删除、修改后的问卷进行整理，编制出付诸实施的问卷，将问卷印刷出来，准备实施调研。

五、调查问卷分析

（一）调查数据的整理

在分析调查问卷之前，先对调查数据进行整理。首先要对调查获取的信息进行检验，剔除无效信息，然后对信息进行分类和统计。

1. 数据有效性鉴别

调查数据整理的第一项工作是对调查所获得的信息进行有效性鉴别。具体来说，要通过适当的鉴别程序、鉴别方法和鉴别标准来进行。例如，检查是否有字迹不清的问卷和没按规定填写的问卷等。实际上，一般只要具备无效问卷的一项特征，该问卷就应当被视为无效问卷。

2. 计数统计

调查数据整理的第二项工作就是计数统计。计数统计是在数据有效性鉴别的基础上，根据问卷设计将问卷结果进行分类统计数量，再进行相应的百分比计算和平均数计算。有些情况下，也可以用图形的方式来显示统计结果。

3. 非数量化信息的整理

对非标准化的调查，同样也需要对调查获得的信息进行整理，其基本思路也是首先对信息进行分类整理，然后提炼出有价值的信息。例如，针对某种新服务模式的调查，可能会出现赞同、不赞同和建议三种观点，在信息整理的时候就需要提炼出这三种观点的依据，为后面的分析奠定基础。对于建议意见，则要列出被调查者所提出的各种措施，对相似措施可以加以合并。

（二）调查数据的研究分析

调查数据的研究分析就是利用整理后的数据进行相关性分析和预测，得出各种有价值的数据或观点。调查数据的研究分析一般包括相关性分析、预测性分析和市场调查结论分析。

1. 相关性分析

所谓相关性分析，就是利用调查获得的信息来探究被调查者的各种特征之间是否存在关联。常见的关联有因果关系、正（负）相关关系、指数关系等。相关性分析的基本方法有对比法和图示法两种。

（1）对比法。对比法是依据被调查者的某一基本信息，将调查对象分成两部分或多部分，然后比较这些部分在回答事实性问题或态度性问题中的差异，从而推断出该信息与所研究的事实或观点之间是否存在相关性。例如，曾经有一个创业团队在他们的调查数据中发现一个人的学历与上网娱乐之间存在相关性。该调查首先是将调查对象按学历划成高中以上、高中及以下两个群体，结果发现高中及以下学历群体喜欢以上网为娱乐方式的人数比例要显著低于高中以上学历人群。

（2）图示法。图示法是在通过对比发现差异的基础上，进一步研究差异中所体现的规律，给出两个要素之间更明确的相关关系。因此，图示法一般要求两个要素有相对应的系列数据，以判断两者之间的关系变化趋势。图示法一般需要运用 Excel、SPSS、Stata 等软件操作。

2. 预测性分析

（1）以样本预测总体。以样本预测总体是市场调研预测中最基本的思路和方法，也是很多其他预测方法的基础。对于目标调查者数量庞大的项目，逐个调查不但存在成本高、操作困难的问题，而且从某种意义上来说也不必要，这时就可以通过对其中某一部分调查对象的分析来推断总体情况。在了解某一产品的市场需求量或者目前的市场保有量的过程中，以样本预测总体是最常用的方法。

（2）回归预测。回归预测是利用需要预测的数据与其他要素数值之间的相关关系进行预测的方法。该方法需要采用适当的数学模型计算出各要素的较为精确的相关关系。以某一饮料的销售量预测为例，通过调查发现，这种饮料每个月的销售量与其辐射范围内的人口数量、人均收入、广告费用等存在相关关系。在获得该饮料 20 个月的销售量和广告费之后，就可以通过适当的数学模型计算出它们的关系。

（3）时间序列法。时间序列法是利用某些调研指标与时间的关联关系，在已知该指标历史数据的情况下，根据其历史数据随时间的变化趋势来预测该指标将来值的方法。依据预测指标的具体特点和历史数据的变化情况，可以选择简单平均法、移动平均法、指数平滑法或趋势延伸法等进行预测。

3. 市场调查结论分析

在前面所介绍的计划、调查、分析、预测的基础上，甚至是在形成一定的结论和观点的基础上，还需要结合调研目的提出相应的解决问题的对策和建议，或者直接做出相应决策。在形成对策和建议之前，还有一项基本工作，就是对整个调查过程和调查结果进行总体评价，判断调研结果是否足以支撑相应决策，如果信息数量不足或者有效性不够，可能还需要进行一些补充调研。对于创业项目来说，市场调研至少要在企业规模、产品价格、销售渠道、促销突破口、创业项目财务可行性等方面给出相应的对策和建议。

本章小结

　　本章主要对市场调查的类型、功能、基本方式、方法、流程，调查问卷的设计与分析等内容进行了介绍。详尽的市场调查有助于创业者做出更好的营销决策，减少失误，增强成效。

课后练习

　　1. 简述市场调查的类型。
　　2. 市场调查的基本方式有哪些？
　　3. 调查问卷的设计原则是什么？
　　4. 调查问卷设计的步骤是什么？

第八章

产品设计与商业模式开发

学习目标

通过本章的学习，了解产品创新的含义、类型、基本方式，产品开发与设计的含义，商业模式的含义、构成要素、基本特征、类型；掌握产品开发与设计的流程和方法，商业模式设计的基本方法与商业模式画布。

能力目标

能进行产品创新开发与设计，能设计自己的商业模式。

第一节　产品开发与设计

一、产品创新

（一）产品创新的含义

一家企业要在激烈的市场竞争中获取一席之地，就必须不断进行产品开发和产品创新。创新已经成为企业竞争优势的源泉。产品创新，既包括企业提供某种新产品或新服务，也包括企业生产和传输产品或服务的新形式。

（二）产品创新的类型

根据创新对原消费模式的影响，产品创新可分为以下几种：

1. 连续创新

连续创新模式下的创新产品同原有产品相比，只有细微差异，对原消费模式的影响也十分有限。消费者购买新产品后，可以按原来的方式使用并满足同样的需求。

2. 非连续创新

非连续创新是指引进和使用新技术、新原理的创新。非连续创新是创新的另一个极端，要求消费者必须重新学习和认识创新产品，彻底改进原有的消费模式。例如，汽车、电子计算机、电视机等都是 20 世纪典型的非连续创新。

3．动态连续创新

动态连续创新是指介于连续创新和非连续创新之间的创新。其要求对原有的消费模式加以改变，但不是彻底打破。例如，洗衣机、微波炉、VCD 等产品就属于动态连续创新。

（三）产品创新的基本模式

与企业产品创新密切相关的主要因素是消费者的需求、市场竞争态势以及科学技术发展水平。据此，现代企业产品创新的主要模式包括消费者驱动模式、技术驱动模式和竞争驱动模式。

1．产品创新的消费者驱动模式

从事创新工作的人都有一个深刻的体会，即市场需求是产品创新之母。因此，企业在开发新产品之前，应该以市场需求为基础，确定创新的课题，发掘新产品，这是企业经营是否以市场为导向的一个根本体现。产品创新的消费者驱动模式是指新产品设想来源于市场的需求，所形成的概念、样品等再经消费者鉴别和筛选，最终开发出受市场欢迎的新产品的模式。这是一种最普遍的产品创新模式。在这种模式中，市场既是起点又是终点，技术开发和工艺开发都围绕着满足消费者需求而展开。由于这种创新的目标明确，创新的过程清晰，因此风险较小，应用面极广。当然，来自市场的创意一般只是改进型创意和完善型创意，创新的程度多为适应，首创较为少见。消费者驱动模式所创造出来的新产品是需求拉动型新产品。

2．产品创新的技术驱动模式

技术创新是产品创新的基础，即使新产品的设想来源于市场需求，要把设想变为现实、把概念转化为新产品都必须以技术的某种形式的创新为支撑。可以说，没有技术创新就不可能出现产品创新。如果产品创新过程起源于某种技术变革，那么这种创新就属于技术驱动的创新模式。产品创新的技术驱动模式是指创新设想来源于新技术和实验室，通过筛选评价尤其是商业前景的分析后开发出具有先驱性的新产品的创新模式。由这种模式创造出来的新产品一般是首创，投放市场的时机总是选择率先进入。技术进步是人类社会发展的基本动力，技术驱动模式也是产品创新的最基础的模式。由该模式创造出来的新产品属于技术推动型新产品，其开发风险较大，开发中可能遇到的困难最多，但一旦成功，所获取的收益也最大。这里所说的技术主要指科学技术，同时也包括生产技术、营销技术等。不同技术的开发难度不同，如果是科学技术驱动，必然涉及产品的原理、结构的改变，开发困难不仅涉及技术和生产方面的问题，而且涉及创造市场需求的问题。因此，运用技术驱动模式的关键，是要在技术进步与市场需求之间建立起沟通的桥梁，要通过新产品去发掘潜在的市场需求，去创造新的市场需求。

3．产品创新的竞争驱动模式

产品创新是企业进行市场竞争的主要手段之一。运用产品创新参与竞争有两种思路：

一是主动出击，即通过主动创造新产品来夺取市场份额，以取得期望的发展水平，动用产品开发的消费者驱动模式和技术驱动模式都属于主动出击；二是被动适应，即为了不被竞争对手挤出现有的市场而开发新产品。这里所讲的产品创新的竞争驱动模式就是一种被动适应的开发模式，但有时也是极为奏效的创新模式。产品创新的竞争驱动模式是指创新设想来源于竞争对手，通过对竞争对手的新产品进行模仿或改进而开发出具有竞争力的新产品的模式，这也是一种常见的新产品开发模式。从内容上看，竞争驱动模式并无特殊之处，无非是创意来源不同。它要求把竞争对手作为学习的楷模，强调"知己知彼，百战不殆"。日本人在运用这一模式方面堪称绝妙之至，电视机、照相机、电冰箱等许多现代科技产品都起源于美国和欧洲，但完善于日本，并为日本的经济腾飞做出了巨大贡献。

二、产品开发

（一）产品开发的含义

产品开发是指个人、科研机构、企业、学校、金融机构等创造性研制新产品或者改良原有产品的过程。产品开发的方法有发明、组合、减除、技术革新、商业模式创新或改革等。例如，电灯的发明、汽车设计的更新换代、饮食方式的创新、洗发水增加去头屑功能、空调变频等。

另外，美国次贷产品，也是种金融产品的开发，即使是失败的，仍属于产品开发的范畴。

（二）产品开发的基本流程

产品开发的基本流程包括以下六个阶段：

（1）计划。计划经常被作为"零阶段"。这是因为它先于项目的达成和实际产品开发过程的启动。这一阶段始于公司策略，包括对技术开发和市场目标的评估。计划阶段的成果是对项目任务的陈述，即定义产品的目标市场、商业目标、关键假设和限制条件。

（2）概念开发。概念开发阶段的主要任务是识别目标市场的需要，产生并评估可替代的产品概念。概念是指产品形状、功能和特性的描述，通常附有一套专业名词、竞争产品分析和项目的经济分析。

（3）系统水平设计。系统水平设计阶段包括产品结构的定义以及产品子系统和部件的划分。生产系统的最终装配计划也通常在此阶段定义。该阶段的产出通常是产品的几何设计、每一个产品子系统的功能专门化，以及最终装配过程的基本流程图。

（4）细节设计。细节设计阶段包括确定产品的所有非标准部件与从供应商处购买的标准部件的尺寸、材料和公差的完整细目。该阶段的产出是产品的控制文档，即描述每一部件的几何形状和制造工具的图纸和计算机文件、购买部件的细目，以及产品制造和装配的流程计划。

（5）测试和改进。测试和改进阶段包括产品的多个生产前版本的构建和评估。早期 α 原型通常由生产指向型部件构成，即那些和产品的生产版本有相同几何形状和材料内质，但又不必在生产的实际流程中制造的部件。要对 α 原型进行测试以决定产品是否如设计的那样工作以及产品是否能满足主要顾客的需要。后期 β 原型通常由目标生产流程提供的部件构成，但不必用目标最终装配流程来装配。通常要对 β 原型进行广泛的内部评估，消费者也会在使用环境下对它进行典型测试。β 原型制作的目的通常是回答绩效和可靠性问题，从而识别最终产品的必要性变化。

（6）产品推出。在产品推出阶段，应小规模生产产品并推入市场进行试用。试用的目的是培训工人和解决在生产流程中遗留的问题。有时把在此阶段生产出的物品提供给有偏好的顾客，仔细对其进行评估，以识别出一些遗留的缺陷。从产品推出到连续生产的转变通常是逐渐进行的。

三、产品设计

（一）产品设计的含义

产品设计是一个创造性的综合信息处理过程，通过多种元素（如线条、符号、数字、色彩等）的组合把产品的形状以平面或立体的形式展现出来。它是将人的某种目的或需要转换为一个具体的物品或工具的过程，这个过程是把一种计划、规划设想、问题解决的方法通过具体的操作，以理想的形式表达出来。

由于产品设计阶段要全面确定整个产品策略、外观、结构、功能，从而确定整个生产系统的布局，因而产品设计具有"牵一发而动全局"的重要意义。如果一个产品的设计缺乏生产成本意识，那么生产时将耗费大量资金用来调整和更换设备、物料和劳动力；相反，好的产品设计，不仅表现在功能的优越上，而且便于制造、生产成本低，从而使产品的综合竞争力得以增强。许多在市场竞争中占优势的企业都十分注意产品设计的细节，以便设计出造价低而又具有独特功能的产品。

在产品设计过程中，值得一提的一个概念是最简可行产品。所谓最简可行产品，是指在产品设计和开发过程中只具备最基本功能的产品，而这些最基本的功能又能够为产品及其后续开发提供足够且有效的研究基础。该概念最早由弗兰克·罗宾逊提出，旨在解决产品开发，尤其是产品初次发布中的问题。在很多产业中，减少产品功能会让开发、测试和生产成本大幅降低，因此，将产品功能简化会让投入和产出的比例更加合理。但是，产品功能过少，可能导致以后投向市场失败，而产品功能过于复杂又会导致收益率降低。因而，产品"最简"到底需要简化到什么程度，也是需要开发团队仔细斟酌和把握的。

（二）产品设计的流程

典型的产品设计过程包含概念开发和产品规划阶段、详细设计阶段、小规模生产阶段、增量生产阶段 4 个阶段。

1. 概念开发与产品规划阶段

在概念开发与产品规划阶段，应将有关市场机会、竞争力、技术可行性、生产需求的信息综合起来，以确定新产品的设计方案框架。这包括新产品的概念设计、目标市场、期望性能水平、投资需求与财务影响。在决定某一新产品是否开发之前，企业还可以通过小规模试验对概念、观点进行验证。试验包括样品制作和征求潜在顾客意见。

2. 详细设计阶段

一旦产品设计方案通过，新产品项目便转入详细设计阶段。该阶段基本活动是产品原型的设计与构造以及商业生产中所使用工具与设备的开发。

详细设计阶段的核心是"设计—建立—测试"循环。所需的产品与过程都要从概念上定义，而且体现于产品原型中，接着应对产品的模拟使用进行测试。如果原型不能体现期望性能特征，工程师则应寻求设计改进以弥补这一差异，重复进行"设计—建立—测试"循环。详细设计阶段的结束以产品的最终设计达到规定的技术要求并签字认可作为标志。

3. 小规模生产阶段

在小规模生产阶段，在生产设备上加工与测试的单个零件已装配在一起，并作为一个系统在工厂内接受测试。在小规模生产中，应生产一定数量的产品，也应当测试新的或改进的生产过程应付商业生产的能力。正是在产品开发过程中的这一时刻，整个系统（设计、工具与设备、零部件、装配顺序、生产监理、操作工、技术员）组合在一起。

4. 增量生产阶段

在增量生产阶段中，开始是在一个相对较低的数量水平上进行生产，当组织对自己的连续生产能力及市场销售产品能力的信心增强时，产量开始增加。

（三）产品设计的方法

1. 组合设计

组合设计又称模块化设计，是将产品统一功能的单元设计成具有不同用途或不同性能的可以互换选用的模块式组件，以便更好地满足用户需要的一种设计方法。当前，模块式组件已广泛应用于各种产品设计，并从制造相同类型的产品发展到制造不同类型的产品。组合设计的核心是要设计一系列的模块式组件，为此要从功能单元上，对几个模块式组件应包含多少零件和部件，以及在组合设计时每种模块式组件需要多少等进行研究。在面临竞争日益加剧、市场份额争夺异常激烈的情况下，仅仅生产一种产品的企业是很难生存的。因此，大多数制造厂家都生产很多品种的产品。这不仅对企业生产系统的适应能力提出新的要求，而且也会影响产品设计的方式。生产管理的任务之一，就是要寻求新的途径，使企业的系列产品能以最低的成本设计并生产出来。而组合设计则是解决这个问题的有效方法之一。

2. 计算机辅助设计

计算机辅助设计是运用计算机的能力来完成产品和工序的设计。其主要职能是设计计算和计算机制图。设计计算是指利用计算机进行机械设计时所进行的基于工程和科学规律的计算，以及在设计产品的内部结构时，为使某些性能参数或目标达到最优而应用优化技术所进行的计算。计算机制图则是通过图形处理系统来完成，在这一系统中，操作人员只需把所需图形的形状、尺寸和位置的命令输入计算机，计算机就可以自动完成图形设计。

3. 面向可制造与可装配的设计

面向可制造与可装配的设计，是指在产品设计阶段，设计师与制造工程师进行协商探讨，避免因传统的设计过程中"我设计，你制造"的方式引起的各种生产和装配问题，以及因此产生的额外费用和最终产品交付使用的延误。

第二节　商业模式开发

彼得·德鲁克认为："当今企业之间的竞争，不是产品之间的竞争，而是商业模式之间的竞争。"商业模式已经成为创业者十分关注的一个名词。几乎每一个创业者都确信，有了一个好的商业模式，成功就有了一半的保证。那么，到底什么是商业模式，它包含什么要素，又有哪些常见的类型呢？

一、商业模式的含义

商业模式的概念首次出现于 20 世纪 50 年代，在 20 世纪 90 年代因特网兴起后，引起了理论界和实践界的广泛关注。不同的学者对商业模式概念的描述各不相同。简单来说，商业模式就是能够为企业带来收益的一种模式，是企业进行赖以生存业务的活动方式。

商业模式本质上是企业为客户创造并传递价值，使客户感受并享受到企业为其创造的价值，反映的是利益相关者之间的交易关系。创业企业如果缺少这套逻辑或者是构思的商业模式效力不足，则创业企业未来既难以为客户创造价值，又难以向客户传递价值，更难以为自身赢得利润。

实际上，当要准备创业或正在创业时，只要能回答以下 3 个问题，并清晰地解决问题背后的商业逻辑，就能够定义好一个商业模式。即使完全不知道关于商业模式的定义，也完全可以设计出自己的商业模式。

问题 1：彼得·德鲁克问：谁是用户？用户需要什么？

问题 2：管理者问：如何通过商业活动获得经济效益？企业能够为用户提供价值的潜在逻辑是什么？

问题 3：创业者问：我们凭什么创业？如何才能创业成功？

二、商业模式的构成要素

"客户价值最大化""整合""高效率""系统""持续盈利""核心竞争力""整体解决"这 7 个关键词构成了成功商业模式的 7 个要素，缺一不可。其中，"整合""高效率""系统"

是基础或先决条件,"核心竞争力"是手段,"客户价值最大化"是主观追求目标,"持续盈利"是客观结果。各要素具体逻辑关系如图 8-1 所示。

图 8-1　成功商业模式各要素逻辑关系图

三、成功商业模式的基本特征

成功的商业模式必须能够突出企业不同于其他企业的独特性。具有吸引力的、成功的商业模式通常需要具备能够创造价值与竞争优势的特点,而这些特点往往是商业模式评价不可忽略的重要因素,也影响着创业活动的结果。一般来说,成功的商业模式具有以下基本特征:

(一)持续盈利

持续盈利是指企业既要能获得利润,又要有发展后劲,具有可持续性、长久性,而不是一时的偶然行为。企业能否持续盈利是人们判断其商业模式是否成功的最基本的标准，也是唯一的外在标准。

（二）客户价值最大化

商业模式能否持续盈利与该模式能否使客户价值最大化有必然联系。一个不能满足客户价值的商业模式，即使盈利也一定是暂时和偶然的，是不具有持续性的；相反，一个能使客户价值最大化的商业模式，即使暂时不盈利，终究也会走向盈利。因此，创业者要把对客户价值的实现和满足作为企业追求的主观目标。

（三）合理的资源整合

资源整合就是要优化资源配置，有进有退、有取有舍，要获得整体的最优。在战略思维的层面上，资源整合是系统论的思维方式，是通过组织协调，把企业内部彼此相关但却分离的职能、企业外部既肩负共同使命又拥有独立经济利益的合作伙伴，整合成一个为客户服务的系统，取得"1+1>2"的效果。

（四）有效的融资

融资模式的打造对企业有着特殊的意义，尤其是对中国广大的中小企业来说更是如此。众所周知，企业的生存、发展和成长都需要资金，资金已经成为所有企业发展中绕不开的障碍和很难突破的瓶颈。可以说，谁能解决资金问题，谁就赢得了企业发展的先机，也就掌握了市场的主动权。

（五）持续创新

在经营企业的过程中，商业模式比高科技更重要，因为商业模式是企业能够立足的先决条件。成功的商业模式不仅指在技术上的突破，还包括对某一个环节的改造，或是对原有模式的重组、创新，甚至是对整个企业规则的颠覆。商业模式的创新形式贯穿企业经营的整个过程，贯穿企业资源开发研发模式、制造方式、营销体系、市场流通等各个环节。也就是说，在企业经营的每个环节上的创新都可能变成一种成功的商业模式。

（六）适当的风险把控

商业模式有两个方面的风险：一是系统外的风险，如来自政策、法律和行业的风险；二是系统内的风险，如产品的变化、人员的变更、资金不济等。好的商业模式往往能够抵御和规避企业在经营过程中遇到的风险。

四、商业模式的类型

（一）多边平台式商业模式

多边平台式商业模式是一种具有普遍性的商业模式，传统的农贸市场就是典型的多边平台式商业模式，表现为某个机构提供一个固定场所，为到这个场所交易的多个购买者和销售者提供相应的服务，以此获得利润。这个平台上至少有平台机构、销售者和购买者三方参与。在很长时间里，这种模式并没有引起人们的过多关注，随着信息技术的发展，这种平台有了新的表现形式——基于互联网的交易平台，并得到迅猛发展。多边平台式商业模式日益成为这个时代重要的商业模式。百度、淘宝、微信、京东、当当网、起点中文网等都是利用现代信息技术发展起来的多边平台式商业模式的经典案例。

该模式的特点是前期投资期限较长，投入资金巨大，一旦达到一定的规模，平台方就有多种盈利且很难被超越。平台作为各个利益相关者的中介方，其成功的关键是打造足够大的平台，必须同时吸引和服务所有客户群体；产品更为多元化和多样化，更加重视用户体验和产品的闭环设计。如此，淘宝网这个平台上聚集了商家、消费者、广告商、金融机构等多方参与者，同时满足了这些参与者交易的需要、资金安全的需要、信息分析的需要，从而获得巨大的成功。起点中文网这个平台上，作家和读者可以对接，而网站从中获得利润分配。

（二）长尾式商业模式

长尾市场也称为利基市场。"利基"一词是英文"Niche"的音译，有拾遗补阙或见缝插针的意思。菲利普·科特勒在《营销管理》中给利基的定义为：利基是更窄地确定某些群体，这是一个小市场并且它的需要没有被服务好，或者说"有获取利益的基础"。通过对市场的细分，企业集中力量于某个特定的目标市场，或严格针对一个细分市场，或重点经营一个产品和服务，创造出产品和服务优势。

传统商业观念认为，企业只能面向大众用户大批量提供少数几种产品，通过规模效应降低成本和价格，以大批量的销售获得利润。随着信息技术的发展，物流和供应链技术与管理水平的提升，现在为利基市场即"长尾市场"提供种类多而数量少的产品，也能够取得与追求规模化销售、为大众市场服务的企业一样甚至更高的盈利水平。

长尾理论最早由克里斯·安德森于2004年提出，用来描述诸如亚马逊和Netflix之类网站的商业和经济模式。过去人们只能关注重要的人或重要的事，如果用正态分布曲线来描绘这些人或事，人们只能关注曲线的"头部"，而将处于曲线"尾部"、需要更多精力和成本才能关注到的大多数人或事忽略。例如，在销售产品时，厂商关注的是少数几个所谓的"VIP"客户，"无暇顾及"大多数的普通消费者。而在网络时代，由于关注的成本大大降低，人们有可能以很低的成本关注正态分布曲线的"尾部"，关注"尾部"产生的总体效益甚至会超过"头部"。例如，某著名网站是世界上最大的网络广告商，它没有一个大客户，收入完全来自被其他广告商忽略的中小企业。安德森认为，网络时代是关注"长尾"、发挥"长尾"效益的时代。

安德森认为，长尾经济有以下六个特点：

（1）在任何市场中，利基产品都远远多于热门产品，而且由于技术的发展，利基产品的比重呈指数级增长。

（2）获得利基产品的成本正在显著下降，且利基市场有能力供应空前丰富的产品。

（3）随着需求搜索和自动推荐等技术和工具的发展，个性化的利基产品很容易被找到。

（4）需求曲线日益扁平化，即热门大批量产品的流行度会下降，越来越多的利基产品会流行。

（5）虽然利基产品单个销量有限，但大量各类的利基产品销量聚合起来，会形成一个与大众产品市场相抗衡的大市场。

（6）基于上述五点，需求将不受供给瓶颈、信息匮乏和空间有限性限制。

总之，长尾式商业模式是基于强大的平台和低成本的物流与供应链，注重向个性化消费市场提供种类繁多而数量很少的产品和服务而形成的一种新型商业模式。

唯品会是一个长尾式商业模式的优秀代表，其核心是帮助品牌商处理过季尾货，同时在互联网上利用限时特卖的方式，刺激和调动消费者的冲动型消费。它定位于品牌特卖，不仅填补了为有时尚个性需求的消费者提供集中打折商品的市场空白，同时还为众多时尚品牌提供了一个体面处理库存的平台，从而保证了充足的货源供给。

（三）免费式商业模式

近年来，免费成了一种非常流行的商业模式，各种免费模式让人眼花缭乱，免费正在颠覆人们传统的商业观念，让消费者体验到了一种全新的商业模式；对企业来说，免费也成为突破旧发展模式、实现后来居上的赶超模式。比如百度绝大多数信息让用户免费搜索，绝大部分电子邮箱让用户免费使用，微信免费给用户提供社交场所等。

有的人可能会想，这仅仅是互联网时代才有的现象。实际上，早在互联网出现之前，免费模式已经发挥了巨大的商业威力。人们熟知的吉列剃须刀技术是由免费模式发展起来的，克里斯·安德森针对这些现象又提出了免费式商业模式的概念，并获得广泛认同。

免费式商业模式就是在某个市场，至少有一个庞大客户群可以持续享受到免费产品或服务，通过交叉补贴（即以其他细分客户付费的方式给免费客户提供补贴）支撑企业运营并实现盈利的商业模式。

交叉补贴方式有很多：用付费产品补贴免费产品，如用昂贵的爆米花补贴不怎么赚钱的电影票；用日后付费补贴当前免费，如中国移动免费赠送手机，用户必须使用两年以上该公司的通信服务；付费人群补贴不付费人群，如用户可以在百度免费得到信息，广告商替你支付相关费用。

》》案例　吉列剃须刀的免费模式

吉列剃须刀是免费模式的典型代表，其模式核心在于以刀柄为诱饵，以需要不断替换的刀片为主要的盈利产品，这种模式也被称为诱饵模式。诱饵产品一般价格很低或者免费。收益产品则是能为企业创造持续收益的。收益产品也会存在被替代的风险。吉列通过品牌的方式来增加认知度，通过专利来形成市场壁垒阻止竞争者加入。所以收益产品必须有足够的实力来保证诱饵产品之后的收益能收入囊中，不然就成了为他人作嫁衣。

（四）非绑定式商业模式

非绑定式商业模式认为，企业会因经济因素、竞争因素和文化因素的驱动而形成不同业务，这些业务包括产品创新型业务、客户关系型业务和基础设施型业务。这 3 类业务的职责各不相同：产品创新型业务的职责是开发新的以及有吸引力的产品和业务；客户关系型业务的职责是搜寻和获取客户并与客户建立良好关系；基础设施型业务的职责是构建和管理平台，以支持大量重复性工作。非绑定式理论认为，这 3 种业务类型受不同因素的驱动，在同一组织中彼此之间会发生冲突，或导致不利的权衡妥协，因而主张在一个企业内分离 3 种业务，一个企业的业务应该聚焦于其中某一项。

该理论对综合型业务公司和为大型企业服务的中小型企业的商业模式设计具有很好的参考意义。例如，传统的移动通信企业一般都同时经营 3 种业务：语音、数据和内容的产品业务，设备管理、网络维护与运营的基础设施管理业务，客户获取、客户维护的客户关系业务。国外已有企业将网络维护运营外包给电信设备制造商，国内通信企业也经常与第三方在新技术、新服务和媒体内容等方面合作，并取得了不错的效果。

五、商业模式设计的基本方法

每个创业者都想为自己的企业设计一个独特的、全新的商业模式来覆盖产业内现有的企业。虽然商业模式创新是一件非常困难的事情，但很多企业都在模仿先进商业模式或改进现有商业模式的基础上取得了巨大成功，如腾讯、百度等。即便已经设计了一个独特的商业模式，也会面临其他企业快速模仿或利用相似的商业模式开展竞争的不利情况。因此，设计商业模式极为重要。

1. 全盘复制法

全盘复制法比较简单，即对经营状况良好的企业的商业模式进行简单复制，根据自身企业状况稍加修正。全盘复制法主要适合同行业的企业，特别是细分市场、目标客户、主要产品相近的企业，甚至可以直接对竞争对手的商业模式进行复制。

全盘复制优秀企业的商业模式需要注意以下几点：①复制不是生搬硬套，需根据企业自身的区域、细分市场和产品特性进行调整；②要注重对商业模式细节的观察和分析，不仅在形式上进行复制，更要注重在流程和细节上进行学习；③为避免和被复制对象形成正面竞争，可在不同时间和区域对商业模式进行复制。

2. 借鉴提升法

通过学习和研究优秀的商业模式，对商业模式中的核心内容和创新概念予以适当提炼和节选，并对这些创新点进行学习。如果这些创新点比企业现阶段商业模式中的相关内容更符合企业发展需求，企业就应结合实际需要，引用这些创新概念并发挥其价值。通过引用创新点来学习优秀商业模式的方法适用范围最为广泛，对不同行业、不同竞争定位的企业都适用。

3. 逆向思维法

通过对行业领导者商业模式或行业内主流商业模式的研究学习，模仿者有意识地进行反向学习，即市场领导者商业模式或行业内主流商业模式如何做，模仿者则反向设计商业模式，直接切割对市场领导者商业模式或行业内主流商业模式不满意的市场份额，并为它们打造相匹配的商业模式。

采用逆向思维法时有三个关键点要注意：①找到市场领导者商业模式或行业内主流商业模式的核心点，并据此制定逆向商业模式；②企业在选择逆向思维法制定商业模式时，不能简单追求反向，需确保能够为消费者提供更高的价值，并能够塑造新的商业模式；③防范行业领导者的报复行动，评估行业领导者可能的反制措施，并制定相应的对策。

4. 关键因素法

关键因素法是以关键因素为依据来确定商业模式的设计方法。商业模式中存在多个因素影响设计目标的实现，其中若干个因素是关键的和主要的。关键因素法通过对关键因素的识别，找出实现目标所需的关键因素集合，确定商业模式设计的优先次序。采用关键因素法设计商业模式主要有五个步骤：①确定商业模式设计的目标；②识别所有关键因素，分析影响商业模式的各种因素及其子因素；③确定商业模式设计中不同阶段的关键因素；④明确各关键因素的性能指标和评估标准；⑤制订商业模式的实施计划。

5. 价值创新法

对于一些从未出现过的商业模式，往往需要进行创新设计，即通过价值要素的构建、组合等设计出新的商业模式。这一点在互联网企业表现尤为明显。例如，盛大网络最先创建网络游戏全面免费、游戏道具收费的模式，开创了网游行业新的商业模式——CSP（Come Stay Pay）。至今各大网游公司依旧沿用这一商业模式在运营。AirbNb 和优步创建的通过共享资源而获取收益的模式，也成为现今最流行的一种商业模式。

六、商业模式画布

商业模式并不仅仅是各种商业要素的简单组合。商业模式的构成要素之间必然存在着内在联系，一个好的商业模式可以把这些要素有机地联系在一起，从而阐明某个企业或某项活动的内在商业逻辑。只有其内部构成要素协调一致，才能阐明创造价值、传递价值和实现价值的商业逻辑。

亚历山大·奥斯特瓦德提出的商业模式设计框架很好地回答了商业模式涉及的上述三个基本问题，可以帮助我们厘清商业模式。该框架包含 9 个关键要素：客户细分、价值主张、渠道通路、客户关系、收入来源、核心资源、关键业务、重要合作和成本结构。参照这 9 大要素就可以描绘分析乃至设计和重构企业商业模式。由于该框架是商业模式创新时召开会议或头脑风暴常用的工具，常由一面大黑板或一面墙来呈现，因而又被通称为商业模式画布，如图 8-2 所示。

图 8-2　商业模式画布

1. 客户细分

我们的客户是谁，这是一切商业活动的本源。我们的企业在为谁创造价值，这些人有什么样的特点，他们之间存在什么样的差异，了解这些我们就可以集中更多的资源提供更精确的服务，创造出更大的效益。我们的客户到底是大众客户，还是特定性的客户，我们的商业模式是应该服务于传统的二八原则中的核心客户，还是关注利基市场中的长尾用户，这是在最开始就需要考虑清楚的。

不同的市场具有独有的特征。"大众市场"的价值主张、渠道通路和客户关系全都聚集于一个大范围的客户群组，客户具有大致相同的需求和问题。"利基市场"的价值主张、渠道通路和客户关系都针对某一瞄准的市场的特定需求定制。这种商业模式常可在"供应商·采购商"的关系中找到。"区隔化市场"各细分群体之间客户需求略有不同，所提供的价值主张也略有不同。"多元化市场"经营业务多样化，以完全不同的价值主张迎合完全不同需求的客户细分群体。"多边平台或多边市场"服务于两个或更多的相互依存的客户细分群体。

案例　咖啡与豆浆客户细分

咖啡的市场分为家庭 DIY 与商业开发两大类。其中，商业开发类的顾客不像家庭 DIY 类客户那样将咖啡作为生活中不可或缺的一部分。商业开发类客户又可分为习惯喝咖啡的与偶尔喝咖啡的。对于偶尔喝咖啡的顾客，他们需要快捷、便宜的咖啡，因此咖啡成为快消品。在便利店、KA 卖场、自动售货机提供方便、便宜、可携带的咖啡受到顾客的欢迎。同样的思路可以用来分析豆浆市场的顾客。传统豆浆面向的是多元化市场；作为快消品的工业化豆浆大批量供应批发市场与超市，属于大众市场；酒店与餐厅等地方的顾客需要现磨即饮型豆浆，属于区隔化市场；将豆浆作为早餐与辅食的主妇需要家用豆浆机，属于利基市场。

2. 价值主张

在确定了客户之后，我们要思考我们的服务和产品对于客户来说有什么价值；对于细分之后的客户，我们满足了他们怎样的需求，帮助他们解决了什么问题，传递给他们的价值观是怎样的？价值主张——价值为形，主张为神，我们需要客户感受到我们工作的意义，同时还要传播给他们我们的意识和文化。在这个阶段，我们要针对第一阶段中细分的客户来分别考虑，并且落实到一些具体的属性上，如我们能为他们提供比之前更好的解决方案，还是更加个性化的针对性服务，或者是颠覆性的体验。只有落实这些之后，我们的商业模式才有了其根本的意义。

企业用 FAB 分析法来澄清价值主张则更简洁些：F（Features）是指这个产品有哪些特点，主要是产品本身固有的一些特点；A（Advantages）是说这个产品比同类产品好在哪里，有什么优点，有哪些创新，强调与众不同之处；B（Benefits）是说这个产品给目标客户带来了什么利益和价值，侧重于客户的"买点"和消费动机。FAB 提炼出来之后，产品的价值诉求就出来了，客户购买的理由也充分了，产品或服务的提供即可带来收益。

3. 渠道通路

有了客户喜欢的服务和产品，那么现在来讨论传递的问题。用什么样的媒介，遵循什么样的流程来接触你的客户，传递价值、传播主张，是建立网站提供服务，还是代理分销最终放在客户可以看到的货架上，这些都是建立传播渠道要考虑的问题。一般来讲，商品渠道可以分为自有渠道与合作伙伴渠道。自有渠道分为直接渠道（自建销售队伍，在线销售）、非直接渠道；合作伙伴渠道包括合作伙伴店铺与批发商等。

4. 客户关系

有了客户产品并且建立了桥梁媒介后，对于大多数商家来说，后面就应该注意如何稳住已有的客户并且持续地增加新的客户。客户的黏性和忠诚度需要良好的客户关系来保证，好的客户关系意味着能够追加销售和新的产品。是用社区或是呼叫中心等自动化的方式来为客户提供 24 小时的服务，还是雇用专属的客户经理来维护与大客户的关系，这都取决于最初确立的前三步。

5. 收入来源

羊毛出在羊身上，企业不是慈善组织，要维持正常的运作需要收入。如何用最合理的方式让你的客户付钱来换取你为他创造的价值。如何细分客户市场，不同客户群体的付费比例是多少，采用什么样的方式来支付他们获得的价值，是直接购买所有权还是购买使用权，还是租用，抑或是由第三方来垫付，是一次性支付还是在后期的运营服务中持续支付，都需要针对不同的客户群及其关系以及你的价值主张来综合决定。

经济价值转化大循环的模型，将收入来源分为 3 个方面。

一是从资源到资产。租金收费，出让资源一定时间的排他性使用权而产生的费用。资源销售，作为原材料等资源的销售收费。使用收费，通过特定的劳动力与服务等资源收费。

二是从资产到资本。资产销售，销售实体产品的所有权。订阅收费，销售重复使用的服务。授权收费，知识产权授权使用。

三是从资本到资信。认证收费，提供对产品与服务的认证并收取费用。经济收费，提供中介服务收取佣金。广告收费，提供广告宣传服务收入。金融担保，保证金融合同的履行，保障债权人实现债权，而以第三人的信用或特定财产保障债务人履行债务的行为。

>>> **案例** **阿里巴巴主要收入来源**

阿里巴巴在上市时披露的主要收入来源于 6 个方面，都属于从资本到资信阶段的信息服务收费模式。第一，中国零售收入（淘宝、天猫、聚划算），包括以下几个方面：①在线市场营销收入，其中 P4P 收入（pay-for-performance）：在淘宝搜索页的竞价排名，按照 CPC 计费；展示广告（display marketing）：按照固定价格或 CPM 收取广告展示费用；淘宝客项目（taobaoke program）：按照交易额的一定比例向淘宝和天猫的卖家收取佣金；促销页面（placement services），卖家购买聚划算的促销页面费用。②交易佣金（commissions on transaction）。天猫和聚划算的卖家，对于通过支付宝的每一笔交易，需要支付交易额的 0.5%～5% 不等的佣金。③店铺费用（storefront fees）。对于淘宝旺铺，每月收取固定费用，同时店铺软件也提供收费工具以帮助店铺升级。第二，国内批发商收入（1688.com），包括：①会员费收入以及增值服务收入；②在线推广收入，包括 P4P 收入以及关键字竞价。第三，国际商业零售（aliexpress）：按照通过支付宝交易的交易额的 5% 收取佣金。第四，国际商业批发（alibaba.com），包括：①会员费收入以及增值服务收入；②在线推广收入，包括 P4P 收入以及关键字竞价。第五，云计算以及互联网基础架构。主要通过按时或按使用计费获得收入，包括弹性云端运算（elastic computing）、数据库服务、大型计算服务等。第六，其他诸如微金融等。

6. 核心资源

前面的 5 个部分，我们讨论了很多规划，从现在开始我们讨论如何实施这些规划。首先要讨论的就是资源，考虑需要哪些核心的资源才能保证前述 5 个方面能顺利地搭建起来，是需要资金还是人力，或者是知识产权，或者是某些固定资产，只有准备好"食材"我们才能开始"炒菜"。

7. 关键业务

"食材"准备好了，现在该考虑做哪些"菜"的问题了，用什么实体才能体现价值主张，建立怎样的渠道才能传播服务和产品，维系客户关系如何落地转化成为可操作的解决方案，这就是我们的关键业务。为了价值主张可能需要建立一座工厂，为了渠道通路也许要建立一整套在线销售的网络体系，为了维护客户关系可能要构建一个自己的社区或者在微博上面开设一个企业账号。

8. 重要伙伴

重要伙伴包括供应商、合作伙伴的网络。需要回答谁可以作为我们的伙伴，我们能从伙伴那里获得什么核心资源，我们能为伙伴带来什么价值。重要伙伴可以分为四类：非竞争者之间的战略联盟关系；竞争者之间的战略合作关系；为开发新业务而构建的合作关系；为确保可靠供应而构建的采购商 – 供应商关系。

9. 成本结构

做企业就得算账，成本结构就像人体内的脂肪、蛋白质和糖分比例一样，合适的比例能让企业更加健康。降低成本是企业获得更大收益的十分重要的方式，在 1 ～ 8 的步骤中所涉及的成本都应该在这个阶段做详细的评估，另外，成本不是一成不变的，就如同摩尔定律对固定成本的影响一样，对成本精准的战略评估说不定会为企业带来意想不到的收获。

本 章 小 结

本章主要介绍了产品的创新开发与设计、商业模式开发等内容。通过本章的学习，学生应能对产品开发与设计、基本商业模式有一定的了解，从而能在创业的过程中，打造适合自己的产品与商业模式。

课 后 练 习

1. 产品开发的基本流程是什么？
2. 产品设计的方法有哪些？
3. 商业模式的构成要素有哪些？
4. 什么是商业模式画布？

创业资源与融资

通过本章的学习，了解创业资源、创业融资的含义，掌握获取创业资源的方法、进行创业融资的方法。

能充分利用自身周边的有效资源进行创业融资，并能避免融资诈骗，能撰写商业计划书。

第一节　创业资源

一、创业资源的含义

创业的前提条件之一就是创业者拥有或者能够支配一定的资源。资源就是任何一个主体，在向社会提供产品或服务的过程中，所拥有或者能够支配的有助于实现自己目标的各种要素以及要素组合。

概括地讲，创业资源是企业创立以及成长过程中所需要的各种生产要素和支撑条件。对于创业者而言，只要是对其创业项目和新创企业发展有所帮助的要素，都可归入创业资源的范畴。因此，在创业过程中，应当积极拓展创业资源的获取渠道。

对于创业者而言，巧妙运用创业资源比拥有创业资源更为重要，一个成功的创业者，善于在没有资源的时候发现资源、拥有资源的时候整合资源，从而点石成金，把资源用于企业运营。资源的有无和价值的高低决定了企业的竞争力，只有合理地利用人才、技术、管理等资源才可以让襁褓中的企业茁壮成长。

二、创业资源的种类

创业资源包括有形资源和无形资源。对于一般的创业者来讲，有形资源和无形资源共同作用，形成创业产品和创业市场，并决定创业利润的水平以及创业资本的积累能力，进而影响创业企业成长发展的速度。创业过程中创业者应当了解创业资源的类型，把有形资源和无形资源有效地组合，形成产品或服务，才能创造出新的价值。

1. 有形资源

有形资源包括金融资源、实物资源和组织资源 3 大类。

（1）金融资源。金融资源是企业物质要素和非物质要素的货币体现，具体表现为已经发生的能用会计方式记录在账的、能以货币计量的各种经济资源，包括资金、债权和其他。

（2）实物资源。实物资源是企业从事生产经营活动所需要的一切生产资料。其构成状况可按在生产经营过程中的作用划分为劳动对象和劳动手段。

（3）组织资源。组织资源是指为了实现既定的目标，按一定规则和程序设置的多层次岗位及其相应人员隶属关系的权责角色结构。其包括企业的战略规划、员工开发、评价和报酬系统等。

2. 无形资源

无形资源主要包括社会资本、技术及专业人才 3 大类。

（1）社会资本。存在于人们的社会关系中，并建立在信任、互惠基础上的一种资源。创业中的社会资本，主要是指创业企业所面临的社会关系网络，即创业者与供应商、分销商、顾客、竞争对手以及其他组织（包括当地政府、社会团体等）之间的相互关系，即创业企业所面临的整个创业环境，其表现形式有社会网络、规范、信任、权威、行动的共识以及社会道德等方面。其外在的指标可以表现为声誉、人缘、口碑等。

（2）技术。基于实践和科学原理发展而成的、用于解决实际问题的知识、经验和技能的总和。在创业过程中，技术可以是创业者自身具备的某种专业技能，也可以是创业者从别人手中买来的技术专利，只要是有助于创业的技能，都是技术。

（3）专业人才。专业人才是指存在于劳动人口之中的，从事经济及社会活动，并能创造价值的人力资源，包括创业者、创业合伙人、职业经理人、专业技术人员、营销人员和财务人员等。有的创业者本身有技术、懂管理，是专业人才的重要组成部分；有的创业者只有资金，就需要聘请职业经理人对创业进行管理。创业过程中专业人才常常表现为创业团队，团队成员有的有资金，有的有技术，有的懂管理。

三、社会资本、资金、技术及专业人才在创业中的作用

（一）社会资本在创业中的作用

社会资本是基于人际和社会关系网络形成的资源。这种资源可以是人力资源的一部分，或者说是特殊的人力资源。"社会联系较多者创业的个人成本较低"是一个公认的事实。社会资本能使创业者有机会接触大量的外部资源，有助于通过网络关系降低潜在的风险，加强合作者之间的信任。根据斯坦福大学研究中心的一份调查显示：一个人赚的钱，12.5％来自知识，87.5％来自人际关系。

来自我国的调查数据显示，社会交往面广、交往对象趋于多样化、与成就较高的个体之间关系密切的创业者，更容易发现创新性更强的创业机会。

（二）资金在创业中的作用

资金不仅是企业生产经营过程的起点，更是企业生存发展的基础。在企业的销售活动能够产生现金流之前，企业需要为购买和生产存货支付资金，需要进行广告宣传，需要支付员工薪酬，还可能需要对员工进行培训。另外，要实现规模经济效应，企业需要持续地进行资本投入；加上产品或服务的开发周期一般比较漫长，这就使得新创企业在生命早期即需要筹集资金。

大学生创业的最大困难之一就是缺乏资金。即便已建立若干年的企业，资金链断裂也是致命的威胁。据国外文献记载，破产倒闭的企业中有85％是盈利情况非常好的企业，这些企业的倒闭原因主要是资金链的断裂。正如一句企业界的经典名言所说：企业可能不会由于经营亏损而破产清算，却常常会因为资金断流而倒闭。资金对企业，尤其是初创企业来说有着至关重要的作用。

（三）技术在创业中的作用

有研究者指出，在创业初期，技术资源是最关键的创业资源之一。其原因有3个：一是创业技术是决定创业产品的市场竞争力和获利能力的根本因素；二是创业技术核心决定了所需创业资本的大小，对于在技术上非根本创新的创业企业来说，创业资本只要保持较小的规模便可维持企业的正常运营；三是从创业阶段来说，由于企业规模较小，因此，对管理及人才的需求度不像成长期那样高。创建企业是否掌握创业需要的"核心技术"或"根部技术"，是否拥有技术的所有权，决定着创业的成本，以及新创企业能否在市场中取得成功。尤其对依托高科技的创业企业而言更是如此。美国的微软公司和苹果公司，最初创业资本都不过几千美元，创业人员也只有几人。它们之所以走向成功，就是因为它们拥有独特的创业技术。所以，创业企业成功的关键首先是寻找创业技术。

（四）专业人才在创业中的作用

曾经有人说过："刚创业时，最先录用的10个人将决定公司成败，而每一个人都是这

家公司的十分之一。如果 10 个人中有 3 个人不是那么好，那你为什么要让你公司里 30％ 的人不够好呢？小公司对于优秀人才的依赖要比大公司大得多。"

在创业的过程中，专业人才是创业的重要因素，由各种人才组成的创业团队对保证创业过程顺利进行具有重要作用。创新决定创业的生命力，而人才和意识决定创业的创新能力和水平，一个优秀的团队组合正是创业所必需的条件和动力。在创业初期，其他各类资源严重匮乏，相比而言，如何充分利用专业人才获取各项创业资源来开展创业活动是创业企业在创业之初的重点。新创企业必须合理开发与利用人力资源。新创企业要充分认识到企业人力资源管理的特点，根据企业的发展战略分析新创企业人员的供需状况，制定必要的措施，以确保在需要的时间和需要的岗位上获得各种需要的人才，实现人力资源的最佳配置。可以说，新创企业能否进行人力资源的合理开发与利用，以节约成本、提高效率，是企业能否顺利度过初创时期的关键。

四、创业资源的获取方法

一个优秀的创业者善于在创业的途中寻找创业资源。依赖创业初期的初始资源是无法让企业壮大的。而获取创业资源的途径有很多，按照获取方法可分为以下几类：

1. 资源内部的积累

资源的内部开发过程可以看作一种内部资源积累的过程。因为外部市场并不能购买到创业者所需要的全部资源，所以创业企业必须通过使用内部资源而不断沉淀、积累，通过长期使用资源，企业能够不断学习并开发优越的资源。如在某些技术人员的培养上，其他企业尚无专门研究某项高新技术的人才，创业者只能通过企业内部培养的途径来获取这种人力资源。

2. 项目的吸引力

项目的吸引力决定了外部的投资及市场的需求，投资者主要是依据企业项目本身的吸引力，来决定是否提供企业快速发展过程中最迫切需要的资金资源、设备资源及技术资源。市场需求则决定了企业发展的前景，通过市场需求，企业可以累积资金资源和口碑资源。

3. 社会关系的协调

强大的社会关系可以争取到更好的销售渠道及销售机会。以我国目前的国情来看，在创业者创立企业的早期阶段，社会关系所带来的资金、技术、硬件设备可以保证企业的基本发展，降低企业亏损后的成本。企业进入快速发展模式后，社会关系的重心也会由亲朋好友转移到商业伙伴中来，这样的社会关系可以为企业发展和转型提供大量资金以及技术资源。

4. 最新信息的捕捉

如今，我们处在一个大数据信息爆炸的年代，获得的信息越多、越准、越早就意味着有更多的机会，从而提升企业在市场中的竞争力。其中，政策信息、技术信息和市场信息尤为重要。捕捉信息的方法有很多，大多数创业者可以通过创业网站、国内外相关咨询平台及时收集信息资源。需要捕捉的信息也不能仅仅局限于自己的产品，相关的领域也要涉及。

五、创业资源的整合

所谓资源整合，就是指企业对不同来源、不同层次、不同结构、不同内容的资源进行识别与选择、汲取与配置、激活和有机融合，使其具有较强的柔性、条理性、系统性和价值性，并创造出新资源的一个复杂的动态过程。资源整合的唯一目的是使企业获得最大的经济利益。

许多创业者早期所能获取与利用的资源都相当匮乏，而优秀的创业者在创业过程中所体现出的卓越创业技能之一，就是创造性地整合、转换和利用资源，尤其是那种能够创造持续竞争优势的战略资源，并由此成功地开发创业机会，推进创业过程向前发展。

资源整合可以分为资源的战略整合和战术整合。在战略层面，资源整合反映的是系统的思维方式，就是要通过组织和协调，把企业内部彼此相关又彼此分离的职能，把企业外部既有共同使命又有独立经济利益的合作伙伴，整合成为一个客户服务系统，取得 $1+1>2$ 的效果。在战术层面，资源整合是对各项资源进行优化配置的行为，是根据企业的发展战略和市场需求对有关资源重新配置，以凸显企业的核心竞争力，并寻求资源配置与客户需求的最佳结合点。

整合、利用资源的途径一般包括有效地利用自有资源、创造性地拼凑资源和发挥资源的杠杆效应三种。

（1）有效地利用自有资源。有效地利用自有资源主要是指在缺乏资源的情况下，创业者分多个阶段投入资源，并且在每个阶段或决策点投入最小的资源，因此也被称为步步为营法。步步为营法的主要策略是成本最小化，设法降低资源的使用量，降低管理成本。很多时候，步步为营不仅是一种做事最经济的方法，也是创业者在资源受限的情况下寻找实现企业理想目的和目标的途径，更是在有限资源的约束下获取满意收益的方法。

（2）创造性地拼凑资源。资源拼凑理论有 3 个核心概念，即"凑合利用""突破资源约束"和"即兴创作"。具体而言，"凑合利用"是利用手头资源来实现新的目的和开发新的机会，重在对资源的创新性利用；"突破资源约束"是指创业者拒不向资源、环境或者制度约束屈服，积极主动地突破资源传统利用方式的束缚，利用手头资源来实现创业目标，因而凸显了创业者在资源拼凑过程中表现出来的创新意识以及创造创业价值所必需的可持续创业能力；"即兴创作"与前面两个概念紧密相关，是指创业者在凑合利用手头资源、突破资源约束的过程中必须即兴发挥，创造性地使决策和行动同时进行。

（3）发挥资源的杠杆效应。资源的杠杆效应是指以最小的付出获取最多的收获的现象，通常有以下表现形式：

1）利用一种资源换取其他资源。

2）创造性地利用别人认为无用的资源。

3）能够比别人有更长的时间占有资源。

4）借用他人或其他公司的资源来达到创业者自身的目的。

5）用一种富余资源弥补一种稀缺资源，产生更高的附加值。

》》案例

蒙牛集团的创始人牛根生以前只是伊利的一个洗碗工，但他凭着自己的勤奋和聪明逐渐做到了伊利生产部门总经理的职位。

后来牛根生因为各种原因从伊利辞职了，他那个时候已经40多岁了，去北京找工作，人家嫌弃他年纪大。没有办法他又回到呼和浩特，邀请原来伊利的几个同事，一起出来创业，人有了，但是没有奶源，没有工厂，没有品牌。

就在这时，牛根生开始了对资源的整合。他通过人脉关系打听到哈尔滨有一家乳制品公司，这家公司设备都是新的，但是生产的乳制品质量有问题，同时营销渠道也没有打通，所以产品一直滞销，牛根生马上找到这家公司的老板说："你来帮我们生产，我们这边都是伊利技术高层，可以帮忙技术把关，牛奶的销售铺货我们也承包了。"这位老板一听，马上答应下来。这样他们几个一起出来创业的伙伴也有落脚的地方，解决了生存的问题。

在乳制品这个行业，没有品牌很难销售，因为品牌代表着安全可靠。牛根生想出了借势整合的办法，打出口号："蒙牛甘居第二，向老大哥伊利学习。"牛根生恰到好处地运用了营销学上的"比附效应"，也就是通过与竞争品牌的比较来确立自己的市场地位，借竞争者的势头，来衬托自己的品牌形象。此外，牛根生也不只是盯着伊利，而是把自己和内蒙古的几个知名品牌联系起来，说："伊利、鄂尔多斯、宁城老窖、蒙牛为内蒙古喝彩！"因为前三个都是内蒙古驰名商标，把自己放在最后，给人感觉就是蒙牛是内蒙古的第四品牌。牛根生整合品牌资源，蒙牛没有花一分钱，但迅速成为知名的品牌。

没有奶源怎么解决，如果自己买牛养，没有那么多人员去照顾。牛根生深谙伊利"公司连基地，基地连农户"的经营模式，于是当仁不让地将这套模式搬到了蒙牛，并且做得更深刻、更彻底。在这里蒙牛整合了三方面的资源：农户、农村信用社和奶站。从信用社借钱给奶农，蒙牛担保，而且蒙牛承诺包销路。奶牛生产出来的奶由奶站接收。蒙牛定时把信用社的钱还了，把利润又给了奶农，趁机喊出一个口号："一年养10头牛，过的日子比蒙牛的老板还牛。"

通过这样的资源整合，蒙牛创造了中国企业史无前例的1 947.31%的增长速度。

第二节　创业融资

一、创业融资的含义

从狭义上来看，一个企业在创业中资金筹集的过程和方式称为融资。公司往往根据自身产品的市场前景、现有的资金资源以及公司未来发展的需要，通过客观的分析和冷静的决策后，向公司的投资者和债权人筹集资金，安排资金的供应，以此保证公司正常运营及发展，以及管理公司的日常开销。公司筹备资金都按照一定的准则，采用自己公司特有的渠道和方式去进行。一般情况下，企业筹集资金主要出于企业发展扩大规模的需要、企业还债的需要和企业周转的需要3个目的。

从广义上来看，融资也称金融，也就是货币资金的融通，不仅包括资金的融入，也包括资金的运用，即包括狭义金融和投资两个方面。创业融资是指创业企业根据自身发展的要求，结合生产经营、资金需求等现状，通过科学的分析和决策，借助企业内部或外部的资金来源渠道和方式，筹集生产经营和发展所需资金的行为和过程。

二、创业融资在创业管理中的地位和要求

1. 创业融资是创业管理的关键内容

创业管理是一个动态的、阶段性的管理，涵盖了机会识别、创业计划书撰写、获取创业资源和管理新创企业等阶段。创业融资是获取创业资源这一阶段中的一项重要内容。机会识别阶段需要创业者进行一定的调查和对机会风险的评估，也需要一定的资金支持；创业计划书的撰写阶段虽然不依赖于资金，但也需要资金支持解决具体撰写过程中的基本资料、分析工具和用具的开支等问题；而管理新创企业阶段毫无疑问需要大量的资金投入；在获取创业资源阶段，就社会资源、资金资源、技术资源和人才资源的关系而言，资金资源是使技术转化为生产力创造经济价值的基础，也是形成和提升社会资源、获取人才资源的必要手段。因此，资金资源是确保创业资源有效发挥作用的重要条件。

综上所述，创业融资确保了资金资源的获取，为其他资源的有效整合和功效提升提供了有力的物质条件，也为创业管理各阶段工作的开展提供了物质保障，是创业管理的关键内容。

2. 创业融资在企业成长的不同阶段具有不同的侧重点和要求

创业融资通常不是一次性融资，是伴随着创业企业成长的多次融资，各阶段融资的侧重点和要求也不尽相同。创业融资的各阶段主要包括"种子期""创立期"和"扩张期"。

种子期是指对创业企业的创意进行验证和可行性研究的阶段；创立期是指创业企业已成立并进入正式运营、初步形成一定的盈利能力的阶段；扩张期则是指创业企业销量开始增长、企业不断扩张规模的阶段。此时创业企业开始拥有稳定的现金流和稳定的收入，市场信誉已建立，企业处于良性发展中。

种子期创业者主要进行创意的可行性研究、技术开发和市场调研。因此，所需资金量不大，创业融资需求较低。但由于创业企业仍未真实存在，创业成功的不确定性较大，因此，创业融资风险较大，创业者很难取得资金拥有者的投资，更多的可能要来自自身拥有的资金。

创立期企业需要完成正式注册、购置设备、投入生产等一系列活动。资金需求量明显增加，创业融资需求大幅度增加。大幅增加的资金需求单靠创业者自己是难以承担的，需要大量外部资金。但此时的创业企业由于盈利能力和获取现金流能力不强，很难提供良好的信誉和资产担保，使得外部融资难度较大。

进入扩张期，创业企业具有了一定的资金实力，但由于实施大力开拓市场、不断推陈出新的迅速成长战略，创业企业仍存在较大的融资需求，融资的风险依然存在，只是相较于种子期而言略有下降。而当创业企业进入扩张期后期，由于企业自身资金实力提升，对资金的需求不再迫切，融资需求显著减少。同时，企业开始考虑上市等更为宽广的融资方式。

三、创业融资难的原因

1. 不确定性

从创业活动本身来看，面临非常大的不确定性。创业企业的不确定性比既有企业的不确定性要高得多，创业企业缺少应付环境不确定性的经验，尤其是大学生创业群体中，大多数初创企业还是以小微企业为主，尚未发展出以组织形式显现出来的组织竞争能力，创业企业没有可参考的经营情况。

2. 信息不对称

一般来说，创业者比投资者对市场、创业项目、自身能力、创新水平与市场前景更加了解，处于信息优势地位；而与创业者相比，投资者处于信息相对劣势地位，在某些情况下，银行借贷也是为了逃避风险，而风险的根源就是信息不对称。

四、创业所需资金的测算

新创企业投入运营之后，很难立即带来收入，为了保证公司在启动阶段业务运转顺利，在公司经营达到收支平衡之前，创业者必须准备足够的资金以备支付各种费用。

（一）融资前需要权衡几个因素

1. 创业者的自由和独立的价值最珍贵

创业意味着自己做自己的主人，不需要按照别人的命令行事，这就是创业带来的独立和自由。作为自负盈亏的独立经营者，创业者所做的每一个决定唯一要考虑的仅仅是顾客和市场的需求，而不是别人的眼色。

2. 得到基金会削弱创业者的自主权

世界上没有免费的午餐。一旦某些基金贷款给你之后，创业者的经营决策就要受制于人：天使基金会以占用创业者企业股份的方式给创业者投资；银行会要求创业者按期给他们财务报表，还会有业务人员经常来企业"视察"。

（二）必须做好投资规划

1. 千万不要低估项目的潜伏期

再好的经营项目也不会马上就有利润收入。任何创业项目从启动到盈利，都需要一个潜伏期，这个潜伏期的长短，与行业和企业规模有关。企业也与人一样，有其生命周期，产业在不同的阶段，需要的资金也会有所不同。

2. 设计合理的资金组合有利于降低经营风险

在创业启动资金的组合上，创业指导专家建议有一个合理的资金组合比例。例如，可用的最高资金金额中有 1/3 是自有资金，外来资金最好不要超过 2/3 的份额。创业成败的案例表明：如果自有资金不足 1/3，创业者和银行的资金风险都会加大。

3. 尽量多地留好储备金

创业必须对从开业到盈利阶段的资金做足够的预算和储备，把资金看成是个人和外来资金各占 1/2 估算比较稳妥。因为这个时期的储备金究竟需要多少，实在是一个难以确定的数字，但是无可置疑的是，资金断流会导致创业失败。一般需要将企业没有收入的时间按 3 个月（或者更长）来计算，所以，储备金应不低于 3 个月的固定成本总和。

（三）创业资金的分类与测算

按照资金投入企业的时间可将资金分为投资资金和营运资金。

1. 投资资金

投资资金发生在企业开业之前，是企业在筹办期间发生各种支出所需要的资金。投资资金包括企业在筹建期间为取得原材料、库存商品等流动资产投入的流动资金；构建房屋建筑物、机器设备等固定资产，购买或研发专利权、商标权、版权等无形资产投入的非流动资金；以及在筹建期间发生的人员工资、办公费、培训费、差旅费、印刷费、注册登记费、营业执照费、市场调查费、咨询费和技术资料费等开办费用所需资金。

对创业启动资金进行估算需要丰富的企业管理经验，以及对市场行情的充分了解。为了较为准确地估算出自己的创业启动资金，需要分类列清单，从有形的商品（如场地、库存、设备和固定设施）到专业的服务（如翻修、广告和法律事务），越详细越好。然后，就可以开始逐项测算创业启动所需要支付的费用。投资资金估算表见表 9-1。

表 9-1　投资资金估算表

序号	项目	数量	金额
1	房屋、建筑场地		
2	设备		
3	办公家具		
4	办公用品		
5	员工工资		
6	创业者工资		
7	市场调查费用		
8	房屋租金		
9	购买存货/原材料		
10	营销费用		
11	水电费、电话费		
12	保险费		
13	设备维护费		
14	员工培训费		
15	开办费		
...	……		
	合计		

2. 营运资金

营运资金是从企业开始经营之日起到企业能够做到资金收支平衡为止，企业发生各种支出所需要的资金，是投资者在开业后需要继续向企业追加投入的资金。企业从开始经营到能够做到收支平衡的期间叫营运前期，营运前期的资金投入一般主要是流动资金，既包括投入在流动资产上的资金，也包括用于日常开支的费用性支出所需资金。

营运资金的测算步骤如下：

第一步：测算新创企业营业收入。测算营业收入是制订财务计划、编制预计财务报表的基础，新创企业无既往销售业绩可供参照，只能依据市场调查、销售人员意见综合、专家咨询，甚至同类创业企业销售量等，预测月度、季度乃至年度的销售量，再根据定价估算出营业收入。创业者可以依据表 9-2 所列的项目进行营业收入的预测。

表 9-2　营业收入预测

项目		1月	2月	3月	4月	5月	……	合计
产品一	销售数量							
	平均单价							
	销售收入							
产品二	销售数量							
	平均单价							
	销售收入							
……	……							
合计	销售收入							

第二步：编制预计利润表。利润表也称损益表，是反映企业在一定会计期间（如月度、季度、半年度或年度）生产经营成果的会计报表。它全面揭示了企业在某一特定时期实现的各种收入，产生的各种费用、成本或支出，以及企业实现的利润或发生的亏损。利润表与企业的基本活动见表 9-3。

表 9-3　利润表与企业的基本活动

利润表项目	企业的基本活动
①营业收入	主要经营业务及其他业务收入
减：营业成本	主要经营业务及其他业务成本
营业税金及附加	主要经营活动费用
销售费用	经营活动费用
管理费用	经营活动费用
财务费用	筹资活动费用（债权人所得）
资产减值损失	各项资产产生的减值损失
加：公允价值变动收益	计入当期损益的资产或负债公允价值变动收益
②营业利润	全部经营活动利润
加：营业外收入	非经营活动收益
减：营业外支出	非经营活动损失
③利润总额	全部活动净利润
减：所得税费用	全部活动费用（政府所得）
④净利润	全部活动净利润（所有者所得）

利润表见表 9-4。

表 9-4　利润表　　　　　　　　　单位：元

项目	1月	2月	3月	4月	5月	6月	...	12月
收入								
成本								
管理费用								
销售费用								
财务费用								
利润总额								
所得税								
净利润								

第三步：编制预计资产负债表。资产负债表也称财务状况表，是反映企业在一定时期内全部资产、负债和所有者权益的财务报表，是企业经营活动的静态体现。资产负债表根据"资产 ＝ 负债 ＋ 所有者权益"这一会计方程式，依照一定的分类标准和要求编制而成，是会计上重要的财务报表，其更重要的功用在于确切反映了企业的营运状况和企业需要外部融资的数额，见表 9-5。

表 9-5　预计资产负债　　　　　　　　　单位：元

项目	1月	2月	3月	4月	5月	6月	...	12月
一、流动资产								
货币资金								
应收货款								
存款								
其他流动资产								
流动资产合计								
二、非流动资产								
固定资产								
无形资产								
非流动资产合计								
资产合计								

项目	1月	2月	3月	4月	5月	6月	...	12月
三、流动负债								
短期借款								
应付款项								
应缴税费								
其他应付款								
流动负债合计								
四、非流动负债								
长期借款								
其他非流动负债								
非流动负债合计								
负债合计								
五、所有者权益								
实收资本								
资本公积								
留存收益								
负债和所有者权益合计								
六、外部筹资额								

五、创业融资渠道

资金缺乏是大部分大学生创业者创业过程中面临的主要问题。而由于受融资信息、信用能力等多种因素的影响，相当多的大学生创业者的创业资金主要来源于"父母支持""朋友合股"等融资渠道。因此，认识与拓展创业融资渠道是大学生创业活动中现实而且紧迫的要求。

六、创业融资的选择策略

（一）了解融资方式

"巧妇难为无米之炊"，对新创企业的大学生创业者而言，对融资方式的了解与认识比任何时候都更加紧迫。对大学生创业者而言，对融资方式的考察应着眼于债务融资与股权融资的比较、内部融资与外部融资的差异上。

1. 股权融资与债权融资

企业的全部资本，按属性不同可以分为股权资本和债权资本两种类型。这是由企业资本的所有权决定的。正确认识这两类资本的内容和属性，有利于安排它们之间的比例关系。

股权融资包括创业者自己出资、争取国家财政投资、与其他企业合资、吸引投资基金投资和公开向市场募集发行股票等。自己出资是股权融资的最初阶段，发行股票是股权融资的最高阶段。股权融资的特点在于引入资金无须还，不需要支付利息且不必按期还本，但需按企业的经营状况支付红利。当企业引入新股东，企业的股东构成和股权结构将会发生变化。

债权融资包括向政府、银行、亲友、民间借贷和向社会发行债券等。向亲友借贷是债权融资的最初阶段，发行债券是债权融资的最高阶段。债权融资的特点是融资企业必须根据借款协议按期归还本金并定期支付利息，一般不影响企业的股东及股权结构。

2. 内部融资和外部融资

企业应在充分利用了内部融资之后，再考虑外部融资问题。内部融资是指在企业内部通过留用利润而形成的资本来源。内部融资是在企业内部"自然地"形成的，因此被称为"自动化的资本来源"，一般无须花费筹资费用。对于新创企业而言，内部融资主要来源于创业者自己的积累。对于一个新创企业，启动阶段的利润一般都全部再投资到企业经营中去，创业者很少指望在初期得到回报。常见的内部融资来源可以是利润、存货抵押、资产出售，甚至是延期的应付款等。

资金的另一个来源就是企业外部融资。外部融资是指企业在内部融资不能满足需要时，向企业外部融资而形成的资本来源。处于初创期的企业，内部融资的可能性是有限的。处于成长期的企业，内部融资往往难以满足需要。因此，企业就需要开展外部融资，需要花费融资费用。常见的外部融资来源有吸收投资者投入资金、亲友资金、银行借贷、政府资助、私募以及上市等，而对外部融资渠道的评估可以从资金可用的时间长短、资金成本以及公司控制权的丧失程度三个要素展开。

（二）把握风险投资的方法

1. 风险投资的一般过程

风险企业要成功获取风险资本，首先，要了解风险投资公司的基本运作程序。风险投资商往往会收到很多的项目建议书，经过严格审查、精细筛选，最终挑出个别的优秀项目进行投资，可谓百里挑一。虽然每一个风险投资公司都有自己的运作程序和制度，但总的来讲包括以下几个步骤：

（1）初审。风险投资家在拿到创业计划书后，往往只用很短的时间，走马观花地浏览一遍，以决定在这件事情上花时间是否值得。因此，创业计划书及计划本身给人的第一感觉特别重要，它们必须有吸引风险投资家的东西，才能使之花时间仔细研究。

（2）风险投资家之间的磋商。再大的风险投资公司，相关的人员会定期聚在一起，对通过初审的项目建议书进行讨论，决定是否需要进行面谈，或予以回绝。

（3）面谈。如果风险投资家对创业提出的项目感兴趣，他会与创业者接触，直接了解其背景、管理队伍和企业，这是整个过程中最重要的一次会面。如果进行得不好，交易便宣告失败。如果面谈成功，风险投资家会希望进一步了解更多的有关企业和市场的情况，或许他还会动员可能对这一项目感兴趣的其他风险投资家。

（4）责任审查。如果初次面谈较为成功，风险投资家接下来便开始对创业者的经营情况进行考察，以及尽可能多地对项目进行了解。他们通过审查程序对意向企业的技术、市场潜力和规模，以及管理队伍进行仔细的评估，这一程序包括与潜在的客户接触、向技术专家咨询并与管理队伍举行几轮会谈。它通常包括参观公司、与关键人员面谈、对仪器设备和供销渠道进行估价。它还可能包括与企业债权人、客户、相关人员以前的雇主进行交谈。这些人会帮助风险投资家做出关于创业者个人风险的评价。

（5）条款清单。审查阶段完成之后，如果风险投资家认为所申请的项目前景较好，那么便可开始进行投资形式和估价的谈判。通常创业者会得到一个条款清单，概括出谈判将要涉及的内容。整个谈判过程可能要持续几个月。因为创业者可能并不了解谈判的内容，他将付出多少，风险投资家希望获得多少股份，还有谁参与项目，对于他以及现在的管理队伍将会发生什么。对于创业者来讲，要花时间研究这些内容，尽可能将条款减少。

（6）签订合同。风险投资家力图使他们的投资回报与所承担的风险相适应。根据切实可行的计划，风险投资家对未来 3 ～ 5 年的投资价值进行分析。风险投资供求双方基于各自对企业价值的评估，通过讨价还价后，进入签订协议的阶段。双方签订代表创业者和风险投资家双方愿望和义务的合同。一旦最后协议签订完成，创业者便可以得到资金，以继续实现其经营计划中拟定的目标。

（7）投资生效后的监管。投资生效后，风险投资家便拥有了风险企业的股份，并在其董事会中占有席位。多数风险投资家在董事中扮演着咨询者的角色，主要就改善经营状况以获取更多利润提建议，帮助企业物色新的管理人员（经理），定期与创业者接触以跟踪了解经营的进展情况，定期审查会计师事务所提交的财务分析报告。由于风险投资家对其所投资的业务领域了如指掌，所以其建议会很有参考价值。为了加强对企业的控制，在合同中通常加有可以更换管理人员和接受合并、并购的条款。

2. 与风险投资商打交道

创业者应该以职业的经营姿态去接触风险投资商。因为风险投资机构收到成百上千的项目经营计划书，往往会走出办公室，与其他投资公司一起工作，或者研究潜在的投资机会。因此，一开始就保持良好的关系是非常重要的。创业者应当联系所有潜在的风险投资商，向他们证实自己的企业正是其投资兴趣所在，然后递交计划书，附上言简意赅的相应材料。

由于风险投资商收到的投资计划书数量远远超过其投资能力，大量的计划书将被筛选出局。对受到推荐的计划书，他们会给予关注，并投入更多的时间和精力。因此，创业者花时间寻找能够并愿意将自己推荐给风险投资者的推荐人是非常值得的。一般来说，推荐者可能是组合投资公司的经理、会计师、律师、银行家和大学商学院教授。

在实施真正的接触时，创业者应该清楚一些基本的行为准则。如"六要六不要"。六要分别为：要对本企业和本企业的产品以及服务持肯定态度，并充满热情；要明了自己的交易底价，并在必要时果断离开；要牢记自己和创业投资者之间要建立的是一种长期合作伙伴关系；要只对自己可以接受的交易进行谈判；要了解创业投资者（谈判对象）的个人情况；要了解创业投资者以前投资过的项目及其目前投资组合的构成。六不要是指，不要逃避投资者所提的问题；回答创业投资者问题时，不要模棱两可；不要对创业投资者隐瞒重要问题；不要期望创业投资者对"是否投资"立即做出决定；在交易定价上，不要过于僵化死板（要有灵活性）；不要带律师参加谈判，以免在细节上过多纠缠。

七、创业融资技巧

创业者想要获得创业投资除需要有创业项目和企业家的素质外，还需要一定的融资技巧。

（一）心理准备

在与投资人正式讨论投资计划之前，创业者需做好四个方面的心理准备。

1. 准备应对各种提问

一些小企业通常会认为自己对所从事的投资项目和内容非常清楚，但是还要给予高度重视和充分准备，不仅要自己想，更重要的是让别人问。创业者可以请一些外界的专业顾问和敢于讲话的行家来模拟这种提问过程，从而使自己思得更全，想得更细，答得更好。

2. 准备应对投资人对管理的查验

也许创业者为自己多年来取得的成就而自豪，但是投资人依然会对其投资管理能力表示怀疑，并会询问：如何达到投资项目设想的目标。大多数人可能对此反应过敏，但是在面对投资人时，这样的怀疑却是会经常碰到的，这已构成了投资人对创业企业进行检验的一部分，因此创业者需要正确对待。

3. 准备放弃部分业务

在某些情况下，投资人可能会要求创业者放弃一部分原有的业务，以使其投资目标得以实现。放弃部分业务对那些业务分散的企业来说，既很现实又确有必要，在投入资本有限的情况下，企业只有集中资源才能在竞争中立于不败之地。

4. 准备做出妥协

从一开始创业者就应该明白，自己的目标和创业投资人的目标不可能完全相同。因此，在正式谈判之前，创业者要做的一项最重要的决策就是，为了满足投资人的要求，创业者自身能做出多大的妥协。一般来讲，由于创业投资人并不担心找不到投资项目，寄希望于投资人做出种种妥协是不大现实的，所以创业者做出一定的妥协也是确实有必要的。

（二）谈判技巧

（1）不要空泛地描述市场规模。企业初创者常犯的错误是对市场规模的描述太过空泛，或者没有依据地说自己将占有百分之几十的市场份额，这样并不能让人家相信你的企业可以做到那么大的规模。

（2）先吸引投资者的注意力。在商界有一个著名的"电梯间演讲"理论，也许你会在公共场合偶然遇到一位投资者，也许投资者根本不想看长长的商业计划书，你只有几十秒钟的时间吸引投资者的注意力。当他的兴趣被你激发起来，问起你公司的经营队伍、技术、市场份额、竞争对手、金融情况等问题时，你已经准备好了简洁的答案。

（3）强调竞争对手。由于大学生缺乏相关经验，在融资的过程中为了强调企业的独特性和独占优势，故意不提著名的竞争对手，或者强调竞争对手很少或很弱。事实上，有成功的竞争对手存在说明产品的市场潜力很大，而且对于创业投资公司来说，有强势同行正好是将来被收购套现的潜在机会。

（4）注重市场而不是技术水平。许多新兴企业，尤其是在大学生创办的企业中，由于其专业背景和工作经历，他们对技术的高、精、尖十分感兴趣，但投资人关注的是你的技术或者产品的盈利能力，你的产品必须是市场所需要的。

》》案例　电梯间演讲

麦肯锡公司曾经得到过一次沉痛的教训：该公司曾经为一家重要的大客户做咨询。咨询结束的时候，麦肯锡的项目负责人在电梯间里遇见了对方的董事长，该董事长问麦肯锡的项目负责人："你能不能说一下现在的结果呢？"由于该项目负责人没有准备，而且即使有准备，也无法在电梯从30层到1层的30秒钟内把结果说清楚。最终，麦肯锡失去了这一重要客户。从此，麦肯锡要求公司员工凡事要在最短的时间内把结果表达清楚，凡事要直奔主题、直奔结果。麦肯锡认为，一般情况下人们最多记得住一、二、三，记不住四、五、六，所以凡事要归纳在3条以内。这就是如今在商界流传甚广的"30秒电梯理论"或称"电梯间演讲"。

八、融资诈骗

大学生在创业融资时，要小心融资诈骗。常见融资诈骗手段如下所述：

1. 投资诈骗

投资诈骗是指以投资为名，要融资企业交纳各种考察费、立项费及保证金等。正规投资公司都有自己的管理费用，当他们决定投资一家公司或将一家公司纳入考察范围时，会自行支付差旅费、管理费及聘请第三方机构进行尽职调查等费用。巧立名目收费的企业往往不是正规投资公司。

2. 勾结诈骗

勾结诈骗即投资公司本身并不收取任何费用，但是在考察投资过程中会表示："项目还是比较好的，但是需要包装、策划，要找指定的中介机构做商业计划书，或者必须找某某会计师事务所、某某评估机构进行财务处理及评估。"企业向这些中介机构"交钱"之后，中介机构会与投资公司分成，之后投资公司却可能以种种理由，使投资计划不了了之。

3. 收保证金

收保证金是指利用国家金融政策，以提供大额存款、银行保函等帮助企业贷款的方式，要求企业提交订金。

假设投资公司提供的协议上规定，《银行保函》开出并由项目方银行核保后，项目方必须一次性付清所有手续费，并要求一周，最多两周内项目方银行必须放贷，如不能放贷则不负任何责任。但事实上，大额存单、有价证券抵押贷款的陷阱利用的就是时间差，即在出资方给融资方的有效时间内，银行上级部门的核准手续根本办不下来，这样，出资方就堂而皇之地"吃掉"融资方先期交付的保证金。

在当前我国产权投资领域缺少相应法律监管的情况下，上述行骗手段有的能够诉诸法律，有的打的是法律的"擦边球"，企业追索困难。所以有意进行融资的企业，在一开始就要有所警惕。

九、融资涉及的法律问题

融资涉及的法律问题主要有以下 8 个方面：

（1）融资人的法律主体地位。根据法律规定，作为企业的承包人只有承包经营的权利，无权处理企业投融资之类的重大事项。

（2）投资人的法律主体地位。根据法律的规定，代表处不得进行任何与经营有关的商业活动。因此，代表处无权签订任何关于投融资方面的合同。另外，我国法律规定，某些矿产资源的开发是禁止外商投资的。

（3）投融资项目要符合中央政府和地方政府的产业政策。在我国现有政策环境下，许多投资领域是不允许外资企业甚至民营企业涉足的。

（4）融资方式的选择。融资的方式有债权融资、股权融资、优先股融资、租赁融资等，各种融资方式对双方的权利和义务的分配也有很大的不同，对企业经营的影响重大。

（5）回报的形式和方式的选择。例如，债权融资中本金的还款计划、利息计算、担保形式等需要在借款合同中重点约定。如果投资人投入资金或者其他的资产从而获得投资项目公司的股权，则需要重点安排股权的比例、分红的比例和时间等。相对来说，投资人更加关心投资回报方面的问题。

（6）可行性研究报告、商业计划书、投资建议书的撰写。上述 3 个文件名称不同，内容大同小异，包括融资项目各方面的情况介绍。这些文件的撰写要求真实、准确，同时还需要法律上的依据，例如，关于项目的环境保护要求必须实事求是地申明。否则，如果项目环保措施没有达到国家或者地方法律法规的要求，被环境保护部门下令禁止继续运营，其损失无法估量。

（7）尽职调查中可能涉及的问题。律师进行的尽职调查是对融资人和投融资项目的有关法律状况的全面了解，根据了解的情况向投资人出具尽职调查报告。

（8）股权安排。股权安排是投资人和融资人就项目达成一致后，双方在即将成立的企业中的权利分配的博弈。由于法律没有十分有力的救济措施，公司治理中普遍存在大股东控制公司，侵害公司和小股东利益的情况。对股权进行周到详细的安排是融资人和投资人需要慎重考虑的事项。

以上 8 个方面是投融资过程中可能出现的法律风险，当然其他的法律风险也可能存在，例如，资金是否严格按照合同的规定到位、担保形式的选择等，这些都可能影响项目的正常进行。

第三节　商业计划书

制订商业计划是明确新企业的发展蓝图、战略、资源和人员要求的最好方式之一。要指出的是，一份简化的商业计划不仅可以用于筹资或借款，还可以指引企业发展。

一、撰写商业计划书的注意事项

撰写商业计划书要做的是：

（1）让所有管理成员参与商业计划的准备。

（2）计划要有逻辑、完整，并有可读性，还要尽量简短。

（3）要投入大量时间和一定资金来准备该计划，表明对企业的责任心。

（4）描述关键性的风险和假设，并说明为什么在这些情况下还可以创办企业。

（5）揭示并讨论企业中的所有现存问题或潜在问题。

（6）确定几种可选择的融资方式。

（7）讲清楚要进行的交易，包括所有权股份的多少和投资者将怎样赢得利益。

（8）富于创造力地获得潜在投资者的关注和兴趣。

（9）要记住计划并不等于事业，实施比计划的价值高得多。

（10）一定要把接受订单和客户放在首位，即使必须推迟计划的撰写，因为订单和客户将产生结果为正的现金流。

（11）知道你的目标投资者（例如，风险投资家、天使投资者、银行或租赁公司）以及他们真正想要的和不想要的，并相应地修改你的计划。

（12）要将比较客观的市场和销售预期作为财务报表假设条件。

撰写商业计划书不能做的是：

（1）管理团队中不要写无名的神秘人物（例如，G先生现在是另一家公司的财务副总裁，以后将加入你的公司等）。

（2）不要讲模棱两可、含糊不清和不能肯定的话，比如，不要根据团队想达到的生产量来估计销售量。

（3）不要用行话来描述技术产品或其制造过程，或只有专家才能理解的方式来描述，因为这会限制商业计划的用途。

（4）不要把钱花在制作漂亮的小册子、精美的幻灯片或其他"噱头"上，相反地，只要显示"本质内容"就行了。

（5）当你能签单收现金时，不要把时间浪费在撰写计划上。

（6）当你只是和人握了一次手或达成口头协议，但钱并没有进口袋之前，不要假定你已经做成了一笔买卖（只有当支票兑现的时候，买卖才算做成）。

二、撰写商业计划书的一般步骤

（1）把信息细分成多个关键部分。项目的总体计划要划分为多个部分，明确轻重缓急，谁来负责哪个部分，第一稿完成的时间和终稿完成的时间。具体见表9-6。

表9-6 关键部分细分表

关键部分	优先度	负责人	开始日期	第一稿完成时间	终稿完成时间

（2）列出必须完成的任务。设计一张实施该计划的总任务表，设置优先度、负责人、该计划各项任务的完成时间。把较大的项目（获取客户和竞争者的情报以及参观贸易展会等现场工作）分割成一些易于管理的小的组成部分（如出行前必须打的电话），并把这些组成部分作为一项任务。表述要尽可能具体。具体见表9-7。

表9-7 总任务表

任务	优先度	负责人	开始日期	完成时间

（3）把细分表和任务表结合起来，创建一个日程表。在合并两表时，要检查是否有遗漏，以及你对人们能做什么、什么时候能做、需要做什么等的判断是否现实。在创建日历

表时，在任务开始的那个星期画个记号"×"，在任务完成的那个星期画个记号"×"，然后把这些"×"连起来。在你把所有任务排到日历表上时，再仔细查看是否有冲突和不现实的地方。特别是要注意评估团队成员的日程是否安排得太满了。具体见表9-8。

表 9-8 日程表

任务	星期								
	第1周	第2周	第3周	第4周	第5周	第6周	第7周	第8周	……

（4）按以下框架建立并撰写一份商业计划。

1）封面。封面页包括公司名称、公司地址、公司电话、日期和发行的债券。通常，名称、地址、电话号码和日期在封面页的中上部，发行的债券在底部。

2）目录。目录中包含各部分内容的列表、附录以及所在页码。

3）执行摘要。通常此摘要简短而精炼（一页或两页），它讲述了商机条件是什么，以及为什么存在这样的条件；谁来把商机付诸实施，以及为什么这些人可以这样做；公司如何进入市场并进行市场渗透等。

4）行业和公司及其产品或服务。需要考虑的主要因素是公司及其产品和服务的理念，以及它如何面对所在的竞争行业。

5）市场调研和分析。这部分信息必须支撑这样一个论断，即企业能在一个成长行业中攫取极大的市场份额，并从容应对竞争。鉴于市场分析的重要性以及商业计划的其他部分对该部分信息具有极大的依赖性，应花足够的时间来做好这一部分。

6）企业的经济性。经济和财务特征包括产生利润的表面金额和盈利的持久性，这些特点必须使商机看起来更有吸引力。企业的营运和现金转换周期、价值链等必须和商机以及计划中所确定的战略产生联系。

7）营销计划。营销计划描述的是将如何达到预期销售状况。营销计划必须详细说明发掘商机和竞争优势的总体营销战略，它包括对销售和服务政策的讨论，定价、分销、促销和广告战略以及销售预期。

8）设计和开发计划。在产品和服务投入市场以前，必须详细考虑一切设计和开发工作的本质和程度，以及所需花费的时间和资金。这种设计和开发可能是将实验室原型转变为成品所必需的工程工作，是特殊工具的设计，是增加产品吸引力和销售力的工业设计，或是服务企业对雇员、设备和专门技术的识别和组织。

9）生产和营运计划。生产和营运计划必须包括这样一些要素，如工厂选址、必需的设施类型、空间要求、资本设备要求和劳动力（兼职或全职）要求。

10）管理团队。对管理团队的描述包括团队必须具备的职能，关键管理人员及其主要职责，企业的组织结构、董事会，所有其他投资者的股权状况等。

11）总日程表。显示主要事件的时间和内在联系，这些是启动企业和实现企业目标的必要条件，企业的现金转换周期和营运周期将为这张表提供关键输入信息。

12）关键风险、问题和假设。企业在发展中有风险，也有问题，商业计划总会包括与此相关的一些隐含的假设。识别并讨论企业中的风向，可以证明你作为一名经理人的技能，并能增加你和企业在风险投资者或私人投资者心目中的可信度。主动指出并讨论风险有助于向投资者表明，你已经考虑过它们并且能够处理。

13）财务计划。财务计划是评估投资商机的基础，并且它必须代表你对财务要求的最好估计。财务计划的目的是显示企业的潜力并提供一张财务生存能力的时间表。它还可以作为一份依据财务基准进行财务管理的营运计划。

14）公司招股方案。目的是指出需要筹集的资金额和提供给投资者的证券性质和额度，简单描述筹集资金的用途，并大概说明投资者如何实现期望的回报率。

15）附录。此处包括一些对商业计划主体来说过于广泛但十分必要的相关信息（产品说明书或照片、参考资料表、关键零部件的供应商、特定地点因素、设施或技术分析、顾问或技术专家提供的报告和各种关键法规审批、许可的复印件等）。

（5）整合各部分内容。

（6）获得反馈。商业计划一旦写完，建议你让别人审阅。无论你和你的团队如何优秀，还是很可能会忽略一些问题的，并且在处理与你公司有关的问题时可能会思路不清。一个好的审阅者可以给你提供一种外部的客观评价。你的律师可以帮助你确认你的商业计划中有无存在容易引起歧义的描述，并且该计划中是否已包含所有必要的警告等内容。

拓展阅读　商业计划书大纲范例

摘要

目录

前言

一、现状分析

1.市场形势

2.产品情况

3.竞争形势

4.分销情况

二、环境分析

1.宏观微观环境分析

2.企业自身环境分析

三、制定目标

1.整体目标

2.营销目标

3.财务目标

四、营销战略

1.STP战略（segmenting，targeting，positioning）：市场细分、目标市场和市场定位战略。

2.营销组合策略：产品策略、价格策略、渠道策略及促销策略。

五、执行方案

1.人员安排

2.道具设备

3.时间计划

4.地点选择

六、财务分析

1.费用预算

2.效益分析

七、控制方案

1.执行控制

2.风险预测

3.应急方案

八、结束语

九、附录

本章小结

创业的前提条件之一就是创业者拥有或者能够支配一定的资源。本章即通过对创业资源的获取方法、创业融资渠道、创业融资技巧等内容的介绍，使学生掌握创业融资的方法，并能通过撰写商业计划书，明确新企业的发展蓝图、战略、资源和人员要求。

课后练习

1.简述创业资源的种类。

2.资金在创业中有什么作用？

3.创业资源的获取方法有哪些？

4.创业融资难的原因有哪些？

5.大学生创业融资的渠道有哪些？

6.简述融资涉及的法律问题。

第十章

新企业的创办与管理

学习目标

通过本章的学习，了解新企业的组织形式、大学生创业优惠政策、企业成长的概念；熟悉成长期企业运作的原则；掌握新企业注册登记的方法，新企业组织管理、营销管理、财务管理、产品管理的方法。

能力目标

能为新创办的企业进行注册登记，并采取有效的管理办法对公司进行管理，使其发展壮大。

第一节　新企业组织形式与选择

一、企业的组织形式

企业的组织形式反映企业的性质、地位和作用，表明一个企业的财产构成、内部关系以及与外部经济组织之间的联系方式。目前，我国常见的企业组织形式有个人独资企业、合伙制企业和公司制企业（有限责任公司、股份有限公司）3 大类别。

（一）个人独资企业

个人独资企业，即为个人出资经营、归个人所有和控制、由个人承担经营风险和享有全部经营收益的企业。以独资经营方式经营的独资企业有无限的经济责任，破产时借方可以扣留业主的个人财产。

1. 个人独资企业的特点

个人独资是最常见的企业组织形式，它具有以下特点：

（1）只有一个出资者。

（2）出资人对企业债务承担无限责任。在个人独资企业中，出资人直接拥有企业的全部资产并直接负责企业的全部负债，也就是说出资人承担无限责任。

（3）独资企业不作为企业所得税的纳税主体。一般来说，个人独资企业并不作为企业所得税的纳税主体，其收益纳入所有者的其他收益一并计算缴纳个人所得税。

2. 个人独资企业的优缺点

个人独资企业是企业制度序列中最初始和最古典的形态，也是民营企业中最常见的形式之一。许多的大企业、大集团，当初在创业的时候都是以个人独资企业的身份开始的。之所以会这样，是鉴于个人独资企业有以下优点：

（1）保密性强。个人独资企业由创业者经营管理，和企业相关的商业保密信息由创业者一人掌管，杜绝了核心技术机密的泄露，保证了企业在市场经济中的竞争优势。很多以配方为核心竞争力的企业都是个人独资企业，至少是从个人独资企业起步的，例如，"老干妈""俏江南"这些是我们熟知的品牌。

（2）灵活性强。创业者以个人或一个家庭为单位，无资本数量限制，而且企业的创立、转让、倒闭等行为只需创业者向政府以及相关部门登记申请即可，没有其他手续，故而免掉了很多程序，节约了时间和成本。个人独资企业不受外来限制，创业者对企业的经营有很大的自由，创业者可以灵活地调整企业的经营模式，方便快捷地解决难题，快速地适应市场。

（3）缴纳税金少。相比较法人企业，个人独资企业只需缴纳个人所得税，无双重课税。企业经营发展所赢得的利润归个人所有，无须与别人共享，企业的经济负担较小。

虽然个人独资企业有以上的优点，但它也有比较明显的缺点，具体如下：

（1）如果企业规模较小则难以筹集大量资金。创业者个人的资金终归有限，当企业还处于发展初期、规模较小的时候，借贷款难度也较大。因此，个人独资企业反过来也限制了企业的发展。

（2）高风险成为创业者的软约束。创业者以个人财产对企业承担无限责任，在硬化了企业预算约束的同时，也带来了创业者承担风险过大的问题，从而限制了创业者向风险较大的部门或领域进行投资的活动，对新兴产业的形成和发展极为不利。

（3）企业经营的连续性得不到保障。企业所有权和经营权高度统一的产权结构，虽然使企业拥有充分的自主权，但也意味着企业是创业者个人的企业，创业者的健康、学识、能力以及其所受的各种影响，都可能关乎企业的存亡。

由于个人独资企业创设条件简单，易于组建，所以大多数的小企业按个人独资企业组织设立。

（二）合伙制企业

合伙制企业是指由两人或两人以上按照协议投资，共同经营、共负盈亏的企业。合伙制企业财产由全体合伙人共有，共同经营，合伙人对企业债务承担连带无限清偿责任。

1. 合伙制企业的特点

（1）有两个以上所有者（出资者）。

（2）合伙人对企业债务承担连带无限责任，包括对其他无限责任合伙人集体采取的行为负无限责任。

（3）合伙人通常按照他们对合伙企业的出资比例分享利润或分担亏损。

（4）合伙企业一般不缴纳企业所得税，其收益直接分配给合伙人。

2. 合伙制企业的优点和缺点

（1）合伙制企业的优点。

1）资金来源较广。与个人独资企业相比较，合伙制企业可以从众多的合伙人处筹集资本，合伙人共同偿还债务，减少了银行贷款的风险，使企业的筹资能力有所提高。

2）管理能力较高。合伙制企业的合伙人都具有企业决策权，可以集思广益，突破个人独资企业只有创业者一人的局限性，从而提高了企业在市场上的竞争力。

3）保障小股东利益。在企业管理和决策时，小股东和大股东有相同的地位，小股东也可以参与进来，这样大大地保证了小股东的利益。

（2）合伙制企业的缺点。

1）风险高。合伙制企业和个人独资企业一样，合伙人在企业倒闭还债时，个人的家庭财产也面临威胁。

2）灵活性差。合伙人的产权不可以自由出售或转让，必须经过其他合伙人的同意才可以实施。每位合伙人都要对一定比例的净利润缴纳所得税，无论他们是否获得这部分利益。由于每一位合伙人都有决策权，每一件事情都要协商才能决策，灵活性不高，如果合伙人之间有分歧矛盾，会直接影响到企业的发展。

（三）有限责任公司

有限责任公司是在我国境内依法设立的，股东以其认缴的出资额为限对公司承担责任，公司以其全部资产为限对公司的债务承担责任的企业法人。

1. 有限责任公司的特点

（1）有 1 ～ 50 个出资者，需要说明的是一人有限责任公司是在 2005 年 10 月 27 日第十届全国人大第十八次会议上通过的《中华人民共和国公司法》中新加入的。

（2）股东出资须达到法定资本最低限额。一人有限责任公司注册资本的最低限额为 10 万元人民币，而一般有限责任公司注册资本的最低限额为 3 万元人民币。

（3）有限责任公司不能公开募集股份，不能发行股票。

（4）股东对公司的债务承担有限责任，倘若公司破产清算，股东的损失以其对公司的投资额为限。

2. 有限责任公司的优点和缺点

（1）有限责任公司的优点。

1）公司便于治理。由于有限责任公司产权主体多元化，每一位投资者都会按照一定的份额来享受权利、履行义务。所以，每一位投资者都有提高治理公司能力的要求，重视制定公司章程，争取让公司的决策管理实现最优，并且通过成立股东大会、董事会、监事会，来参与到公司运行的每一个环节，提高了公司的生产效率，保证了公司发展途中的公开化、透明化。

2）延续性强。具有所有权的董事由股东会选举和罢免，具有经营权的经理由董事会聘任和辞退，所以即使某些股东出让股份也不影响公司的延续，公司可以实现长远发展。

3）投资风险有限。和个人独资企业及合伙制企业不同，有限责任公司的股东以投资额为限承担有限责任，出资额以外的财产不受债权影响。

（2）有限责任公司的缺点。

1）税收繁重。有限责任公司承担双重税收，不仅要上缴净利润的所得税，而且股东还要缴纳股息的所得税，公司财产负担较重。

2）企业规模受限。由于有限责任公司自身的限制，企业不能公开发行股票，导致企业规模受限。

（四）股份有限公司

股份有限公司是依法设立，其全部股本分为等额股份，股东以其所持股份为限对公司承担责任，公司以其全部资产对公司的债务承担责任的企业法人。股份有限公司是与其所有者即股东相对独立的法人，对公司债务承担有限责任。

1. 股份有限公司的特点

在现代企业的各种组织形式中，股份有限公司在企业组织形式中占据主导地位。股份有限公司和以上3种组织形式相比具有以下特点：

（1）有限责任。这一点与有限责任公司相同，股东对股份有限公司的债务承担有限责任，倘若公司破产清算，股东的损失以其对公司的投资额为限。而对于独资企业和合伙制企业，其所有者可能损失更多，甚至损失个人的全部财产。

（2）永续存在。股份有限公司的法人地位不受某些股东死亡或转让股权的影响。因此，其寿命较之独资企业或合伙制企业更有保障。

（3）可转让性。股份有限公司的股份转让比独资企业和合伙制企业的权益转让更为容易。

（4）易于筹资。从筹集资本的角度看，股份有限公司是最有效的企业组织形式。由于其永续存在以及举债和增股的空间大，具有更大的筹资能力和弹性。

（5）对公司的收益重复纳税。作为一种企业组织形式，股份有限公司也有不足，最大的缺点是对公司的收益重复纳税：公司的收益先要缴纳公司所得税；税后收益以现金股利分配给股东后，股东还要缴纳个人所得税。

2. 股份有限公司的优点和缺点

（1）股份有限公司的优点。

1）资本集中快捷。股份有限公司可以面向大众发售股票债券，吸收社会上的闲散资金，以最快、最便捷的方式收取资金。

2）股份流动性强。股份有限公司的股票易于转让，公司可以通过资本运作、优化资源配置、提高企业自身价值，加快公司产权的流动与重组。

3）公开化。股份有限公司必须坚持公开性原则，公开企业所有相关信息，便于社会的监督及检查，促进了公司向透明化发展，杜绝了腐败现象，有利于公司的市场竞争，保证了公司的经营效率。

（2）股份有限公司的缺点。

受到来自各方面的限制较多，如法律限制和社会限制，而且设立手续复杂，组建经费较高，风险较大。

二、企业组织形式的选择

创业伊始，创业者不但需要了解我国现有的企业组织形式有哪些，更应当了解每一种组织形式的优劣，从而选择一种最合适的企业组织形式。通常，选择组织形式需要考虑以下5个因素：

1. 拟投资的行业

对于一些特殊的行业，法律规定只能采用特殊的组织形式，如律师事务所只能采用合伙形式而不能采用公司形式。对于银行、保险等行业，只能采用公司制。因此，根据拟投资的行业选择企业的组织形式是首要考虑的因素。对于法律强制规定了的行业，只能按照法律的要求选择组织形式。近来非常热门的私募股权基金，法律只允许选择公司制和合伙制，越来越多的私募股权基金选择了有限合伙制的组织形式。

2. 创业者的风险承担能力

创业者自身的风险承担能力是创业者必须考虑的因素之一，企业组织形式与创业者日后承担的风险息息相关。公司制企业股东仅以出资额为限承担责任，普通合伙制企业投资人、个人独资企业投资人都要承担无限责任。选择后两种企业组织形式，创业者要承担较大风险。

3. 税务因素

由于不同的企业组织形式所缴纳的税不同，因此，选择企业组织形式必须考虑税务问题。根据我国税法规定，个人独资企业和合伙企业的生产经营所得计征个人所得税，公司制企业既要缴纳企业所得税，又要在向股东分配利润时为股东代扣代缴个人所得税。因此，从税负筹划的角度，选择个人独资企业和合伙企业税负更低。

4. 未来融资需要

如果创业者资金充足，拟投资的事业资金需求也不大，则采用合伙制和有限责任公司制均可，如果日后发展业务所需资金规模非常大，建议采取股份有限公司组织形式。

5. 关于经营期限的考虑

对于个人独资企业，一旦投资人死亡且无继承人或者继承人决定放弃继承，则企业必须解散。合伙企业由合伙人组成，一旦合伙人死亡，除非不断吸收新的合伙人，否则合伙企业寿命也是有限的。因此，合伙企业和个人独资企业经营期限都不会很长，很难持续发展下去。但公司制企业则不同，除出现法定解散事由或股东决议解散外，原则上公司制企业可以永远存在。

当然，除上述因素外，还可以从投资权益的自由流通和经营管理需要等多个方面就企业组织形式的优劣进行分析比较，进而选择最合适的组织形式。

第二节　新企业的选址与注册登记

一、新企业的选址

创业者开始走上真正的创业之路，并需要成立一家企业，那么有一个真正属于自己的正规的办公场所就显得十分重要。新企业的选址对于新企业的生存有时起着非常关键的作用。创业者在进行新企业的选址时需要考虑一些具体的因素，遵循一定的规范流程，在开展具体选址调查时要符合客观、科学、全面等要求。

（一）新企业选址需要考虑的因素

经济、技术、政治、社会文化、自然等方面的因素均会影响新企业选址的决策过程。

1. 经济因素

一般来说，新企业设立在关联企业和关联机构相对集中的地区就会相对容易获得成功。这是因为如果相互关联的企业集中在某一地区选址，该区域内的企业将产生一种既竞争又合作的关系，这种关系将推动该地区经济竞争力的发展，共同实现区域繁荣。

2. 技术因素

由于新技术对于高科技新企业的成功起着关键作用，因此相当多的高科技企业在创业选址时，将企业建在技术研发中心附近或新技术信息传递比较迅速的地区，以在第一时间掌握技术的变化趋势，规避技术进步的不确定性带来的风险。例如，美国的硅谷、我国的中关村等都是根据技术因素选址的典型代表。

3. 政治因素

政治因素是指影响企业经营的各种政治要素，包括政局、政策等。

政局即政治局面或政治局势，是指创业企业所处的国家或地区的政治状况。一个国家或地区的政局稳定与否会给企业，特别是创业企业的生产和营销活动带来重大影响。稳定的政局会给企业带来良好的生产和营销环境；相反，政局不稳定，社会矛盾尖锐，社会秩序混乱，不仅会影响经济发展和民众的购买力，而且对企业的营销心理也有重大的影响。因此，创业者在创业前要对影响企业经营的政局环境进行详细分析。

各个国家在不同时期，根据不同需要颁布各种不同政策，制定各种经济发展方针，这些政策对创业企业的活动有着重要影响。政策是国家或执政党为实现一定历史时期的路线和任务而规定的行动准则。国家政策是企业经营必须遵守的准则，企业制定的经营战略和目标必须适应国家政策，创业者应对各种相关政策有充分的了解，并能对它们的变化趋势做出正确的判断，充分利用政策带来的机会来选择有利的地理位置。

4. 社会文化因素

不同地域的社会习俗、文化价值观、生活态度等方面差别很大，社会对安全、健康、营养及环境的关注程度也不尽相同，因此，新企业在选址时，如果不考虑上述因素，其所提供的产品或服务就很有可能不被其所在地的市场接受。

5. 自然因素

在新企业选址时，创业者还必须考虑气候变化、地质状况、水资源可利用性等自然因素，这些因素可能影响企业日常生产经营调度、原材料供给、安全生产等方面。

（二）新企业选址的步骤

一个企业经营项目，若选错了地址，小则影响企业发展，大则可能导致企业"关门大吉"。创业选址工作，对于一些缺乏经验的创业者来说，是必须面对的一个难题，对于大学生更是如此。新企业选址的具体步骤如下：

1. 分析客户群体，选择黄金场地

每个行业都有自己的对应的消费人群，不同的行业需要不同的区位场地，所以在选择场地时，首先就要正确分析客户群体，判断所选场地是否靠近你的客户群体。例如，要开一个小商品零售店，就应该选择在人群密集区域；如果打算开一个有情调的茶吧，那么选址则要在幽静的场地。总之，企业的环境一定要与客户群体相适应，选择有针对性的黄金场地。

2. 考虑租金承受力，做好成本考量

初次创业者一般还没有能力拥有一个场地，这时创业者就要考虑租房。开业初期，需要资金的地方很多，还需要一定的储备资金，所以在选择地点时租金也至关重要，租金的高低与以下两个方面息息相关：

（1）办公场所面积。需要考虑清楚自己要用到多大面积的办公场地。如果准备开一个微型公司，潜在客户也不需要来访，那就找一个小办公室。如果公司业务网较大，那就需要足够大的面积，能容纳员工，且拥有多种功能。

（2）房屋情况。办公场地的结构、装修等情况也是需要着重考虑的因素。一般来说，新企业的老板们倾向于选择水电安装、房屋装修到位的办公室，这样直接入驻，就能开展工作了。

3. 留意交通情况，方便客户驻留

交通是否顺畅是企业最关心的因素之一。交通甚至会改变城市人口的经济行为、居住选择、空间概念。例如，商店附近的交通状况会在很大程度上影响商店的经营状况，尤其是住宅区，上班与下班的高峰时间，街道两旁的行人、车辆，可呈现明显的差距，因此，创业者一般在商店选址时都会考虑交通路线问题。很多消费者通常会在下班回家的途中进

行消费，因此并不是主干道的旁边才算是开设商店的黄金位置，由主干道延伸出的巷弄内，也有许多适合开店的地点。而一般评估巷道内的"黄金店面"，多可用漏斗理论，即同一个街口，如果有数家商店，那么位于主干道转进巷道的第一家商店，会像漏斗一样，最先吸引消费者入店。

4. 考察周边环境，促进良性循环

有了备选地点之后，要考察周边的环境，包括社会环境和自然环境。这个时候要从两个角度来考量，一个是获利的角度：有什么迹象显示你中意的地点可以给你创造佳绩？另一个是客户的角度：如果是你，你会不会到这儿来逛街？逛到这儿的时候会不会进来看看？即便是黄金地段也有冷清的店铺，二级商圈里也有热门的区位。

（三）新企业选址的策略

1. 生产性质的新企业选址

生产性质的新企业在选址时要考虑周边地区具备的生产条件：交通方便，便于原料运进和产品运出；生产用电要充足，生产用水要有保证；生产所使用的原料基地要尽量距离企业地址不远；所使用的劳动力资源要尽量就地解决；当地税收是否有优惠政策等。如果是一些可能对环境造成影响的生产项目，还须考虑环保问题。

2. 商业性质的新企业选址

商业性质的新企业在选址时应考虑创业地点的实际情况、客流量、店铺租金等方面，如在城市，若干个商业圈往往可以带动圈内商业的规模效应，新企业选择建立在商业圈内会较易经营，但与繁华商业圈寸土寸金的消费能力相应，其店铺租金或转让费也十分昂贵，往往会让创业者捉襟见肘，使新企业很难在商业圈内得到一席之地。为此，创业者可以在商业圈内利用联合经营、委托代销等方式或者在商业圈边缘选址，转向"次商圈"，将因此而节约下来的资金用于货品升级、提升服务等。

3. 服务性质的新企业选址

服务性质的新企业在选址时要根据具体的经营对象灵活选址，但对客流量要求较高。"天下熙熙，皆为利来；天下攘攘，皆为利往。"因而，可以说客流在一定意义上就等于财流。在车水马龙、人流量大的地段经营，服务性质的新企业成功的概率往往比在人迹罕至的地段要高得多，但也应结合企业的目标消费群体的特点。

与竞争对手的相对位置是影响服务企业选址的一个非常重要的因素。服务企业在进行选址时不仅必须考虑竞争者的现有位置，还需估计他们对新选址的反应。在有些情况下，选址时应该避开竞争对手，但对于商店、小吃店等，在竞争者附近设址有更多的好处。在这种情况下，可能会有一种"聚集效应"。

》》案例 选址的重要性

经营一个小休闲吧一年多的时间，从当初的惨淡维持到目前的渐有起色，业主马女士说，开店选地址是非常重要的，不能只凭自己的主观判断和房东的热情推荐，否则经营得

再好，也受先天不足的制约。

马女士很早就有自己创业的想法，经过自己的考察和朋友的建议后，她选择开一个小型休闲吧。很多人在娱乐方面比较喜欢打扑克，马女士看好这个市场。考虑到一些繁华地带已经有了很多著名品牌的连锁咖啡店，马女士就决定从次一级的地段入手，黄河路沿线成了她的首选。看了好几个地方，租金都太贵，后来一个大约60平方米的小店面吸引了她。

这个地方原先开过饭店，包间的格局基本已经定了，房东租得很便宜，每个月只要2 000元。但有一个缺点就是不临街，而是在黄河路的侧面上。装修的花费不高，租下来10天左右就开业了。收入的主要来源就是饮料和小吃等，马女士预计有一半的上座率，每天翻两番，每天营业收入可以达到1 000元。咖啡、小吃的成本很低，初期只请了一个服务员，工资2 000元。这种小吧只在客人刚来的时候忙一点，太忙了自己就顶一阵。这样每月的营业额能达到3万元。

但实际情况并不是马女士估计的那样，地段不醒目，客人来得零零落落，周围几个没有固定职业的邻居倒是常来。因为没设最低消费，他们只要一壶20元的茶水，几个人就能坐上一天。烟抽得很大，小店面积还小，也影响了别的客人。

马女士想了几种办法来增加人气，联系几位常玩的朋友，让他们把客人往这儿带，发打折的会员卡等。一番努力之下，人来得渐渐多了，这时候地段又成为致命的影响因素，朋友让人来，电话里说了好几遍人家也不知道怎么走，发传单，标明小店的位置也费了很大周折。

现在，马女士的小休闲吧渐渐有了人气。她总结自己的创业经验表示，地段还是非常重要，好地段可能会贵一点，但是绝对物有所值，同样一番努力，如果地段好一点，自己多付出的租金也早就挣回来了。

二、新企业的注册登记

（一）个人独资企业注册登记

1. 个人独资企业注册登记应提交文件材料目录

（1）投资人签署的《个人独资企业设立登记申请书》（表10-1）。

（2）投资人身份证明。

（3）企业住所证明。

（4）国家市场监督管理总局规定提交的其他文件。

（5）法律、行政法规规定须报经有关部门审批的业务的有关批准文件。

2. 说明

（1）申请人是指向登记机关提出设立登记申请的人。申请人是投资人的，应提交投资人的身份证明；申请人是投资人委托代理人的，应提交投资人的委托书和代理人的身份证明或资格证明。申请人也是领取执照人。

（2）申请人提交的文件、证明应当是原件，不能提交原件的，其复制件应当由登记机关核对。

（3）申请人应当使用钢笔、毛笔或签字笔认真填写表格或签字。

（4）投资人身份证明是指投资人的居民身份证或户籍证明。

（5）企业住所证明：投资人自有的住所，应当提交房管部门出具的产权证明；租用他人的场所，应当提交租赁协议和房管部门的产权证明。没有房管部门产权证明的，提交其他产权证明。企业住所在农村，没有房管部门颁发的产权证明的，可提交村委会出具的证明。

（6）申请书中"居所"是指投资人的现住址。申请人在填写申请书中"居所""企业住所"栏时，应填写所在市、县、乡（镇）及村、街道门牌号码。

（7）申请人在填写申请书中"出资方式"栏时，在选择项的序号上划"√"。

（8）申请人在填写申请书中"从业人员数"栏时，应填写企业拟聘用从业人员的数量。

表 10-1　个人独资企业设立登记申请书

一、投资人基本情况					
姓名		性别		出生日期	
文化程度		政治面貌		民族	照片粘贴处
居所				邮政编码	
身份证号				联系电话	
申请前职业状况					
二、申请登记项目					
企业名称					
备用名称1					
备用名称2					
企业住所				邮政编码	
				联系电话	
经营范围及方式					
出资额		万元		从业人员数	人
出资方式（请在选择上打"√"）	1. 以个人财产出资 2. 以家庭共有财产作为个人出资 家庭成员签名				
投资者身份证粘贴处	投资人名字： 申请日期				

（二）合伙企业注册登记

1. 登记依据

合伙企业的登记依据是《中华人民共和国合伙企业法》和《中华人民共和国合伙企业登记管理办法》。

2. 登记条件（设立）

（1）有两个以上合伙人。合伙人为自然人的，应当具有完全民事行为能力。

（2）有书面合伙协议。

（3）有合伙人认缴或者实际缴付的出资。

（4）有合伙企业的名称和生产经营场所。

（5）法律、行政法规规定的其他条件。

3. 登记程序

合伙企业的登记程序为：审查→受理→决定。

4. 登记期限

（1）材料不齐全、形式不合法的，5 日内告知申请人需要补正的全部内容。

（2）材料齐全、形式合法，不需核实的，当场决定受理，做出准予登记决定，当场核发营业执照。

（3）需要核实的，自受理之日起 15 日内核实，并做出是否准予登记的决定，准予登记的，10 日内核发营业执照。

5. 提交申请材料目录（设立）

（1）全体合伙人签署的《合伙企业设立登记申请书》。

（2）全体合伙人的主体资格证明或者自然人的身份证明。合伙人为自然人的，提交居民身份证复印件；合伙人是企业的，提交营业执照副本复印件；合伙人为事业法人的，提交事业法人登记证书复印件；合伙人为社团法人的，提交社团法人登记证复印件；合伙人为农民专业合作社的，提交农民专业合作社营业执照副本复印件；合伙人为民办非企业单位的，提交民办非企业单位证书复印件。

（3）全体合伙人指定的代表或者共同委托的代理人的委托书。

（4）全体合伙人签署的合伙协议。

（5）全体合伙人签署的对各合伙人认缴或者实际缴付出资的确认书。

（6）主要经营场所证明。某一合伙人以自有经营场所作为出资的，提交房管部门出具的产权证明；租用他人场所的，提交租赁协议和房管部门的产权证明。没有房管部门产权证明的，提交其他产权证明。经营场所在农村的，没有房管部门颁发的产权证明的，提交场所所在地村委会出具的证明。

（7）全体合伙人签署的委托执行事务合伙人的委托书；执行事务合伙人是法人或其他组织的，还应当提交其委派代表的委托书和身份证明复印件。

（8）合伙人以实物、知识产权、土地使用权或者其他财产权利出资，经全体合伙人协商作价的，提交全体合伙人签署的协商作价确认书；经全体合伙人委托法定评估机构评估作价的，提交法定评估机构出具的评估作价证明。

（9）法律、行政法规规定设立特殊的普通合伙企业需要提交合伙人的职业资格证明的，提交相应证明。

（10）办理了名称预先核准的，提交名称预先核准通知书。

（11）法律、行政法规或者国务院决定规定在登记前须经批准的项目的，提交有关批准文件。

（12）国家市场监督管理总局规定提交的其他文件。

（三）有限公司设立登记须知

1. 登记依据

有限公司登记的依据有：《中华人民共和国民法典》《中华人民共和国公司法》《中华人民共和国公司登记管理条例》。

2. 登记条件

申请有限责任公司登记应具备下列条件：

（1）股东符合法定人数。

（2）股东出资达到法定资本最低限额。

（3）股东共同制定公司章程。

（4）有公司名称，建立符合有限责任公司要求的组织机构。

（5）有固定的生产经营场所和必要的生产经营条件。

3. 登记程序

有限公司的登记程序为：审查→受理→决定。

4. 登记期限

（1）材料不齐全、形式不合法的，5日内告知申请人需要补正的全部内容。

（2）材料齐全、形式合法，不需核实的，当场决定受理，做出准予登记决定，10日内核发《营业执照》。

（3）需要核实的，自受理之日起15日内核实，并做出是否准予登记的决定，准予登记的，10日内核发《营业执照》。

5. 应提交的申请材料目录

一般有限责任公司设立登记应提交的材料如下：

（1）公司法定代表人签署的《公司设立登记申请书》。

（2）全体股东签署的《指定代表或者共同委托代理人的证明》（股东为自然人的由本人签字；自然人以外的股东加盖公章）及指定代表或委托代理人的身份证复印件（本人签字）。应标明具体委托事项、被委托人的权限、委托期限。

（3）全体股东签署的公司章程（股东为自然人的由本人签字；自然人以外的股东加盖公章）。

（4）股东的主体资格证明或者自然人身份证明复印件。股东为企业的，提交营业执照副本复印件；股东为事业法人的，提交事业法人登记证书复印件；股东为社团法人的，提交社团法人登记证复印件；股东为民办非企业单位的，提交民办非企业单位证书复印件；股东为自然人的，提交身份证复印件。

（5）依法设立的验资机构出具的验资证明。

（6）股东首次出资是非货币财产的，提交已办理财产权转移手续的证明文件。

（7）董事、监事和经理的任职文件及身份证明复印件。

依据《中华人民共和国公司法》和公司章程的规定和程序，提交股东会决议、董事会决议或其他相关材料。股东会决议由股东签署（股东为自然人的由本人签字；自然人以外的股东加盖章），董事会决议由董事签字。

（8）法定代表人任职文件及身份证明复印件。根据《中华人民共和国公司法》和公司章程的规定和程序，提交股东会决议、董事会决议或其他相关材料。股东会决议由股东签署（股东为自然人的由本人签字；自然人以外的股东加盖章），董事会决议由董事签字。

（9）住所使用证明。自有房产提交产权证复印件；租赁房屋提交租赁协议复印件以及出租方的房产证复印件；未取得房产证的，提交房地产管理部门的证明或者购房合同及房屋销售许可证复印件；出租方为宾馆、饭店的，提交宾馆、饭店的营业执照复印件。

（10）《企业名称预先核准通知书》。

（11）法律、行政法规和国务院决定规定设立有限责任公司必须报经批准的，提交有关的批准文件或者许可证书复印件。

（12）公司申请登记的经营范围中有法律、行政法规和国务院决定规定必须在登记前报经批准的项目，提交有关的批准文件或者许可证书复印件或许可证明。

依照《中华人民共和国公司法》《中华人民共和国公司登记管理条例》设立的除一人有限责任公司和国有独资公司以外的有限责任公司申请设立登记适用本规范。

公司设立登记申请书、指定代表或者共同委托代理人的证明可以通过国家市场监督管理总局官方网站下载或者到各工商行政管理机关领取。

以上各项未注明提交复印件的，应当提交原件；提交复印件的，应当注明"与原件一致"并由股东加盖章或签字。

（四）一人有限责任公司设立登记

1. 登记依据

一人有限责任公司的登记依据有：《中华人民共和国公司法》《中华人民共和国行政许可法》《中华人民共和国公司登记管理条例》《公司注册资本登记管理规定》。

2. 办理程序

一人有限责任公司的办理程序为：名称预先核准→向工商登记机关申请登记→工商登

记机关审查、受理（当场或 5 日内）→工商行政机关当场做出是否准予登记的决定→发核准决定书（当场）→颁发营业执照（核准决定做出后 10 日内）。

3. 申报材料

（1）公司法定代表人签署的设立登记申请书。

（2）股东指定代表或者委托代理人的证明。证明应由股东盖章或签字（自然人股东），应标明具体委托事项和被委托人的权限。

（3）公司章程。

（4）依法设立的验资机构出具的验资证明，法律、行政法规另有规定的除外。

（5）股东首次出资是非货币财产的，应当在公司设立登记时提交已办理其财产权转移手续的证明文件。

（6）股东的主体资格证明或者自然人身份证明（复印件）。

（7）载明公司董事、监事、经理的姓名、住所的文件以及有关委派、选举或者聘用的证明。根据公司章程的规定和程序，提交股东决议，由股东盖章或签字（自然人股东）。

（8）公司法定代表人任职文件和身份证明。根据本公司章程的规定和程序，提交股东决议。股东决议由股东盖章或签字（自然人股东）。

（9）企业名称预先核准通知书。

（10）公司住所证明。自有房产提交产权证复印件；租赁房屋提交租赁协议原件或复印件以及出租方的产权证复印件；以上不能提供产权证复印件的，提交其他房屋产权使用证明复印件。

（11）国家市场监督管理总局规定要求提交的其他文件。外商投资的有限责任公司的股东首次出资额应当符合法律、行政法规的规定，其余部分应当自公司成立之日起 2 年内缴足，其中，投资公司可以在 5 年内缴足。

（12）法律、行政法规规定设立有限责任公司必须报经审批的，提交有关部门的批准文件。

（13）公司的经营范围中，属于法律、行政法规规定必须报经审批项目的，提交有关部门的批准文件。

三、大学生创业优惠政策

（一）税收优惠

持人社部门核发就业创业证（注明"毕业年度内自主创业税收政策"）的高校毕业生在毕业年度内（指毕业所在自然年，即 1 月 1 日至 12 月 31 日）创办个体工商户、个人独资企业的，3 年内按每户每年 8 000 元为限额依次扣减其当年实际应缴纳的增值税、城市维护建设税、教育费附加和个人所得税。对高校毕业生创办的小型微利企业，按国家规定享受相关税收支持政策。

（二）创业担保贷款和贴息

对符合条件的大学生自主创业的，可在创业地按规定申请创业担保贷款，贷款额度为10万元。鼓励金融机构参照贷款基础利率，结合风险分担情况，合理确定贷款利率水平，对个人发放的创业担保贷款，在贷款基础利率基础上上浮3个百分点以内的，由财政给予贴息。

（三）免收有关行政事业性收费

毕业2年以内的普通高校学生从事个体经营（除国家限制的行业外）的，自其在工商部门首次注册登记之日起3年内，免收管理类、登记类和证照类等有关行政事业性收费。

（四）享受培训补贴

对大学生创办的小微企业新招用毕业年度高校毕业生，签订1年以上劳动合同并交纳社会保险费的，给予1年社会保险补贴。对大学生在毕业学年（即从毕业前一年7月1日起的12个月）内参加创业培训的，根据其获得创业培训合格证书或就业、创业情况，按规定给予培训补贴。

（五）免费创业服务

有创业意愿的大学生，可免费获得公共就业和人才服务机构提供的创业指导服务，包括政策咨询、信息服务、项目开发、风险评估、开业指导、融资服务、跟踪扶持等"一条龙"创业服务。

（六）取消高校毕业生落户限制

高校毕业生可在创业地办理落户手续（直辖市按有关规定执行）。

（七）创新人才培养

创业大学生可享受各地各高校实施的系列"卓越计划"、科教结合协同育人行动计划等，同时享受跨学科专业开设的交叉课程、创新创业教育试验班等，以及探索建立的跨院系、跨学科、跨专业交叉培养创新创业人才的新机制。

（八）开设创新创业教育课程

自主创业大学生可享受各高校挖掘和充实的各类专业课程和创新创业教育资源，以及面向全体学生开发开设的研究方法、学科前沿、创业基础、就业创业指导等方面的必修课和选修课；同时享受各地区、各高校资源共享的慕课、视频公开课等在线开放课程，和在线开放课程学习认证和学分认定制度。

（九）强化创新创业实践

自主创业大学生可共享学校面向全体学生开放的大学科技园、创业园、创业孵化基地、教育部工程研究中心、各类实验室、教学仪器设备等科技创新资源和实验教学平台。参加全国大学生创新创业大赛、全国高职院校技能大赛，和各类科技创新、创意设计、创业计划等专题竞赛，以及高校学生成立的创新创业协会、创业俱乐部等社团，提升创新创业实践能力。

（十）改革教学制度

自主创业大学生可享受各高校建立的自主创业大学生创新创业学分累计与转换制度；还可享受学生开展创新实验、发表论文、获得专利和自主创业等情况折算为学分，将学生参与课题研究、项目实验等活动认定为课堂学习的新探索。同时，也享受为有意愿有潜质的学生制订的创新创业能力培养计划，创新创业档案和成绩单等系列客观记录并量化评价学生开展创新创业活动情况的教学实践活动。优先支持参与创业的学生转入相关专业学习。

（十一）完善学籍管理规定

有自主创业意愿的大学生，可享受高校实施的弹性学制，放宽学生修业年限，允许调整学业进程、保留学籍休学创新创业。

（十二）大学创业指导服务

自主创业大学生可享受各地各高校对自主创业学生实行的持续帮扶、全程指导、一站式服务，以及地方、高校两级信息服务平台，为学生实时提供的国家政策、市场动向等信息，与创业项目对接、知识产权交易等服务。可享受各地在充分发挥各类创业孵化基地作用的基础上因地制宜建设的大学生创业孵化基地，以及相关培训、指导服务等扶持政策。

四、新企业的社会认同

企业社会责任的概念已经广被接受，但就国际社会而言，还没有一个统一的定义。但从国际组织对企业社会责任给出的定义可以看出，其基本内涵和外延是一致的，它是指企业在创造利润、对股东利益负责的同时，还要承担起企业利益相关者的责任，保护其权益，以获得在经济、社会、环境等多个领域的可持续发展能力。利益相关者是指企业的员工、消费者、供应商、社区和政府等。企业得以可持续经营，仅仅考虑经济因素对股东负责是远远不够的，必须同时考虑到环境和社会因素，承担起相应的环境责任和社会责任。

（一）新企业对企业员工的责任

员工是企业内部的利益相关者，也是企业发展的基础。新企业需要采取完善的组织管理、建立薪酬激励机制、营造企业文化等措施，提高员工待遇，改善员工工作环境，依法维护员工的合法权益，激励员工为企业创造更多价值。

（二）新企业对股东的责任

股东是企业的投资人，是企业产生利润的直接相关者。新企业必须对股东的资金安全和收益负责，严格遵循国家法律法规的规定，为股东争取丰厚的投资回报，不得欺骗股东，必须向股东发布企业生产经营的真实情况，提供企业融资方面的可靠信息，保证资本保值增值与进行股利分配，公正合理地对待投资者的利润和附加利润的分配。

（三）新企业对消费者的责任

消费者是企业实现利润最大化的利益相关者，其购买行为决定企业的生存与发展。新企业应把满足消费者物质和精神需求作为责无旁贷的义务，尊重与维护消费者的合法权益，承担起对消费者的责任。新企业不仅为消费者提供可以信赖、货真价实、物美价廉、舒适耐用和安全可靠的产品或服务，而且要履行在产品质量和服务水平等方面对消费者的承诺，并且自觉接受社会公众与政府的监督。

（四）新企业对环境与资源的责任

生态环境与自然资源是人类赖以生存和发展的基础，是企业成长与发展的利益相关者。企业作为社会公民对资源和环境的可持续发展负有不可推卸的责任。通过技术革新不仅可以减少生产活动各个环节对环境可能造成的污染，同时也可以降低能耗，节约资源，降低企业生产成本，从而使产品价格更具竞争力。企业还可通过公益事业与社区共同建设环保设施，以净化环境，保护社区及其他公民的利益。这将有助于缓解城市，尤其是工业企业集中的城市经济发展与环境污染严重、人居环境恶化之间的矛盾。

（五）新企业对社区的责任

社区是企业的外部利益相关者。新企业需要成为所在社区建设的主动参与者，与之建立起广泛的联系，并采取适当方式对社区环境的改变给予回馈。新企业应承担与社区建立和谐融洽关系的责任，积极参与社区的公益活动，为社区公益事业提供慈善捐助；济困扶贫，关心弱势群体，为社区提供更多的就业岗位，缓解社区居民的就业压力；保持社区环境清洁，为社区居民提供更好的生活环境。

（六）新企业对政府的责任

政府作为企业重要的利益相关者，要为企业生产经营活动营造良好的宏观环境。在市场经济背景下，政府在社会上扮演着为社会组织与社会公民服务的角色，监督与秉持公正的角色。新企业作为社会组织或社会公民，应对遵守政府的有关法律和政策规定承担责任，接受政府有关部门的监督、指导与管理，合法经营、依法纳税。在服务和回馈社会的同时，促进社会进步与社会稳定。

第三节　新企业管理

一、新企业管理的特殊性

在全球创业观察（GEM）的报告中，新企业指的是成立时间为 42 个月以内的企业。新企业在发展过程中，容易遭遇资金不足、制度不完善以及因人设岗等问题。企业主要把希望寄托在产品（服务）的市场前景和创业者的企业家精神上，而企业的财务资本、人力资本、技术水平、治理结构和管理制度都十分有限，更没有品牌、商誉等无形资产，生存是企业的首要任务。因此，企业不仅要面临外部环境竞争的极大压力，还要面对各种资源短缺的压力。

（1）新企业创业初期是以生存为首要目标的行动阶段。创业初期的首要任务是在市场中生存下来，让消费者认识和接受自己的产品或服务。只有这样，企业才能够持续地为顾客创造价值，才能继续发展壮大。因此，在创业阶段，企业应始终将"生存"放在第一位，一切行为都要围绕生存而运作，一切危及生存的做法都必须予以避免。不要空谈理想，而忽略了企业生存这一根基；也不要墨守成规、只顾眼前，而失去了企业发展的大好机会；最忌讳的，就是在创业阶段不切实际地进行盲目扩张，其结果只会是：不但不会成功"跨越"，反而会加速创业企业的灭亡。

（2）新企业创业初期是主要依靠自有资金创造自由现金流的阶段。现金流是指，不包括资本支出以及纳税和利息支出的经营活动的净现金流。它就像是人的血液，企业可以承担暂时的亏损，但不能承受现金流的中断。新企业创业初期，需要大量的资金用于购买机器、厂房、办公设备、生产资料、技术研究与开发、销售等，而该时期企业的资金来源有限，风险较大、风险承受能力有限，产品刚投入市场，销路尚未打开，造成产品积压，现金的流出经常大于现金的流入，资金相对匮乏。由于一般投资者无法承受巨大的风险，而企业又没有过去的经营记录和信用记录。因此，新企业从银行获取贷款的可能性和向新投资者获取权益性资金的可能性均很小，企业主要依靠创业者自己或朋友亲戚的资金资助，通过加大营销力度，扩大市场份额和规模来创造自由现金流，以解决企业的生存问题。

（3）新企业创业初期是充分调动"所有的人做所有的事"的群体管理阶段。新企业创业初期组织结构比较简单，创业者或经理不仅对部门负责，而且和部门负责人一起面对企业的全体员工及其岗位，创业者或核心管理者常常既是管理者，又是技术人员或市场业务员，甚至总经理、总工程师、市场部经理等都是创业者一人兼任。企业组织很不正规，没有明确的分工，采取个人独立工作或分散的小组运作方式，通常有许多人同时担任好几种职责，但效率高。

（4）新企业创业初期是一种"创业者亲自深入运作细节"的阶段。新企业创业初期由于规模较小，组织管理的层次较少，管理上基本都是直线控制指挥，一般为企业家、创业者直接领导，他们处于最强有力的位置，采用仁慈独裁式或独裁式领导。事无巨细，一般要创业者直接参与决策，甚至创业者本人到第一线直接参与经营活动。创业者是企业的核心，控制并参与企业的全部经营业务，包括原材料、能源、经营、资产与合作。

二、新企业的组织管理

1. 企业的组织架构

企业的组织架构主要有以下几种形式：

（1）直线制。直线制是一种最早也最简单的组织形式。其特点是企业各级行政单位从上到下实行垂直领导，下属部门只接受一个上级的指令，各级主管负责人对所属单位的一切问题负责。厂部不另设职能机构，一切管理职能基本上都由行政主管自己执行。

（2）职能制。职能制组织架构是各级行政单位除主管负责人外，还相应地设立一些职能机构。如在厂长下面设立职能机构和人员，协助厂长从事职能管理工作。这种架构要求行政主管把相应的管理职责和权力交给相关的职能机构，各职能机构就有权在自己业务范围内向下级行政单位发号施令。因此，下级行政负责人除了接受上级行政主管指挥外，还必须接受上级各职能机构的领导的指挥。

（3）直线－职能制。直线－职能制也称为生产区域制或直线参谋制。它是在直线制和职能制的基础上，取长补短，吸取这两种形式的优点而建立起来的。目前，绝大多数企业都采用这种组织结构形式。这种组织架构形式是把企业管理机构和人员分为两类，一类是直线领导机构和人员，按命令统一原则对各级组织行使指挥权；另一类是职能机构和人员，按专业化原则，从事组织的各项职能管理工作。直线领导机构和人员在自己的职责范围内有一定的决定权和对所属下级的指挥权，并对自己部门的工作负全部责任。而职能机构和人员则是直线指挥人员的参谋，不能对直接部门发号施令，只能进行业务指导。

（4）事业部制。事业部制最早是由美国通用汽车公司总裁阿尔弗雷德·斯隆于1924年提出的，故有"斯隆模型"之称，也称"联邦分权化"，是一种高度（层）集权下的分权管理体制。其适用于规模庞大、品种繁多、技术复杂的大型企业，是国外较大的联合公司所采用的一种组织形式，近几年，我国一些大型企业集团或公司也引进了这种组织架构形式。

（5）矩阵制。在组织架构上，把既有按职能划分的垂直领导系统，又有按产品（项目）划分的横向领导关系的架构，称为矩阵组织架构。矩阵制组织是为了改进直线职能制横向联系差、缺乏弹性的缺点而形成的一种组织形式。其特点表现在围绕某项专门任务成立跨职能部门的专门机构上，例如，组成一个专门的产品（项目）小组去从事新产品开发工作，在研究、设计、试验、制造各个不同阶段，由有关部门派人参加，力图做到条块结合，以协调有关部门的活动，保证任务的完成。这种组织结构形式是固定的，人员却是变动的，任务完成后就可以离开。项目小组和负责人也是临时组织和委任的，任务完成后就解散，有关人员回原单位工作。因此，这种组织架构非常适用于横向协作和攻关项目。

2. 企业主要部门及职责

无论企业是什么组织架构，营销部、采购部、制造部、财务部、人力资源部、信息部、技术部是最基本和最重要的部门。这些部门职能的完成情况和它们之间的相互协作情况基本上决定了整个企业的绩效。

（1）营销部。企业的利润是由销售收入带来的，销售实现是企业生存和发展的关键。

而销售订单的取得依赖于市场营销的力度。随着市场竞争的加剧，企业的销售工作越来越难，人们发现单靠销售部门努力去推销很难实现企业的目标。必须靠与营销结合才能不断推动企业的销售工作，实现企业的战略目标。

（2）采购部。采购是企业运作的重要环节。据统计，产品成本的1/3是物料成本，而采购价格是物料成本的重要组成部分。另外，采购承担着为企业获取资源的责任，保证企业连续生产运作。在信息化和市场竞争一体化的形式下，采购理念和职能都在不断更新，基于供应链模式下完成采购职能是采购管理的最有效方式。现代采购管理从职能管理转向流程管理，从采购管理转向供应管理，从企业间交易性管理转向关系性管理，从零和竞争转向多赢竞争，从简单的多元化经营转向核心竞争力管理。供应链管理成了采购管理职能的重要内容。

（3）制造部。生产制造是企业价值创造的主要承担者，承担着企业产品形成的功能。现代企业的生产要求及时快速地生产出市场需要的产品，而且成本要求越来越低，质量要求越来越高，生产管理在方法上不断创新，ERP、JIT、全面质量管理以及ISO 9000质量管理体系在企业生产管理中得到广泛应用，生产制造部门承担的职责不断强化，计划的准确性不断提高，企业精细化集成管理时代已经到来。

（4）财务部。财务部具有企业财务和会计的职能，是企业资金运转和利用效率的管理者。

（5）人力资源部。人力资源是企业最重要的竞争资本，人力资源的管理也成为现代企业管理最重要的方面。

（6）信息部。信息部是企业收集企业内部动态、市场、客户、竞争对手，以及国家即将推行的各种行业相关政策等信息的部门，信息的重要性在这个互联网时代已经不言而喻，谁能预先得到有价值的信息，谁就离成功更近一步。

（7）技术部。企业技术部的职能主要是为企业研发新产品，开发产品新功能，维护企业内部信息化设备、生产设备、计算机、局域网络等通信设施等。

3. 新企业的战略选择

竞争战略之父迈克尔·波特提出了三大基本战略，即低成本战略、差异化战略和专一化战略。迈克尔·波特认为，这些战略类型的目标是使企业的经营在产业竞争中高人一筹。在一些产业中，这意味着企业可取得较高的收益；而在另外一些产业中，一种战略的成功可能只是企业在绝对意义上能获取些微收益的必要条件。有时企业追逐的基本目标可能不止一个，但迈克尔·波特认为这种情况实现的可能性是很小的，因为有效贯彻任何一种战略，通常都需要全力以赴，并且要有一个支持这一战略的组织安排。如果企业的基本目标不止一个，则这些方面的资源将被分散。

（1）低成本战略。成本领先要求坚决地建立起高效规模化的生产设施，在经验的基础上全力以赴降低成本，抓紧成本与管理费用的控制，以及最大限度地减少研究开发、服务、推销、广告等方面的成本费用。

（2）差异化战略。差异化战略是将产品或公司提供的服务差别化，树立起一些全产业范围中具有独特性的东西。实现差异化战略可以有许多方式，如设计品牌形象、技术、性能特点、顾客服务、商业网络及其他方面的独特性。

（3）专一化战略。专一化战略是从竞争态势和全局出发进行专一化，把有限的人力、财力、物力、领导的关注力、企业的潜在力等聚焦在某一方面，力求从某一局部、某一专业、某一行业进行渗透和突破，形成和凸显企业自身的优势，争取企业在竞争中的主动性和有利形势。它是一种避免全面出击、平均使用力量的创业战略，更是一种进行市场和产品的深度开发、促进企业获取超额利润的竞争战略。

波特认为，这三种战略是每一个公司必须明确的，因为徘徊其间的公司处于极其糟糕的战略地位。这样的公司市场占有率低，缺少资本，从而削弱了"打低成本牌"的资本。全产业范围的差别化的必要条件是放弃对低成本的努力。而采用专一化战略，在更加有限的范围内建立起差别化或低成本优势，更会面临同样的问题。徘徊其间的公司几乎注定是低利润的，所以，它必须做出一种根本性战略决策，向上述3种通用战略靠拢。一旦公司处于徘徊状态，摆脱这种令人不快的状态往往要花费很长时间并经过一段持续的努力；而相继采用3个战略，波特认为注定会失败，因为它们要求的条件是不一致的。

三、新企业的营销管理

成熟企业往往设有专门的营销费用，可以承受高额的广告费、赞助费等，而且在市场中已经有了一些知名度，做营销相对容易。而新企业做营销是比较困难的，主要是因为新企业资源有限，而营销资源更是有限。那初创企业怎样做营销呢？关键就是要"准"。精准的市场定位能够有效弥补新企业在营销资源上的短板，并且有助于企业快速抓住市场机会。

（一）市场营销调研

市场营销是计划和执行关于商品、服务和创意的观念、定价、促销和分销，以创造符合个人和组织目标价值的一种过程。最简短的定义就是"有利益地满足需求"。

企业要实现利润，首先必须满足顾客的需求。企业对目标市场的顾客越了解，提供的产品或服务就越能满足顾客的需求。因此，从创业的第一天开始，创业者就必须不停地思考以下问题：谁是我们的顾客？我们的市场由哪些顾客组成？市场是如何细分的？我们通过什么方式吸引顾客？顾客为什么选择我们的产品而不是竞争对手的产品？竞争对手是谁以及怎样才能使竞争更有成效？真正的市场营销人员所采取的第一个步骤，就是要调查研究，即市场营销调研。

市场营销调研是针对企业特定的营销问题或机会，采用科学的研究方法，系统、客观地收集、整理、分析、解释和沟通有关市场营销各方面的信息，为营销管理者制定、评估和改进营销决策提供依据。

（二）市场细分

1. 市场细分的概念

市场细分的概念是美国市场学家温德尔·史密斯（Wendell Smith）于 20 世纪 50 年代中期提出来的。市场细分是指营销者通过市场调研，依据消费者的需要和欲望、购买行为和购买习惯等方面的差异，把某一产品的市场整体划分为若干消费者群的市场分类过程。每一个消费者群就是一个细分市场，每一个细分市场都是由具有类似需求倾向的消费者构成的群体。

2. 市场细分的步骤

市场细分作为一个比较、分类、选择的过程，通常有这样几步：

（1）确定进入市场的范围。企业根据自身的经营条件和经营能力确定进入市场的范围，如进入什么行业，生产什么产品，提供什么服务。

（2）进一步确定细分标准。市场细分标准指的是以消费者所具有的明显不同的特征为分类的依据。常见的市场细分标准见表 10-2。

表 10-2　市场细分标准表

细分标准	具体变量
地理环境	国别、城乡、气候、交通、地理位置等
人口因素	年龄、性别、职业、收入、教育程度等
心理因素	个性、兴趣、爱好、生活方式等
购买行为	购买动机、追求利益、使用频率、品牌与商标的信赖程度等

（3）分析潜在顾客的不同需求，初步划分市场。企业将所列出的各种需求通过抽样调查，进一步收集有关市场信息与顾客背景资料，然后初步划分出一些差异最大的细分市场，至少从中选出 3 个分市场。

（4）剔除无效市场。根据有效市场细分的条件，对所有细分市场进行分析研究，剔除不合要求、无用的细分市场。

（5）为细分市场定名。为便于操作，可结合各细分市场上顾客的特点，用形象化、直观化的方法为细分市场定名，如某旅游市场分为商人型、舒适型、好奇型、冒险型、享受型、经常外出型等。

（6）充分分析细分市场的特点。进一步对细分后选择的市场进行调查研究，充分认识各细分市场的特点，本企业所开发的细分市场的规模、潜在需求，还需要对哪些特点进一步分析研究等。

（7）决定细分市场规模，选定目标市场。企业在各子市场中选择与本企业经营优势和特色相一致的子市场，作为目标市场。没有这一步，就没有达到细分市场的目的。

（三）选择目标市场

目标市场是企业经营活动所要满足的市场，是企业为实现预期目标要进入的市场。一旦公司确定了市场细分方案，就必须评估各种细分市场和决定为多少个细分市场服务。

企业进行目标市场选择的营销策略一般有无差异性营销、差异性营销和集中性营销。

1.　无差异性营销

实行无差异性营销策略的企业将整体市场视为一个大的目标市场，不进行细分，用同一种产品、统一的市场营销组合对待整个市场。例如，可口可乐公司早期曾使用无差异性营销，推出的饮料具有单一的价格和单一的口味，来满足所有顾客的需要。运用这种策略，可以获得成本的经济性。产品种类少，有利于降低生产、库存和运输成本。

广告计划之间的无差异，可以降低广告成本。无须进行细分市场的调研工作和筹划工作，可以降低市场营销调研和生产管理成本。但是，实践证明，用一种产品或品牌同时满足所有顾客的全部需要，几乎是不可能的。

无差异性营销的主要优点是成本经济；其缺点是顾客的满意度低，适用范围有限。

2.　差异性营销

差异性营销是一种以市场细分为基础的目标市场策略。采用这种策略的企业，将产品的整体市场划分为若干细分市场，从中选择两个以上乃至全部细分市场作为自己的目标市场，并为每个选定的细分市场制定不同的市场营销组合方案，同时，多方位或全方位地分别开展针对性的营销活动。例如，某服装公司为不同性别、不同年龄段、不同收入水平、不同生活方式的消费者提供不同颜色、不同规格、不同款式、不同档次的服装，并运用不同的传播策略进行广告宣传，就是差异性营销策略。

差异性营销的主要优点是可以有针对性地满足具有不同需求特征的顾客群，提高产品的竞争力并能够树立起良好的市场形象，吸引更多的购买者。但是，由于产品品种、销售渠道、广告宣传的多样化，市场营销费用会大大增加，差异性营销的优势成为其劣势。问题还在于，市场营销成本增加的同时，并不保证效益会同步上升。因此，企业要防止把市场分得过细。如果分得过细，要进行"反细分"，或扩大顾客的基数。

差异性营销策略显然能比无差异性营销创造更大的销售额，越来越多的公司正在接受这种策略。

3.　集中性营销

集中性营销策略追求的目标不是在较大的市场上占有较小的市场份额，而是在一个或几个市场上占有较大的甚至是领先的市场份额。其优点是适应了本企业资源有限这一特点，可以集中力量向某一特定子市场提供最好的服务，而且经营目标集中，管理简单方便，使企业经营成本得以降低，有利于集中使用企业资源，实现生产的专业化，实现规模经济的效益。

集中性营销对环境的适应能力较差，有较大风险，放弃了其他市场机会。如果目标市场突然变化，如价格猛跌，购买者兴趣转移等，企业就有可能陷入困境。集中单一产品或服务的增长战略风险较大，因为一旦企业的产品或服务的市场萎缩，企业就会面临困境。因此，企业在使用单一产品或服务的集中增长战略时要谨慎。

这种策略特别适用于势单力薄的初创企业。

（四）市场定位

市场定位是指根据竞争者现有产品在市场上所处的位置，针对消费者或用户对该种产品的某种特征、属性和核心利益的重视程度，强有力地塑造出此企业产品与众不同的、给人印象深刻的、鲜明的个性或形象，并通过一套特定的市场营销组合把这种形象迅速、准确而又生动地传递给顾客，影响顾客对该产品的总体感觉。

市场定位的关键是企业要设法在自己的产品上找出比竞争者更具有竞争优势的特性。竞争优势一般有两种基本类型：一是价格竞争优势，就是在同样的条件下比竞争者定出更低的价格。这就要求企业采取一切努力来降低单位成本。二是偏好竞争优势，即能提供确定的特色来满足顾客的特定偏好。这就要求企业采取一切努力在产品特色上下功夫。因此，企业市场定位的全过程可以通过以下 3 大步骤来完成。

1. 识别潜在竞争优势

这一步骤的中心任务是要回答以下 3 个问题：

（1）竞争对手产品定位如何？

（2）目标市场上顾客欲望满足程度如何以及确实还需要什么？

（3）针对竞争者的市场定位和潜在顾客的真正需要的利益要求企业应该及能够做什么？

要回答这 3 个问题，企业市场营销人员必须通过一切调研手段，系统地设计、搜索、分析并报告有关上述问题的资料和研究结果。

通过回答上述 3 个问题，企业就可以从中把握和确定自己的潜在竞争优势在哪里。

2. 核心竞争优势定位

竞争优势表明企业能够胜过竞争对手的能力。这种能力既可以是现有的，也可以是潜在的。选择竞争优势实际上就是一个企业与竞争者各方面实力相比较的过程。比较的指标应是一个完整的体系，只有这样，才能准确地选择相对竞争优势。通常的方法是分析、比较企业与竞争者在经营管理、技术开发、采购、生产、市场营销、财务和产品等 7 个方面究竟哪些是强项哪些是弱项。借此选出最适合此企业的优势项目，以初步确定企业在目标市场上所处的位置。

3. 战略制定

战略制定的主要任务是企业要通过一系列的宣传促销活动，将其独特的竞争优势准确传播给潜在顾客，并在顾客心目中留下深刻印象。

（1）应使目标顾客了解、知道、熟悉、认同、喜欢和偏爱此企业的市场定位，在顾客心目中建立与该定位相一致的形象。

（2）企业通过各种努力强化目标顾客形象，保持对目标顾客的了解，稳定目标顾客的态度和加深目标顾客的感情来巩固与市场相一致的形象。

（3）企业应注意目标顾客对其市场定位理解出现的偏差，或由于企业市场定位宣传上的失误而造成的目标顾客模糊、混乱和误会，及时纠正与市场定位不一致的形象。企业的产品在市场上定位即使很恰当，但在下列情况下，还应考虑重新定位：

1）竞争者推出的新产品定位于此企业产品附近，侵占了此企业产品的部分市场，使此企业产品的市场占有率下降。

2）消费者的需求或偏好发生了变化，使此企业产品销售量骤减。

重新定位是指企业为已在某市场销售的产品重新确定某种形象，以改变消费者原有的认识，争取有利的市场地位的活动。如某日化厂生产婴儿洗发剂，以强调该洗发剂不刺激眼睛来吸引有婴儿的家庭。但随着出生率的下降，销售量减少。为了增加销售，该企业将产品重新定位，强调使用该洗发剂能使头发松软有光泽，以吸引更多、更广泛的购买者。重新定位对于企业适应市场环境、调整市场营销战略是必不可少的，可以视为企业的战略转移。重新定位可能导致产品的名称、价格、包装和品牌的更改，也可能导致产品用途和功能上的变动，企业必须考虑定位转移的成本和新定位的收益问题。

》》案例　加多宝营销案例

案例概况

凉茶是广东、广西地区的一种由中草药熬制，具有清热去湿等功效的"药茶"。王老吉凉茶发明于清朝道光年间，至今已有一百多年的历史，被公认为凉茶始祖，有"药茶王"之称。

20世纪50年代初，王老吉凉茶铺分成两支：一支完成公有化改造，发展为今天的广州王老吉药业股份有限公司（简称"广药"），生产王老吉凉茶颗粒（国药准字号）；另一支由王氏家族的后人带到香港。

在中国内地，王老吉的品牌归广药所有；在中国内地以外的地区和国家，王老吉品牌为王氏后人所注册。加多宝是位于东莞的一家港资公司（鸿道集团），经王老吉药业特许，由香港王氏后人提供配方进行生产。该公司在中国内地独家生产、经营王老吉牌罐装凉茶（食字号）。

鸿道集团依靠"怕上火，喝王老吉"的精确定位和营销策略，使得红罐王老吉销售火爆，并在2008年的汶川地震中凭借慈善营销一举达到顶峰。2009年，红罐王老吉在中国市场销售额达160亿元，超过可口可乐的150亿元，成为中国饮料的第一品牌。这让广药集团不由得眼红起来，广药集团推出由广药生产的绿盒王老吉，希望借助鸿道生产的红罐王老吉之名在火热的凉茶市场分得一杯羹。同时，鸿道集团租赁广药的王老吉商标使用权期限已到。广药决定收回王老吉商标使用权，再以更高的价格转给其他企业。而鸿道不愿意看到由自己辛苦培养出的知名品牌就这样落入他人之手。于是，其打出自己的凉茶品牌——加多宝。

加多宝和红罐王老吉相比，原料、配方完全一样，就连包装也是一样的红色，唯一不同的就是名字和厂家。随后，加多宝和王老吉展开了激烈的市场竞争。

王老吉品牌之战虽然以广药集团胜利告终，但鸿道集团却成为最大的赢家。

案例解析

事实证明：加多宝通过渠道和品牌营销策略成了真正的赢家。加多宝的营销策略具体可以分为以下几个方面：

1. 品牌定位——差异化营销："去王老吉化"策略

在商标之争出现后，加多宝知道多年精心打造的"王老吉"品牌不得不以最快速度"去王老吉化"。于是在广药忙于打官司之际，加多宝已经从渠道到终端，开始了"去王老吉化"，一场新的品牌重塑行动拉开序幕。首先，是在王老吉红罐装的一面上加大"加多宝"字样；接着从2012年3月起，在其最新的广告宣传上，取消"王老吉"相关字眼，代之以"加多宝出品"字样；2012年4月20日起，正式去掉瓶身上的"王老吉"三个字。其次，广告方面变更为"正宗凉茶，加多宝出品"，为自己产品的"正宗"大力宣传，加多宝利用巨额的广告投入对"加多宝出品正宗凉茶"这一理念进行广告轰炸传播，加速"去王老吉化"。最后，加多宝早早对正宗凉茶的配方进行了改良与深加工，从本质上实现"去王老吉化"，使消费者能很自然地从王老吉过渡到加多宝，牢牢吸引住原有消费群体，并积极吸纳更广泛的消费群体。

2. 品牌宣传——多种营销手段结合

首先，加多宝不仅在凉茶饮料货柜上大面积铺货，还设立单独的品牌货柜在饮料区展示，用抢眼的陈列方式与促销活动吸引消费者的关注。

其次，加多宝在开展电视、地铁广告、发布会等传统营销传播活动外，同时注重通过QQ、微博等社会化媒体获取消费者的支持，从而打造一个立体传播策略，全方位狙击王老吉的消费导向。

2012年5月，加多宝冠名浙江卫视《中国好声音》，在广告里反复强调它是"正宗凉茶"，随着《中国好声音》的火爆，加多宝的人气暴增，打了品牌重塑的漂亮一战。同一时间，加多宝还赞助了湖南卫视的《向上吧，少年》等节目，观众可以在卫视频道、黄金时段看到加多宝的广告。

3. 渠道之争

加多宝在渠道之战中有着先天的优势与经验。加多宝的销售网络组织相对扁平，这使得总部指令可快速传递到业务员层级：五大销售分公司以下是约50个销售大区，大区下辖约500个办事处，办事处管理着8 000位业务员，其业务员经常到终端拜访，一天要拜访约40个终端点，每个终端点一周至少拜访一次。对于这家处在特殊时期的公司，这些高效率的业务员至关重要。通过他们，各个渠道终端可以第一时间告知加多宝的动态，减少因混乱带来的销售损失。

另外，加多宝在每个省设有一个总经销商，总经销商可发展多个经销商、邮差商。在经销商完成销售任务后，总体上能够保证每箱5元左右的利润，邮差商获得每箱4元的利润；而零售商则可获得每瓶1元的利润。为了保证资源能够真正到达终端，加多宝还设立了一个独立的监察部，直接面向董事会和办事处。

最终，重视细节与每一个基础零售点，关注每一位业务员的加多宝在渠道之战中大获全胜。

4. 法律之争——主动侵权策略

加多宝作为一个新品牌，必须主动侵权以便与原来的王老吉挂钩，让公众认知加多宝就是王老吉。其策略包括以下几个方面：

（1）产品侵权。加多宝推出大量的一面王老吉、一面加多宝的产品，向经销商大量压货，以达到品牌转换认知，最后狠赚一笔王老吉产品的钱以及在渠道上顶住广药新品的"一箭三雕"效果。

（2）宣传侵权。加多宝通过广告引导消费者和公众认定加多宝就是以前的王老吉，并通过经销商、人海战术来宣传"更名"。有的在货架上贴上"更名"告示，有的经销商反复向要购买王老吉的消费者解释"更名"，并用加多宝产品取代王老吉卖给消费者。

（3）法律策略。加多宝在与王老吉的品牌之争中败下阵来，但其策略并不是要打赢官司，而是要增加曝光度，让加多宝与广药的官司天下皆知，以达到"悲情"效果，让消费者了解"王老吉"背后的故事并接受加多宝为"王老吉"立下汗马功劳的事实，从而获得消费者的同情和支持。

由此可见，加多宝虽然在品牌之争中落败，但是在营销之战中成功转型，从而树立起了自己的品牌，成了凉茶市场上的"王者"。

四、新企业的财务管理

财务管理是企业管理活动的一项重要内容，是对资金进行的管理，主要解决企业资金的筹集、运用和分配等问题。财务管理讲求成本效益原则，通过对资金的管理，使企业资金更有效地为企业带来效益。

（一）记好流水账和日记账

1. 流水账

流水账是一种简单的账目，是按照企业每天发生的收入和支出事项的时间顺序，把所花费和收入的金额及时记录下来的一种记账的方法，见表10-3。流水账并不是规范的财务记账方法，一般只对内不对外，可以任意更改，还可以根据流水账编制记账凭证。

表 10-3　企业日常流水账

××××年		摘要	收入	支出	余额	备注
月	日					

2. 日记账

日记账属于比较正规的账簿，是根据编制的原始凭证登记的，不允许任意更改，即使想更改也需按规定的格式进行。日记账在编写的时候，要注意保证清晰、明确、完整，一目了然，也就是说要简洁无重复，这是十分重要的。

日记账有以下几种类型：

（1）现金日记账——记录每日的现金收支情况。

（2）银行日记账——记录每天银行账户的收支情况。

（3）销售日记账——记录每天的销售收入情况。

（4）采购日记账——记录每天采购的物品和支出情况。

（二）看懂三大财务报表

看懂三大财务报表——资产负债表、损益表、现金流量表是创业者的必备技能。创业者一定不要怕面对财务数字，不要怕进行财务分析，因为财务是企业最关键的事项，看懂财务报表能帮助创业者优化事务决策、分析经营状况，并有助于更快实现创造价值。

（三）做好财务预算

财务预算主要是指月预算、季度预算、半年度预算和年度预算，财务预算数据作为财务对现金流控制的基础依据，应分析预算的各类成本费用是否合理。例如，了解货币资金的未来使用情况，将本年度预算和货币资金对比，如货币资金不够，那么需要如何调整企业才能在上半年度内实现营业利润兑现；如货币资金足够，并且过多，企业股东考虑扩展业务，那么有多少资金可以使用，能够周转多少时间等。

（四）注意企业的现金流

现金流是决定企业的资金周转能力以及自身融资潜力的重要指标。现金流还是银行贷款时关注的重要指标，是银行衡量企业偿还能力的一大标准。

对于新企业，资金缺乏是最为普遍的问题，如果创业者不能及时解决，非常容易造成创业夭折。因此，创业者要特别注意，在创业初期资金不要被固定资产占用太多，在企业经营的任何时期，必须保持正的现金流，不能让现金断流。

（五）做好税务筹划

税务筹划又称"合理避税""税收筹划"，是指在纳税行为发生之前，在不违反法律、法规（税法及其他相关法律、法规）的前提下，通过对纳税主体（法人或自然人）的经营活动或投资行为等涉税事项做出事先安排，以达到少缴税或递延纳税目标的一系列谋划活动。

我国对一些特殊的行业企业（如废品回收、农林牧渔、福利企业等）会有特殊的税收优惠，企业可根据实际情况创造条件来达到合法避税的目的。

五、新企业生产管理

1. 物资需求计划

物资需求计划（material requirement planning，MRP）与主生产计划一样属于 ERP 计划管理体系。其主要解决企业生产中的物资需求与供给之间的关系，即无论是对独立需求的物资，还是相关需求的物资，物资需求计划都要解决"需求什么、现有什么、还缺什么、什么时候需要"等几个问题。它是一个时段优先计划系统，其主要对象是决定制造与采购的净需求计划。它是由主生产计划推动运行的，但是，它又是主生产计划的具体化和实现主生产计划的保证计划。制订物资需求计划前就必须具备以下基本数据：第一项数据是主生产计划，它指明在某一计划时间段内应生产出的各种产品和备件，它是物资需求计划制订的一个最重要的数据来源；第二项数据是物资清单（BOM），它指明了物资之间的结构关系，以及每种物资需求的数量，它是物资需求计划系统中最为基础的数据；第三项数据是库存记录，它把每个物资品目的现有库存量和计划接受量的实际状态反映出来；第四项数据是提前期，决定着每种物资何时开工、何时完工。应该说，这四项数据都是至关重要、缺一不可的。其基本计算步骤如下：

（1）计算物资的毛需求量。即根据主生产计划、物资清单得到第一层级物资品目的毛需求量，再通过第一层级物资品目计算出下一层级物料品目的毛需求量，依次一直往下展开计算，直到最低层级原材料毛坯或采购件为止。

（2）净需求量计算。即根据毛需求量、可用库存量、已分配量等计算出每种物资的净需求量。

（3）批量计算。即由相关计划人员对物料生产做出批量策略决定，不管采用何种批量规则或不采用批量规则，净需求量计算后都应该表明有无批量要求。

（4）安全库存量、废品率和损耗率等的计算。即由相关计划人员来规划是否要对每个物料的净需求量做这 3 项计算。

（5）下达计划订单。下达计划订单是指通过以上计算后，根据提前期生成计划订单。物资需求计划所生成的计划订单，要通过能力资源平衡确认后，才能开始正式下达计划订单。

（6）再一次计算。物资需求计划的再次生成大致有两种方式：第一种方式会对库存信息重新计算，同时覆盖原来计算的数据，生成的是全新的物资需求计划；第二种方式则只是在制订、生成物资需求计划的条件发生变化时，才相应地更新物资需求计划有关部分的记录。这两种生成方式都有实际应用的案例，至于选择哪一种要看企业实际的条件和状况。

总之，物资需求计划模块是企业生产管理的核心部分，该模块制定的准确性将直接关系到企业生产计划是否切实可行。

2. 能力需求计划

能力需求计划（capacity requirement planning，CRP）是帮助企业在分析物资需求计划后产生出一个切实可行的能力执行计划的功能模块。该模块帮助企业在现有生产能力的基础上，及早发现能力的瓶颈所在，提出切实可行的解决方案，从而为企业实现生产任务提供能力方面的保证。

通常，编制能力需求计划的方式有无限能力负荷计算和有限能力负荷计算两种。无限能力负荷计算是指在不限制能力负荷情况下进行能力计算，即从订单交货期开始，采用倒排的方式根据各自的工艺路线中的工作中心安排及工时定额进行计算。但是，这种计算只是暂时不考虑生产能力的限制，在实际执行计划过程中不管由于什么原因，如果企业不能按时完成订单，就必须采用顺排生产计划、加班、外协加工、替代工序等方式来保证交货期。这时，有限能力负荷计算方式就派上了用场。有限能力负荷计算就是假定工作中心的能力是不变的，把拖期订单的当期日期剩下的工序作为首序，向前顺排，对后续工序在能力允许下采取连续顺排不断地实现计划，以挽回订单交货期。编制能力需求计划遵照如下思路：首先，将 MRP 计划的各时间段内需要加工的所有制造件通过工艺路线文件进行编制，得到所需要的各工作中心的负荷；然后，再同各工作中心的额定能力进行比较，提出按时间段划分的各工作中心的负荷报告；最后，由企业根据报告提供的负荷情况及订单的优先级因素加以调整和平衡。

（1）收集数据。能力需求计划计算的数据量相当大，通常能力需求计划在具体计算时，可根据 MRP 下达的计划订单中的数量及需求时间段，乘以各自的工艺路线中的工时定额，转换为需求资源清单，加上车间中尚未完成的订单中的工作中心工时，成为总需求资源，再根据现有的实际能力建立起工作中心可用能力清单，有了这些数据，才能进行能力需求计划的计算与平衡。

（2）计算与分析负荷。将所有的任务单分派到有关的工作中心上，然后确定有关工作中心的负荷，并从任务单的工艺路线记录中计算出每个有关工作中心的负荷。然后，分析每个工作的负荷情况，确认导致各种具体问题的原因所在，以便正确地解决问题。

（3）能力／负荷调整。解决负荷过小或超负荷能力问题的方法有 3 种，即调整能力、调整负荷与同时调整能力和负荷。

（4）确认能力需求计划。在经过分析和调整后，将已修改的数据重新输入相关的文件记录中，通过多次调整，在能力和负荷达到平衡时，确认能力需求计划，正式下达任务单。能力需求计划帮助企业在现有生产能力的基础上及早发现能力的瓶颈，提出切实可行的解决方案，从而为企业实现生产任务提供能力方面的保证。

3. 主生产计划

企业资源计划（enterprise resource planning，ERP）作为一个利用现代企业的先进管理思想，同时借助信息技术手段，为企业提供经营、决策的全方位、系统化的管理计划，是以主生产计划为主线而展开编制的。一般来说，ERP 计划管理体系除主生产计划外，还可以分为销售计划、生产加工计划、能力需求计划和物资需求计划等几个层次。

具体来说，主生产计划在企业经营管理中主要行使以下几项基本功能：

（1）把企业生产大纲同具体的作业计划联系起来。主生产计划就是通过对被制造的产品进行详细的计划，来决定企业"将要生产什么、生产多少、何时完成"。它比生产大纲或生产规划更加详细具体，是切合实际的、可实施的计划。

（2）主生产计划把企业管理层计划、物资需求计划、能力需求计划与日程计划联系在一起，并且在整个计划过程中始终贯穿财务成本控制的概念，对企业资源进行一体化的、全过程的计划。

（3）为生产计划管理者提供了一个"控制工具"。主生产计划是企业管理者控制之下最重要的一组计划数据，基于此，企业管理者对整个生产经营过程就有了控制、评价的依据。

一般来说，制订主生产计划应遵照的程序：首先，企业通过客户订单、预测、备品备件、厂际间需求、客户选择件及附加件、计划维修件等多种信息途径，准备产品需求信息，确定产品总需求；其次，企业根据总需求、现有库存量、企业计划等要素条件对需求产品进行搭配组合，确定每一个具体产品在每一个具体时间段的生产计划，提出初步的主生产计划（master production schedule，MPS）；再次，企业要对初步的 MPS 进行可行性论证，对关键资源进行平衡，一般采取的是粗能力计划核算的方法，即以关键资源为计划对象，评价主生产计划对关键资源的总影响如何，从而决定所需能力并测定出主生产计划是可行还是不可行的方法。如果某个部门或某个关键工作中心的负荷超出可用能力，就要对主生产计划采取必要的调整或改变生产时间，重新进行模拟，直到基本满意为止。

这个过程一般要反复多次，调整后的主生产计划由主生产计划员确认后，才能作为提交批准或运行物资需求计划的根据。最后，企业负责部门对主生产计划进行相应的审核、批准，以保证主生产计划符合企业的经营规划。

MPS 的基本原理和基本流程：MPS 是闭环计划系统的一个部分。MPS 的实质是保证销售规划和生产规划对规定的需求（需求什么、需求多少和什么时候需求）与所使用的资源取得一致。MPS 考虑了经营规划和销售规划，使生产规划同它们相协调。它着眼于销售什么和能够制造什么，这就能为车间制订一个合适的"主生产进度计划"，并且以粗能力数据调整这个计划，直到负荷平衡。然后，主生产进度计划作为物资需求计划 MRP 的输入，MRP 用来制订所需零件和组件的生产作业计划或物资采购计划，当生产或采购不能满足 MPS 的要求时，采购系统和车间作业系统就要把信息反馈给 MPS，形成一个闭环反馈系统。

4. 产品生命周期管理

产品生命周期（product life cycle，PLC）是产品的市场寿命，即一种新产品从开始进入市场到被市场淘汰的整个过程。产品生命是指市场上的营销生命，产品和人的生命一样，要经历形成、成长、成熟、衰退的周期。就产品而言，也就是要经历一个开发、引进、成长、成熟、衰退的阶段。

典型的产品生命周期一般可以分成五个阶段，即开发期、引入期、成长期、成熟期和衰退期。

第一阶段：开发期。开发期即从开发产品的设想到产品制造成功的时期。此期间该产品销售额为零，公司投资不断增加。

第二阶段：引入期。新产品投入市场，便进入了引入期。此时产品品种少，顾客对产品还不了解，除少数追求新奇的顾客外，几乎无人实际购买该产品。生产者为了扩大销路，不得不投入大量的促销费用，对产品进行宣传推广。该阶段由于生产技术方面的限制，产品生产批量小，制造成本高，广告费用大，产品销售价格偏高，销售量极为有限，企业通常不能获利，反而可能亏损。

第三阶段：成长期。当产品在引入期的销售取得成功之后，便进入了成长期。成长期是指产品通过试销效果良好，购买者逐渐接受该产品，产品在市场上站住了脚并且打开了销路。这是需求增长阶段，需求量和销售额迅速上升。生产成本大幅度下降，利润迅速增长。与此同时，竞争者看到有利可图，纷纷进入市场参与竞争，使同类产品供给量增加，价格随之下降，企业利润增长速度逐步减慢，最后达到生命周期利润的最高点。

第四阶段：成熟期。成熟期指产品走入大批量生产并稳定地进入市场销售，经过成长期之后，随着购买产品的人数增多，市场需求趋于饱和。此时，产品普及并日趋标准化，成本低而产量大。销售增长速度缓慢直至转而下降，由于竞争的加剧，导致同类产品生产企业之间不得不加大在产品质量、花色、规格、包装服务等方面的投入，在一定程度上增加了成本。

第五阶段：衰退期。衰退期是指产品进入了淘汰阶段。随着科技的发展以及消费习惯的改变等原因，产品的销售量和利润持续下降，产品在市场上已经老化，不能适应市场需求，市场上已经有其他性能更好、价格更低的新产品，足以满足消费者的需求。此时成本较高的企业就会由于无利可图而陆续停止生产，该类产品的生命周期也就陆续结束，以致最后完全撤出市场。

5. 产品定价策略

一个产品在它生命周期的不同阶段价格不同，不管企业生产的产品质量有多好，产品价格还得由市场决定。

（1）开发阶段。在产品开发阶段进入市场，定价较高，但利润较低，因为营销成本高。

（2）成长阶段。产品逐渐得到市场认可，定价较高，利润开始增长。

（3）成熟阶段。因为大多数潜在顾客已经购买，新顾客很少，价格降低或打折销售，盈利减少，营销费用加大。应在此时开发新产品并迅速引进市场。

（4）衰退阶段。原有产品销售额和利润开始下降，宣布退出市场，新产品开始盈利。

第四节　企业成长

一、企业成长的概念

对新创企业来讲，前几年特别是前三年的成长期至关重要，因此，创业者有必要对企业成长有所了解。企业成长是企业在一个相当长的时间内，通过创新、变革和有效管理等手段，积累、整合并促使资源增值，不断增强企业能力，形成企业核心竞争力，进而保持企业整体绩效平衡、稳定增长的势头的过程。

企业成长如同人的成长一样，是一个从量变到质变的过程，是一种成长"基因"推动企业系统内部的组织与功能不断地分化，从而促进企业系统机体不断扩张、新陈代谢，不断适应环境，并与环境形成良性互动的过程。具体表现为企业规模的扩大，企业内部结构的不断完善和成熟，企业功能的优化等。

二、成长期企业运作的原则

（1）扩张速度要与管理能力相适应。企业应该做到适度扩张。所谓适度扩张，就是企业的扩张速度与规模要与自身的承受能力、消化能力相适应，要循序渐进、滚动发展，要注意适度扩张避免核心能力过度稀释。

（2）谨慎多元化。多元化战略又称多角化战略，是指企业同时经营两种以上基本经济用途不同的产品或服务的一种发展战略。多元化战略是相对企业专业化经营而言的，其内容包括产品的多元化、市场的多元化、投资区域的多元化和资本的多元化。企业采用多元化战略，可以更多地占领市场和开拓新市场，也可以避免单一经营的风险。但是，盲目多元化，也可能使企业掉进多元化陷阱，主要体现在以下两个方面：

1）资源配置过于分散。企业家的精力是有限的，企业资源也是有限的，多元化战略必定导致企业将有限的资源分散给每一个发展的产业领域，从而使每一个发展的领域都难以得到充足的资源支持，逐渐在与每一个领域的竞争对手竞争时失去优势，加大企业的风险。

2）隔行如隔山。企业在新领域中可能并未形成自己的核心专长，进入新领域往往只是受到该领域预期投资收益率的诱惑，所以很有可能进入并不熟悉的产业，反而拖累企业的发展。

三、成长期企业运作的要点

通常，成长期企业往往规模不算大，可能在行业内处于夹缝中生存的状态，一方面，一些较大规模的企业占据了行业内的绝大部分的市场份额；另一方面，一些小的企业又虎视眈眈，因而，这个阶段的企业如果不能找到自己的核心能力，具有独特优势，则容易被大企业挤掉，被小企业赶超，因此，寻找自身的核心竞争能力是保证企业能够继续发展的关键。

要构建核心竞争能力，可以从以下几个方面努力：

（1）对企业所处行业的分析。在核心能力寻找时，一定要厘清企业到底处于怎样的竞争环境，因此，需要对外部行业有较为清晰的认知，必须了解其他企业的经营状态、行业的整体发展状况，从而有针对性地发掘企业的优势构建重点。

（2）对企业自身有明确的认识。了解了外部环境的同时，对自己也要有清楚的认识，必须要知道，自己到底有什么问题，什么是阻碍企业发展的"绊脚石"，要形成企业的核心能力应采取哪些措施，这些都是构建核心能力必须进行的分析。

（3）如何构建核心能力。在内外部都有清楚的分析与研究后，就需要对企业核心能力的构建过程进行分析，也就是如何来形成核心能力，这就需要从企业的战略出发，将核心能力分解为不同的核心能力子项进行分别构建。例如，对于企业而言，企业核心能力是销售网络的有效覆盖，那么如何形成呢？就需要将该能力分解为销售能力、市场能力、人力资源能力、管理能力等，并将这些能力与具体的战略实施计划紧密结合起来，以保证核心能力构建的真正落实。

本 章 小 结

本章从新企业组织的形式与选择、新企业的选址、新企业的注册登记、新企业的管理、企业的成长等方面，介绍了一个企业从创办到成长经历的重要阶段与要点，以帮助创业者顺利创办企业并能健康成长。

课 后 练 习

1. 简述个人独资企业的优缺点。
2. 简述合伙制企业的优缺点。

3. 简述有限责任公司的优缺点。

4. 简述股份有限公司的优缺点。

5. 新企业选址需要考虑的因素有哪些？

6. 新企业的社会认同包括哪些内容？

7. 企业进行目标市场选择的营销策略有哪些？

8. 成长期企业运作的原则是什么？

参 考 文 献

[1] 李家华. 创业基础 [M]. 北京：北京师范大学出版社，2013.

[2] 赵延忱. 民富论——创造企业的基本规律 [M]. 2 版. 北京：中央编译出版社，2013.

[3] 汪戎. 创业基础——大学生创业理论与实务 [M]. 北京：高等教育出版社，2014.

[4] 林强，马超平. 大学生创业实务 [M]. 大连：大连理工大学出版社，2012.

[5] 马雅红. 大学生创新创业教育基础与能力训练 [M]. 北京：北京理工大学出版社，2016.

[6] 李时椿，常建坤. 创业基础 [M]. 北京：清华大学出版社，2013.

[7] 张兵仿. 大学生创业基础教程 [M]. 北京：时事出版社，2016.

[8] 郑晓燕. 创业基础案例与实训 [M]. 成都：西南财经大学出版社，2014.

[9] 蔡剑，吴戈，王陈慧子. 创业基础与创新实践 [M]. 北京：北京大学出版社，2015.

[10] 杨秋玲，王鹏. 创业基础 [M]. 北京：北京理工大学出版社，2018.

[11] 李燕. 创业基础 [M]. 北京：北京理工大学出版社，2018.

[12] 张兵. 大学生创新创业基础 [M]. 北京：高等教育出版社，2016.

[13] 吴亚梅，龚丽萍. 大学生创新创业教程 [M]. 重庆：重庆大学出版社，2018.

[14] 胡楠，郭勇. 大学生创新创业指导 [M]. 北京：人民邮电出版社，2017.